歷史文化叢刊

# 信仰互惠
## 張灣民間信仰復興的人類學研究

張爽 著

獻給王鳳蓮女士

圖版 ❖ I

左上：清靜寺佛像圖；右上：火神牌位圖；
左下：墳山及墳；右下：保家仙堂子。

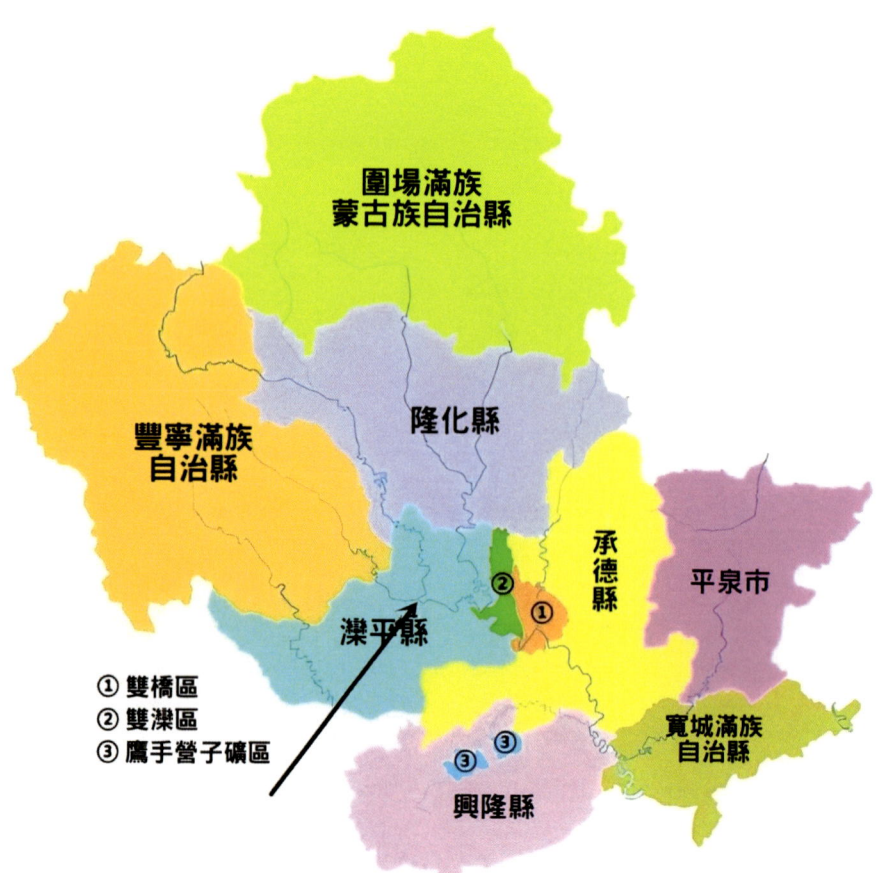

張灣在承德地區的位置地圖

# 前言

　　這是一本描述、分析中國民間信仰復興的人類學個案研究著作，是根據對北方燕山內部灤河邊上的一個滿漢雜居村落——張灣的實地考察寫成的。它旨在說明該村民間信仰復興與這個社區內外文化結構的關係，具體圍繞改革開放後至二十一世紀二〇年代這一段時間內的變化狀況，呈現一種中國民間信仰復興的文化邏輯。同大多數中國鄉村一樣，這個村落正經歷著社會變遷，其對以往的民間信仰形態也產生了無法預測的影響。

　　改革開放後，我國東南、西南因政治經濟需要、社會發展與開放、學術研究與交流等原因，政府化、市場化、科研化的民間信仰復興十分迅速。特別是以公共空間建設為基礎的鄉村廟宇，重建多、復興快。相比之下，北部山區的民間信仰復興慢、投入少、變遷緩，因此，其能夠更多地留存傳統社會民間信仰知識的基本內容。直至二〇〇〇年左右，我所調查的田野點才出現村民自發組織的村廟空間重啟（而不是翻修），進而形成書中所示的完整民間信仰結構樣態。這種基於家鄉的對民間信仰復興的深入實地考察，不僅對理解中國民間社會的基本結構和普通民眾的信仰生活是一種有效途徑，也對理解中國整體社會結構及其面臨的文化變遷是一種必要補充。這種研究將促使我們進一步瞭解傳統文化背景的重要性及新的變遷對人們日常生活的影響。

　　作為一種獨特的社會事實，這種文化層面的信仰復興或變遷，既不能單純地認為可以從政治權力、理性選擇、社會整合等視角自上而下的展開，也不能僅圍繞著民間信仰所表徵的結構—功能、生存邏

輯、地方知識等與國家現代化的相互碰撞，進行解釋。雖然這些解釋呈現出三條關於民間信仰復興的思考路徑，即關注「國家－社會」關係的社會整合路徑、強調「地方性」的傳統再發明路徑和基於「理性人假設」的「宗教市場」路徑，且這三方面的因素共同構成了解釋中國民間信仰復興的政治經濟模式。從中不難看出學者們的學術思路與一般性社會科學研究思路的一致性，其所表徵的是對社會理性和個體權利的伸張，背後公民社會、經濟理性的預設性強。這些理論立場很多具有國家中心論和主流價值論的立場，是在社會科學理論的指導下形成的，體現了普遍主義的解釋力，卻遮蔽了中國民間信仰復興的當地人行動者視角。

　　我的研究無非要表明，不能用今天的政治經濟視角看待民間信仰復興的社會事實，也不能將其視為一種對現代社會的「衝擊－反應」結果。通過對張灣的民間信仰狀況進行持續的田野調查，可以微觀地看待地方民間信仰復興過程中的人與信仰、人與社區、人與物、地方與國家的關係。本研究呈現的民間信仰復興邏輯，更多地表現為一套義務性、互惠性的文化邏輯，即信仰互惠，因而，我所要回答的核心問題是信仰互惠的文化邏輯如何促使民間信仰復興的？

　　張灣，位於長城古北口外的承德西南部，是華北口裡人向口外謀生遷徙，於燕山灤河流域的皇莊墾荒、定居繁衍形成的村落，目前是一個多民族混居的行政村。歷史上，燕山－長城塞外往往是中央政權與北方游牧政權相互爭奪的交錯地帶，長期處於南北軍事鬥爭的交界處。直到清代，燕山地區才逐漸以行政區的形式固定下來。以熱河為中心的行政區形成於康熙年間修建熱河行宮（即避暑山莊）。行宮建成後，康熙、乾隆二帝幾乎每年都要到此避暑，由此帶動了該地區大規模的人口遷入與商貿往來。張灣因地處燕山內部的興州河與灤河幹流交會處，土地平坦、水流豐沛，曾做過水陸轉運地。但由於面積有限、氣候偏冷，該村一般實行農耕與畜牧相結合的混合生計方式。新

中國成立以來，該村主要以農耕生產為主要生計方式。改革開放後，經商、進城務工與從事建築業、服務業等多樣化生計，成為村民主要收入來源。進入二十一世紀，一些有門路的村民借助國家基礎設施建設和土地城鎮化進程，承包建築工程，逐漸發達起來，成為村中公共事業的支持者。在此背景下，民間信仰發展迎來新的機遇。由於歷史上的多民族雜居，張灣內部的文化表徵也呈現出多元、複雜且豐富的形式與內容。從形式來看，村內包括村廟清靜寺、「非遺」火神聖會的公共性信仰和「保家仙」、祖先崇拜的私人性信仰。這樣的信仰結構形態一直到現在依舊存在。當然，這樣的結構是我在田野中建構出來的，實際上充滿著更多的豐富性。

從張灣呈現出村廟的正神信仰涵蓋家庭的仙靈信仰中，可以發現其象徵的是國家涵蓋地方、社區涵蓋家庭、家庭涵蓋個人的「等級涵蓋」式結構。這樣的結構體系始自當地被納入清王朝的行政規劃，由此也使民間信仰出現正式與非正式的標準劃分，成為當前民間信仰復興的基礎結構載體。在這一結構下，實質性的多重互惠通過人與神的象徵互惠、人與人的倫理互惠和人與物的符號互惠整體呈現出來，從而將村落不同層級、不同維度的信仰關係表徵出來。這種關係既在族群政治與文化空間中展開，又超越了人際，關涉人與物、人與超自然象徵之間的全面交換。由此形成的信仰互惠，包括人神之間的象徵性、人際之間的倫理性、人物之間的符號性，這三個層次的整合能讓互惠在傳統儒家文化中得到級序性的展開與說明。從信仰互惠機制來看，一個處於中原文化與滿蒙文化交界處的社區生活，實際上是古代王朝政治向邊疆地區輻射社會倫理秩序的結果，其對於理解中國的政治－文化機制與基層社會結構具有重要意義。基於信仰的多重互惠是民間信仰復興的全面呈現。民間信仰所承載的生活倫理與社區民眾的互惠實踐之間是一種基於人之義務屬性的同構關係，二者同構的基礎在於家庭內部的人際之間、由家庭擴展至村落社區的人際之間的義務

秩序及其自洽實踐。

　　當前，隨著中國社會現代化進程的不斷深入，現代文化迅速傳播至中國社會的各個地方。當一種社會主流文化以普遍性、規範性的姿態傳播到地方時，它會激發地方文化的主動性與創新性。「主流文化」要納入，「地方文化」要生存，二者的主動相向促成了主流價值與地方文化價值的關係並接，進而形成了一種「級序式互惠」。因而，民間信仰復興是一種傳統文化價值在現代社會的顯現，其通過重拾集體道德、倫理意識、人之義務的方式來呈現。經過多元信仰的關係整合與人的倫理實踐，義務性同構與呈現式整合成為促使民間信仰復興的文化邏輯。

# 致謝

在本科讀書期間的社會人類學課上，我初次聽到民間信仰的概念。從那時起就開始關注這一研究領域，直到現在的落筆完成，這一段是我人生重要的一次成長經歷。這段路上，我受惠良多。首先，由衷地感謝導師劉夏蓓教授對本書的精心指導。還記得從最初懵懂的踏入人類學經典，到初識田野的分享指導，直至論文成稿，她的銳利思想總能帶給我豁然開朗的知識感受，與她的探討無不凝聚在文章的字裡行間。其次，我也要向就職於中國社會科學院民族學與人類學研究所的翟淑平老師致以謝意。在翟老師從事博士後研究期間，我時常向她請教、探討田野情況。在我們日常的交流中，她的智識使我收穫良多。再次，北京師範大學人類學與民族學系各位老師精彩紛呈的言傳身教使我在攻讀學位期間享受了一次又一次的心智成長，在此一併致謝。

我也要向田野調查地點以曹萬德、張德樹、賀宗坡為首的這些張灣歷史創造者表達謝意。對他們的致謝，也是對他們的敬仰。這不僅是對他們所選擇的道德邏輯的讚揚，更是對他們以實際行動，在日常生活中踐行這種價值取向的欽佩。在這些人中，王鳳蓮女士是開啟了我研究這一主題的引路人。本文的書寫及所獲得的豐富經驗材料得益於與她日常生活的閒聊，也是她啟發了我從事這一領域的靈感。以上所列的人名彷彿具有「我所敘述的這段歷史只屬他們」的含義，但任何這樣的理解是有失偏頗的，他們只不過是這段歷史光影的眾多見證者之一小群而已。這樣的田野關係深刻地影響了我，使我懂得唯有好的人民才能培育出好的研究。

本書還曾以期刊文章的形式得到當時任職於中國社會科學雜誌社

的劉亞秋、王寧老師的認可與幫助,發表於《中國社會科學內部文稿》二〇二一年第四期。感謝兩位老師的編輯工作。

感謝萬卷樓圖書股份有限公司張晏瑞副經理、林涵瑋編輯所付出的編校工作。

# 目次

圖版 ............................................................ I
前言 ............................................................ III
致謝 ............................................................ VII

## 第一章　緒論 .................................................. 1
　　第一節　緣起 ................................................ 1
　　第二節　民間信仰及其研究 .................................... 4
　　第三節　民間信仰復興、互惠與文化邏輯 ........................ 26
　　第四節　研究價值、方法與框架 ................................ 44

## 第二章　張灣、民間信仰及其結構概況 ............................ 51
　　第一節　張灣人文區位概述 .................................... 51
　　第二節　張灣民間信仰體系概述 ................................ 75
　　第三節　張灣民間信仰的結構關係 .............................. 110

## 第三章　張灣民間信仰復興的歷程 ................................ 117
　　第一節　公共的表達 .......................................... 118
　　第二節　私人的顯現 .......................................... 144
　　第三節　意義的「疊寫」 ...................................... 157
　　本章小結 .................................................... 163

## 第四章　日常生活中的信仰互惠 ………………………… 165

### 第一節　人神之間：象徵互惠 ………………………… 166
### 第二節　人人之間：倫理互惠 ………………………… 182
### 第三節　人物之間：符號互惠 ………………………… 199
### 本章小結 ……………………………………………… 209

## 第五章　信仰互惠與社會關係 ………………………… 213

### 第一節　義務邏輯：倫理與互惠的同構 ……………… 214
### 第二節　社會邏輯：現代與地方的共生 ……………… 235
### 第三節　復興邏輯：信仰與互惠的整合 ……………… 261
### 本章小結 ……………………………………………… 269

## 結論　信仰互惠的文化邏輯 …………………………… 271

### 第一節　信仰復興的文化邏輯 ………………………… 272
### 第二節　民間信仰的譜系化 …………………………… 276
### 第三節　人的倫理理性 ………………………………… 297

## 後記 ……………………………………………………… 305

# 第一章
# 緒論

> 換句話說，我們是根據農民們具有他們自己獨特的對待宇宙的態度這樣一個事實，來把他們看成是人類社會中的一個特別類型的。
> 〔美〕羅伯特·雷德菲爾德：《農民社會與文化》

## 第一節　緣起

　　改革開放以來，中國社會的傳統民間信仰逐漸呈現出日益復興的態勢。無論是民間信仰場所的興建，還是民間信仰觀念的再顯，它們都作為一種獨特的社會文化事實普遍存在於各個區域。很顯然在這樣一個時代中，民間信仰的復興很難說是一種拋卻了外部因素的純粹內在的傳統文化復興，無疑是民間社會自發的文化傳統活化的醞釀。

　　在學術話語層面，一度被普遍接受的「宗教世俗化」[1]理論（認為宗教會隨著現代化進程的加快而走向消失）經歷了從被詬病、被質疑到被證偽的過程。在某種程度上也表明，民間信仰的復興與社會經濟發展並非此消彼長的反比關係。學界對此不乏真知灼見與創見性思考。綜合來看，無論是對東南、華南沿海宗族社區的信仰文化研究，還是對西北、西南少數民族社會的信仰實踐考察，抑或是對東北、華北各地方社區的信仰時空研究，均呈現出一種較為明顯的基於理性敘

---

[1] 馬克斯·韋伯認為，科學世界觀的興起是宗教信仰衰落的關鍵因素。以彼得·伯格（亦被譯為貝格爾）為代表的宗教世俗化理論認為，隨著現代性和科學技術的發展，宗教或信仰的神性正在消解。史密斯從宗教實踐的角度，將世俗化定義為受文化規定的實踐的衰落。

事、具有還原論特徵的政治經濟學研究模式。這一模式在一定程度上遮蔽了民間信仰所包含的普遍性本體因素。也就是說，對鄉村宗教信仰復興的現象研究，缺乏一種來自民間草根階層的生活話語與邏輯分析。同時，相關研究發現，從國家－社會關係、經濟理性、建構傳統等分析路徑解釋民間信仰的復興已不足以挖掘其本體性因素，需要研究者去探索被現實與學術掩蓋的、為人忽略的人們日常生活世界。這激發了筆者深入基層社區去呈現這一文化事實、挖掘其中的基本邏輯，以便進行抽象化的理論總結。

　　本書所呈現的張灣村，位於清代皇帝北巡蒙古、木蘭秋獮的御道沿線上，現隸屬於承德市灤平縣，是一個行政村。因其處於長城邊界外、御道沿線，該村呈現出漢、滿、蒙古民族雜糅的特徵。我與張灣人群的關係，並非嚴格意義上的「我／他」性質，我並不純屬於這裡的「局外人」。我出生在張灣的一個普通家庭裡，並在那裡度過了童年時代；由於上學原因，學齡期間就去往承德就學，每年的寒暑假、節假日都會回到這裡。直到現在，我每年都會回去居住一段時間，親身體驗家鄉的發展變化。

　　選擇家鄉作為此項研究的田野點，有幾個方面的考慮。

　　首先，人類學對鄉民社會的研究始於一九三〇年代，二戰後，得以發展；一九六〇年代，成為人類學研究的主流。這種轉變與現代世界的普遍聯繫、開放程度密切相關。以往，人類學以到看似封閉的、孤立的「原始部落社會」進行田野工作為宗旨。隨著世界殖民體系的解體、民族國家體系的普遍確立，原來看似封閉的原始社會逐漸融入現代世界之中，人類學也因國際政治情勢的轉變而轉移到鄉民社會上。

　　其次，受到馬林諾夫斯基和拉德克利夫-布朗的功能學派社會人類學的影響，中國人類學家鄉社會研究的優秀成果頗多，如楊懋春的《一個中國村莊：山東抬頭》、費孝通的《江村經濟》、林耀華的《金翼》、王銘銘的《社區的歷程》等。此類研究成果雖具有深刻的學術

意義且獲得了國際學界的認可，但其中根據問題意識並結合田野選點進行的人類學學術探討才是其取得成就的根本原因。

再次，人類學往往被期待以異文化為研究對象，其便利之處在於異文化經驗的順利捕捉，以便能夠在他性文化中發現對於「我文化」的意義。然而，對於每一位接受過現代學術訓練的人來說，特別是從鄉土中走出的那類人，遠離故鄉、進入城市，會使原來曾經熟悉的世界逐漸陌生化。小時候，那些較長時間的親身體驗和身體在場，會隨著身心與家鄉的遠離，逐漸被新的周遭世界經驗所掩蓋。而再次回到家鄉時，已經帶有全新的、與當地人無法形成共識的思考世界的方式。因此，人類學者希望能夠運用從鄉土社會中獲得的知識，結合現代社會的科學理論，解決鄉村社會發展所面臨的實際問題。

隨著年齡增長和學識積累，我對張灣民間信仰的感知也從當初的懵懂，到參與其中的神聖體驗，再到現在的理性與人文思考。在這個過程中，我對這一傳統的理解無時無刻不在加深。現代學術規訓雖讓我喪失了「地方人」的部分特質，但也為我從事這方面的研究提供了可靠的科學工具和人文信念。

二〇一六年底，我回到張灣進行了預調查；二〇一八年底，我開始了正式作為研究的田野調查，訪談了村主任、廟管委會成員、火神聖會組織者以及部分村民，從整體上把握了田野點民間信仰活動的實際程序，為更加細緻的邏輯歸納提供了基礎。我認為，對一個社區的社會文化變遷進行長時間的觀察與研究是人類學者進行知識生產的基本方式，而且田野工作需要實證精神與人文氣質的雙重結合。我的所見、所聞、所思，不僅引起了我的研究興趣，也堅定了我將其作為研究選題的想法。這樣的「他者／故鄉」身份轉換，也為我提供了主、客位視角轉換的便利條件。

以西方學術話語討論中國社會是否存在宗教信仰的問題早在一百多年前就已經存在，延續至今仍是現代學術的論點之一。現代社會以

科學理性為主導,社會學家吉登斯(Anthony Giddens)從國家行政管控、資本主義商業、工業組織方式以及軍事集中化來說明這種現代性的後果。[2]鄉村在進入現代社會的過程中,必然要受其影響。觀念的變遷深刻地影響著人們在現實生活中的實踐行為,但也總有一些不變的因素體現在現實生活中。同時,我們已經習慣於從媒體、行政機構、學界的話語中形成對問題的認識,而對於正在發生的事,我們得到的往往是被扭曲的畫面。那麼,為什麼人們的觀念變化如此之快?而又為什麼有些東西保持不變呢?

在張灣,無論是村民的信仰觀念還是行為實踐,都受到了現代價值的影響,使市場行為邏輯與社會行為邏輯相互雜糅,這種狀態又會隨著「現代性後果」的不斷增加而出現新的變遷。在本案中,我所關注的問題是民間的內在動力如何在現代性進程中發揮自身的活力。因此,我要處理的核心問題在於,張灣的民間信仰復興的內在邏輯是什麼?為了支撐這一核心問題,還需理清,在這個村廟信仰、社火活動、「保家仙」信仰、祖先崇拜共存的鄉村,人們的日常生活是如何與周遭世界相協調的?而這樣的日常生活實踐又是如何在一種周而復始的樸實運作中保持並喚醒其信仰體系?

## 第二節　民間信仰及其研究

從宏觀背景來看,村落身處現代社會的發展環境中,在「變」與「不變」之間呈現出地方社會的複雜心態。為了更好地解釋個案中地方社會的複雜狀況,本研究基於人類學的互惠理論,分析「信仰互惠」在鄉村現代化過程中如何促使民間信仰復興,以此為分析民間信

---

[2] 〔英〕安東尼・吉登斯著,田禾譯:《現代性的後果》(南京:譯林出版社,2011年),頁51。

仰復興的文化邏輯提供堅實的理論解釋和分析工具。同時，關於民間信仰的概念與性質對於解釋其復興邏輯也具有重要價值，因此，圍繞它的多種觀點也有必要進行梳理。

## 一　民間信仰概念及性質

當前，人類學民俗學界對於民間信仰概念的內涵與外延還未達成一致。中國大陸與臺灣的學者常用「民間信仰」一詞，但西方和香港學者以「民間宗教」（Folk Religion）來指稱相關研究領域。而大陸宗教學界共識的「民間宗教」對應的是民間秘密教門。[3]在西方和港臺的一些學者看來，民間宗教又包含了大陸定義的民間信仰與民間宗教。趙世瑜總結並區分了民間宗教與民間信仰，他認為「民間宗教總的發展趨勢是要區域化或全國化，地方化只是其中一個策略，是被動的；而民間信仰的地方化是一個主動的過程，旨在強化地方力量，反抗國家控制。」[4]總的來看，國內學者對於「民間信仰」用法的不一致，反映著對該詞是否為 "religion" 的不同態度。

事實上，理解「民間信仰」和「信仰」的性質，需要與「religion（宗教）」的概念關聯起來。關於這一點，國內外學界目前存在三種態度：第一種認為民間信仰的本質是宗教性（religiosity），具有宗教形態，這一觀點以人類學家德‧格魯特（Jan. Jacob. M. De. Groot, 1854-1921，也被譯為高延）、李亦園、王銘銘、金澤等為代表。其中，王銘銘認為民間信仰是通行於老百姓中間的與日常生活緊密相聯的宗教

---

[3] 大陸宗教學界所指的「民間宗教」實際上就是有經書、而不受官方承認的秘密教派，並認為民間宗教屬於民間信仰的一部分，這裡與社會人類學的「民間宗教」有異。具體詳見馬西沙、韓秉方主編：《中國民間宗教史》（上海：上海人民出版社，1992年）；任繼愈主編：《中國道教史》（北京：中國社會科學出版社，2001年），頁915。

[4] 趙世瑜：《狂歡與日常——明清以來的廟會與民間社會》（北京：北京大學出版社，2017年），頁29。

信仰形式,包含「神、鬼、祖先崇拜;廟祭、年度祭祀和生命周期儀式;血緣性的家族和地域性廟宇的儀式組織;世界觀和宇宙觀的象徵體系」。[5]日本宗教學家姊崎正治指出,民間信仰是存在於民間的、與主流制度性宗教相異的信仰習慣,包括「原始宗教的殘存」、「自生性的信仰」以及「組織宗教的衍化、曲解、混淆」。[6]第二種觀點認為其本質不是宗教,人類學家泰勒(Edward Burnett Tylor)的《原始文化》和弗雷澤(James G. Frazer)的《金枝》均有意將中國漢人民間的巫術行為視為一種「原始文化」;葛蘭言(Marcel Granet)則認為它是一種古代民間生產習俗的表現;而武雅士(Arthur P. Wolf)認為,它是一套鄉民的觀念體系[7];民俗學家鍾敬文、烏丙安、宋兆麟、劉禾與日本民俗學家堀一郎、渡邊欣雄等均強調民間信仰的自發性和民俗性,否定其宗教的本質屬性。[8]不僅如此,官僚士大夫、普通百姓均不認為它是一種宗教存在,而是世俗生活的一部分。[9]第三種觀點認為應將這一爭論「懸置」,採取模糊的、整體的思路進行研究更為有益,這一觀點以葉濤、路遙、周星、陳進國等為代表。這一觀點也意味著並非是要像科學命題那樣去接受這樣的概念,而是要將這一概念的演變視為一個辯證的、雙向互動的發展過程來看待,同時,也要將其理解為關於這個世界現實的真理。因此,我同意許多學者的看法,即民間信仰是一個難以界定的概念,並且我主張民間信仰必須在特定的歷史和文化背景下進行處理。

---

5 王銘銘:《社會人類學與中國研究》(北京:生活・讀書・新知三聯書店,1997年),頁156。
6 張祝平:《民間信仰概念的多重解讀》,《中國民族報》2016年3月1日。
7 〔美〕武雅士:《神、鬼和祖先》,載〔美〕武雅士編,彭澤安等譯:《中國社會中的宗教與儀式》(南京:江蘇人民出版社,2014年),頁167。
8 吳真:《當代民間信仰的現狀》,《民俗研究》2008年第4期。
9 王銘銘:《社會人類學與中國研究》(北京:生活・讀書・新知三聯書店,1997年),頁154。

從詞源學角度來分析信仰和宗教的概念與意涵，中外存在著共同之處。「信仰」一詞為舶來詞，中國在二十世紀初引自日本。該詞最初對應的英文為 "religion"，也被譯為「宗教」。"religion" 源自拉丁語 "religare"，意為聯結或再結，指「人與神」之間聯結。[10]目前，"faith" 一詞也意為「信仰」，屬基督教神學三大美德之一，另兩項分別為「hope（希望），charity（有愛心）」。[11]維基百科將其解釋為「指對一個人（同樣對他的能力）、事物、神、宗教的教條或教導、沒有經驗證據的觀點（例如擁有強烈的政治信仰）抱有信心和信任。」在《辭海》的解釋中，「信仰」指對某種主張、主義、宗教的極度信服和敬慕。在許慎的《說文解字》中，「信，從人從言」；「仰，從人從卬」，前者指言語思想，後者指行為動作。由此可見，「信仰」這一概念在國內外均是指對某些言語、行為的絕對遵從。

　　對宗教和信仰的概念與性質研究也呈現出「國別傳統」上的異同。古羅馬時代神學家西塞羅（Marcus Tullius Cicero，前106-前43年）在使用「宗教」時，指出該詞專指制度性宗教，他認為宗教就是與原始信仰相對的信仰形式。德裔美國哲學家、思想家蒂利希（Paul Tillich, 1886-1965）認為宗教的本質是「終極關懷」（ultimate concern），因此，尋求宗教體現的超越性就構成了人類精神的底層與核心。[12]現代社會學家涂爾幹（Emile Durkheim）將之界定為「一種與不可冒犯的神聖事物有關的信仰與儀軌所組成的統一體系，這些信仰與儀軌將所

---

10　中國大百科總編委員會《宗教》編輯委員會：《中國大百科全書・宗教卷》（北京：中國大百科全書出版社，1988年）。

11　Richard P. Mcbrien, editor, *The Harper Collins Encyclopedia of Catholicism*, Harper San Francisco, 1995, p. 300.

12　〔美〕保羅・蒂利希著，成窮譯：《信仰的動力學》（上海：商務印書館，2019年），頁2-3。

有信奉它們的人結合在一個被稱之為『教會』的道德共同體之內」。[13]在宗教社會學研究中，相當部份學者對「宗教」下的定義多具有功能性，在論及制度性宗教時，一般強調經典、儀式與組織這三大要素。[14]人類學領域，克利福德·格爾茨（Clifford Geertz）從一個社會的內部入手，將「宗教」界定為一種文化意義系統，是有關秩序與權力之間的現實象徵。[15]日本人類學家渡邊浩指出，「『宗教』一詞意指擁有『宗旨』形式的『教』，『教』指教化，與道德、國家相關，是擁有中國思維模式的明治維新人士與對西方風格的想像進行折衷的物。」[16]因此，「宗教」一詞能更表達 "religion" 所代表的內涵。在譯介到中國時，通常將之譯為宗教或「信仰」，也最能夠符合中國思維模式。從這些不同的「國別傳統」來看，「信仰」一詞所體現的是超越一切的絕對含括範疇，指向超越性本身。從詞源來看，「信仰」的涵義要含括「宗教」。

中國宗教學界對信仰和宗教的性質探討也較為集中。宗教學家呂大吉提出了「宗教四要素」的理論，它包括：宗教觀念、宗教情感與體驗、宗教行為與活動以及宗教的社會組織。他將宗教概念界定為「是關於超人間、超自然力量的一種社會意識，以及因此而對之表示信仰和崇拜的行為，是綜合這種意識和行為並使之規範化、體制化的社會文化體系」[17]；孫尚揚則認為，宗教是「以對超自然力量或神靈信仰、或對超驗人生境界的追求為基礎的人類制度，是人類賴以面對

---

13 〔法〕愛彌兒·涂爾幹著，渠東、汲喆譯：《宗教生活的基本形式》（上海：商務印書館，2011年），頁41。
14 〔美〕羅納德·L約翰斯通著，袁亞愚、鍾玉英譯：《社會中的宗教：一種宗教社會學》（成都：四川人民出版社，2012年），頁12-21。
15 Clifford Geertz, *The Interpretation of Culture*. New York: Basic Books, Inc., Publishers, 1973, pp. 100-108.
16 〔日〕渡邊浩著，商兆琦譯：《從"Religion"到「宗教」——明治前期日本人的一些思考和理解》，《復旦學報》（社會科學版）2017年第3期。
17 呂大吉：《宗教學通論新編》（北京：中國社會科學出版社，1998年），頁25。

和處理各種終極性的問題、建構神聖的秩序和意義系統的組織與行為系統。」[18]從國內宗教學者的觀點來看，他們傾向於將宗教定義為一種基於社會的功能系統，這種系統與絕對性的超自然力量相關，並且指向人的意義世界。無論是國外學者將信仰與宗教歸於超越性觀念和終極價值的關懷，還是國內學者將之歸納於超自然力量的功能與意義闡釋，他們均傾向於將宗教納入信仰的範疇。由此，人類學發展出關於信仰、儀式、象徵等超越宗教問題的領域，這些研究涉及了人類學對中國民間信仰的分析。

人類學關於信仰研究的理論是宗教人類學理論研究的重要部分。古典人類學者將非西方社會的信仰形態與儀式實踐同西方社會的宗教概念加以排列，以便構建從原始到文明的普遍進化的鏈條。到了二十世紀，人類學理論的轉換又傾向於從「當地人」的視角來探索信仰的歷時與共時問題，引發了對這一概念的反思。近年來，一些學者又從實踐的現象論視角出發，討論了一系列關於宗教神聖以及與日常生活經驗的命題，其基本思路是描繪人與神、祖先等非人世界、神聖世界之間的關係。[19]其中，宗教與生活實踐包括了農業、貿易和交換、家庭生活、垃圾處理、政治和身份[20]，甚至還提及了與關係本體論的宇宙觀研究[21]。人類學不斷發展出關於信仰、儀式、象徵、實踐等超越宗教問題的領域，為國內人類學界的民間信仰研究提供了重要的源泉。

國內人類學界對於民間信仰的研究往往與地域、民族研究緊密結

---

18 孫尚揚：《宗教社會學》（北京：北京大學出版社，2001年），頁18。
19 Arthur A. Joyce and Sarah B. "Barber, Ensoulment, Entrapment, and Political Centralization A Comparative Study of Religion and Politics in Later Formative Oaxaca," in *Current Anthropology*. Vol. 56. No. 6, 2015, p. 820.
20 Arthur A. Joyce and Sarah B. "Barber, Ensoulment, Entrapment, and Political Centralization A Comparative Study of Religion and Politics in Later Formative Oaxaca," in *Current Anthropology*. Vol. 56. No. 6, 2015, p. 821.
21 Eduardo Viveiros de Castro, "Exchanging perspectives: the transformation of objects into subjects in Amerindian ontologies," in *Common Knowledge*. No. 10, 2004, pp. 463-485.

合。在地域方面，呈現出中部、東南、華南漢人社區以及西南、西北、東北少數民族的民間信仰研究。前者是在歷時性與共時性的維度上，分析漢人社會民間信仰與社會變遷、宗族組織、地方道德的關聯；而後者的相關研究則是通過橫向視角聚焦現代性背景下各個民族的民間宗教信仰與官方主流意識形態的互構關係；通過縱向視角探討不同時期各民族的原始宗教信仰與五大宗教（佛教、道教、基督教、伊斯蘭教、天主教）之間的「等級並接」關係。其中，有關東北、西北地區的民間信仰研究主要體現在民間「薩滿教（Shamanisms）」與正式宗教的關係。

　　由於北方內陸地區遠離沿海經濟發達地區，特別是西北地區，受現代性影響因素遲緩，民間信仰的研究較為單一。因此，相關研究集中於民間薩滿教與官方認可的宗教之間的互動關係。東北地區則集中於通古斯民族「成薩滿」（Shamanic initiations）技術、民間薩滿教與正式宗教之間的關係與薩滿教的宇宙觀等研究。這方面的研究具有更多地國際化色彩，經歷了從現代研究到後現代的轉向。其中，俄國民族學家史祿國（Sergei Mikhailovich Shirokogorov, 1887-1939）將通古斯人的薩滿與氏族組織聯繫起來，並進行了關於薩滿的氏族內外分類；而美國宗教史學家米爾恰‧伊利亞德（Mircea Eliade, 1907-1986）[22]、劉易斯（I. M. Lewis）[23]、哈納（Michael Harner）[24]等的研究基本上確定了「成薩滿」的過程與「附身或憑靈型」、「出神或脫魂型」兩種薩滿形式。考古學家張光直則列出了人類學家弗爾斯特（Peter T. Furst）認定的東亞－美洲式薩滿教的八項特徵：宇宙是巫

---

22 Mircea Eliade, *Rites and Symbols of Initiation: the Mysteries of Birth and Rebirth*. Woodstock: Spring Publications, 1995, p.91.
23 I. M. Lewis, *Ecstatic religion: A study of Shamanism and spirit possession*. London & New York: Routledge, 2003, p.170.
24 Michael Harner, *The way of the shaman*. New York: Harper Collins Publishers, 1990, p. 25.

術性的、宇宙是多層的、人與動物是對等的、人與動物可互相變換、萬物有靈、靈魂居於骨骼之中、靈魂可以旅行、儀式是在癲狂狀態下舉行的，並認為它們皆存在於中國上古的三代時期。而且薩滿教最主要的特徵是其特殊的「宇宙論」——宇宙分為多層，並由作為中心軸的世界山或世界樹聯通。[25]借此，他認為，與許多古文明一樣，中國文明擁有來自原始時代的宇宙觀。[26]正是薩滿教啟動了原始社會的政治程序，並與之一同推動了文明的起源。[27]在國內，富育光、孟慧英、滿都爾圖、郭淑雲、色音等[28]人對薩滿教的研究大多圍繞薩滿教的本質與其觀念體系進行論述，並將薩滿產生的原因歸結為個人的生理－心理條件與社會文化相互作用的結果，進而將之擴散到廣義「薩滿教」的範疇解釋世界性原始信仰。[29]

對民間信仰概念和性質的理解也繞不開「民間」一詞，它是與「官方」相對的概念，處於亞主流的地位，也並非指單純意義上的鄉村，其範疇超越了鄉村，兼顧著城鄉中的「平民」。根據雷德菲爾德的說法，最先按照專業與民間的層次區分中國宗教的學者是沃爾夫蘭姆·易泊哈爾德於一九三六年發表在 Archiv fur Religionswissenschaft 雜誌的第 XXXIII 卷第三期的評論性文章。[30]美籍華裔哲學家陳榮捷（Chan Wing-tsit, 1901-1994）也主張，將中國人的宗教信仰的分為「受過教育

---

25 Peter T Furst, "Shamanistic survivals in Mesoamerican religion," in *Arts del XLI Congress International de Americanistas, Mexico*. Vol. III, 1976, pp. 149-157.
26 張光直：《連續與破裂——一個文明起源新說的草稿》，《九州學刊》1986年第1期。
27 張光直：《連續與破裂——一個文明起源新說的草稿》，《九州學刊》1986年第1期。
28 色音：《薩滿教研究綜述》，《西北民族研究》1994年第1期。
29 早在二〇世紀三〇年代，民族學家凌純聲就在其著作《松花江下游的赫哲族》中討論了「薩滿」與中國上古「巫覡」的文化觀念，同時也將南方的「童乩」和西南少數民族地區的「蘇尼」、「媒尼」、「釋比」等納入到廣義薩滿的視野。參見凌純聲：《松花江下游的赫哲族》（北京：民族出版社，2011年），頁116-117。
30 〔美〕羅伯特·雷德菲爾德著，王瑩譯：《農民社會與文化——人類學對文明的一種詮釋》（北京：中國社會科學出版社，2013年），頁108。

的人信的宗教」與「老百姓信的宗教」[31]。楊慶堃（C. K. Yang, 1911-1999）在一九六一年發表的《中國社會中的宗教》一書中指出，中國的民間信仰不能用西方「制度性宗教」（institutional religion）的概念進行解釋。他將民間信仰稱之為「彌散性宗教」（diffused religion），指教義、儀式與組織都與其他世俗的制度與功能混為一體的形態。[32] 它本身也是社會結構的一部分，沒有獨立的價值和意義。同時，他在研究中指出，對於中國社會的功能，該類型宗教的存在與官方信仰體系相對應的民間信仰體系是並列存在的。而人類學家埃德蒙‧利奇（Edmund R. Leach, 1910-1989）基於比較宗教學的視角，將宗教區分成「哲學宗教」和「實踐宗教」兩種形態，前者是指由神職人員和哲學家、科學家等遵奉的講求神意、邏輯與哲理的宗教，後者則是由低階教職人員、信眾等堅守的關注現世生活實踐的宗教，二者可以辯證存在於同一宗教之中。[33]

在田野中，我發現，除了對於終極價值和意義的追尋外，無論是代表國家的村幹部，富裕的商戶、老闆，還是普通村民，均會投入到信仰實踐中，這體現出「民間」的普遍性。因此，「民間信仰」在觀念上是區別於上層所信奉的國家正統宗教以及「地下」秘密教門、會社的，是通過占有信眾，以日常實踐來證明自身宗教性和民俗性的信仰。

在民間信仰的具體經驗研究部分，主要包括兩個方面：中國民間信仰的功能研究與民間信仰復興及其路徑研究。民間信仰的功能研究在海外漢學界早已興起，已然發展出整合論和地方再造兩種路徑。

---

31 Wing-tsit Chan, *Religious Trends in Modern China*, New York: Columbia University Press, 1953. p. 141.

32 〔美〕楊慶堃著，范麗珠等譯：《中國社會中的宗教》（上海：上海人民出版社，2007年），頁35。

33 Edmund R. Leach. "Dialectic in practicalreligion," in Edmund R.Leach, edited. *Cambridge papers insocial anthropology*, No. 5, Cambridge:Cambridge UniversityPress, 1968. pp.I-II.

## 二　民間信仰研究的兩種路徑

從時間線索來看，漢人民間信仰研究在海外漢學界首先在十九世紀末發展起來。其經歷了近百年的歷程，因而相關研究已相當豐富。自從人類學家羅伯特・雷德菲爾德（Robert Redfield）提出了理解社會中兩種不同層次的文化模式框架——「大傳統與小傳統」以來，幾乎所有的社會科學學科在研究複雜社會的農民社區、農業文明時都要借助這個二元路徑。前者通過國家控制的公共機構傳承，比如學校、軍隊，具有哲理性、抽象性與固定性；後者則由民間精英進行傳承，功能性、實用性與開放性較強。二者同時作為整體文明社會之局部，彼此互動、相互影響。一些漢學人類學家通常借這組概念，將民間信仰視為理解漢人社會的重要維度，認為其具有自發的生存邏輯且發揮著相應的社會功能。而另一位人類學鄉民社會的研究大家埃里克・沃爾夫（Eric E. Wolf）從鄉民社會自發的生態演化觀點出發，否定了雷氏的二元分析，認為鄉民社會有著自身的發展情境，其與都市文明並沒有典型特徵上的差別。鄉民社會有著自身的發展路徑，並非一個靜態的、被動的、依附於都市的社會單元，而是構成一個特殊政治體制的基礎。[34]

諸多關於民間信仰的研究與人類學關注的農民社區研究有著密切地聯繫，試圖以此探究民間信仰與社會結構的關係。由於中國民間信仰的獨特性，漢學界並不主張完全套用西方的宗教理論進行解釋，因此，對該領域的探討仍處於不斷爭論的過程中。目前，中國民間信仰的研究視角從這樣的「社區內／外、等級上／下」關係來看，經歷了從代表社會整合的結構論與代表地方性的多元論的解釋路徑。

---

34　〔美〕埃里克・R・沃爾夫著，張恭啟譯：《鄉民社會》（臺北：巨流圖書公司，1983年），頁23-29。

## （一）結構性整合

結構性整合論是海外漢學界關於中國民間信仰研究的重要觀點和分析框架之一。在以整體性為特徵的結構論中，民間信仰被認為是透視中國王朝社會人們生活的一面鏡子。一些海外漢學家在他們關於中國社會的研究中已經注意到了這種國家與社會的互動模式，並分別從「自上而下」和「自下而上」的視角來分析這種互動，其中也有一些漢學家採用綜合性視角。在從精英至民眾的「自上而下」視角中，荷蘭漢學家德‧格魯特是最早的代表人物，他在中國東南地區從事田野調查，並從漢人家庭生活的角度理解鄉村宗教。他認為，中國漢人存在著龐大等級體系的宗教信仰，儘管採取了較多的矯裝偽飾，漢人社會仍顯示了一個單一而根本的宗教。[35]英國人類學家王斯福（Stephan Feuchtwang）從歷史角度入手並指出，本質上中國漢人的民間信仰是與中央政府相對應的，表現為以意識形態控制為特徵的官方信仰在以實用主義為特徵的基層代理中的互動，二者均被用來提供政治權威。[36]他認為，官方政府通過「神道設教」的方式，在賦予地方充分自治的同時，在道德、信仰、文化領域進行意識形態控制。他在分析民間信仰的功能時指出，神、鬼、祖先形成了一種象徵性結構關係：神和祖先象徵著社區的內在包容力、內化力；鬼象徵著社會的排斥力、外化力。[37]因此，三者是社區的內外邊界的一種隱喻。雖然後來關於「中國社會是否僅存在一個國家權威資源」的問題上，讓王斯福對「神祇是國家權力系統的隱喻」的觀點產生了動搖，但其對民間信

---

35 〔荷〕德‧格魯特著，林艾岑譯：《中國的宗教系統及其古代形式、變遷、歷史及現狀》（廣州：花城出版社，2018年）。

36 〔英〕王斯福著，葉光庭等譯：《學宮與城隍》，載施堅雅主編：《中華帝國晚期的城市》（北京：中華書局，2000年），頁724-726。

37 〔英〕王斯福著，趙旭東譯：《帝國的隱喻——中國的民間宗教》（南京：江蘇人民出版社，2009年）。

仰與權威資源的結構思考仍是具有整體性意義的。[38]

在「自下而上」視角分析這種互動的是法國人類學家葛蘭言。他從研究王朝中國的政治和法權制度入手，指出民間的宗教信仰是農業季節性節慶的衍生物，《詩經》證實了這一點。在《中國人的宗教信仰》一書中，葛蘭言認為，從對原始自然生命的信仰引申出來的農民信仰，是中國宗教（包括官方）的早期形態。基於此，社會上層的貴族宗教、封建城市的官方宗教相繼得以成形，其中，居於廟堂的封建士大夫借助皇權對「官方宗教」進行抽象化的理論鋪墊，繼而形成了官方與民間之間的分離與崇拜關係。[39]在他看來，中國人的宗教觀念緣起於「生命」觀念，即萬事萬物的自我生命力，而這種「生」的觀念是與兩性結合密不可分的。「性別集團將世界分成兩個部分，並在明確的時間裡結合起來」[40]，因而特定時空基礎上的神聖祭祀便發揮調節社區人文生態的重要功能。因此，葛蘭言將社會認定為起源於「鄉野間的兩性結合」。性別關係與自然的豐產觀念緊密的綁在一起，進而農民的生活和日常觀念被看作是一切中華文化的終極基礎。[41]這種民間信仰的「自下而上」觀點也為歷史學家韓明士（Robert Hymes）所認同。[42]

採取綜合性視角分析「上下互動式」整合的學者較多，其中，漢學人類學家埃里克·弗里德曼（Maurice Freedman）認為，高延和葛

---

38 王銘銘：《社會人類學與中國研究》（北京：生活·讀書·新知三聯書店，1997年），頁165。

39 〔法〕葛蘭言著，程門譯：《中國人的宗教信仰》（貴陽：貴州人民出版社，2010年），頁162-164。

40 〔法〕葛蘭言著，趙丙祥、張宏明譯：《古代中國的節慶與歌謠》（桂林：廣西師範大學出版社，2005年），頁199。

41 〔法〕葛蘭言著，趙丙祥、張宏明譯：《古代中國的節慶與歌謠》（桂林：廣西師範大學出版社，2005年）。

42 〔美〕韓明士著，皮慶生譯：《道與庶道——宋代以來的道教、民間信仰和神靈模式》（南京：江蘇人民出版社，2007年），頁15-17。

蘭言的研究旨在貫穿中國整個社會的等級秩序，打通了上／下、大／小傳統之間的界線，並以「鄉村研究」開創了漢學人類學的研究方式。基於華南地區的研究，他試圖融合二者的研究路徑，將中國宗教（確切地說應是漢人宗教）看作一個整體進行研究，並藉以關注中國的文明史與社會結構。在結構－功能主義理論的指導下，他提出中國民間每一種宗教現象都很容易轉化為精英階層的教義與儀式，在表面差異性的背後存在著普遍性。受惠於楊慶堃的研究，弗里德曼認為，研究中國民間信仰必須關注其內在的「社會性」，而「社會性」的強調意在表明應該更關注它的政治「一統性」和社會「互動性」。在一個權力與地位嚴重分化的複雜社會，會傾向於發展出一套在信仰和儀式上存在多樣性的宗教體系，這種多樣性的存在是為了相互補充，更極端地說是「用宗教的相似性統合宗教的差異性」[43]。因此，從政治權威與社會互動的兩個角度來分析民間信仰與中國社會的關係，應成為一個深層的文化共識。

## （二）多元性再造

一些海外漢學家認為，中國民間信仰是在地方性的建構中進行著多元式的意義闡釋，歸根到柢在於「地方性」。武雅士認為不應該把中國民間信仰體系視為一個完整的體系，民間信仰的意義會隨著地方社會利益的改變而調適。他以「神、鬼、祖先」的模式建構了漢人民間信仰結構裡的三類存在，它們分別對應「社區／官員、家族／親人、域外／陌生人」。這一層級結構包含著上、中、下三個層級，象徵著民間社會關係的分類體系。他指出「民間信仰」與「官方宗教」之間存在著巨大的分歧，「富商權貴和乞丐、混混不會把他們各自恐

---

[43]〔美〕弗里德曼：《論中國宗教的社會學研究》，載〔美〕武雅士編，彭澤安等譯：《中國社會中的宗教與儀式》（南京：江蘇人民出版社，2014年），頁1-20。

懼的概念化為同一種形式的」。[44]這種「神、鬼、祖先」觀，直接將人的「生前身後」進行了概念化處理。魏樂博（Robert Weller）主張應將漢人民間信仰視為社會闡釋的現象。他認為，總體來看，漢人民間信仰的基本邏輯結構是一致的，但意義卻帶有不確定性。社會差異的存在，使人們對同一種文化體系有著不同的闡釋。從祭神、送鬼、拜祖先來看，分別對應著地方政治、陌生人界定、家族倫理方面。不同信仰群體參與民間信仰的實踐意義具有差異性，普通民眾以實用為主、儀式專家以價值為主、士紳官員以理性為主。[45]我們可以發現，這些研究均是圍繞著人進行的敘事，無論是人的「靈魂觀」，還是階層性，都以人的社會生活為核心，從民間信仰呈現了人的整體生命歷程。

對於國內來說，中國民間信仰的多元性研究與其所具有的政治、經濟、社會、文化等功能密切相關。隨著一九八〇年代中國宗教信仰自由政策的落實，圍繞著文化資源與文化遺產的敘事，民間信仰逐漸被納入到「傳統文化遺產或非物質文化遺產」的組成部分中，並在國家話語下進行著有關民族、政治、經濟、社會等方面的建構。公開發表的關於民間信仰的功能研究，隨著其性質研究與少數民族民間信仰調查報告一並出現。中國知網（CNKI）上公開最早的一篇民間信仰功能研究是一九八七年發表的。文章指出，「臺灣民間宗教和民俗信仰既阻礙了民眾的思想開化、維繫了當局統治、愚弄了民眾，又浪費了大量社會財富、榨取民眾財產。」[46]當時的研究受制於社會大環境的限制，多是從其負面功能進行的研究。包括淩樹東認為，「隨著民族政策的落實，壯族民間宗教活動逐漸恢復，各種迷活動也紛紛泛濫起

---

44 〔美〕武雅士：《神、鬼和祖先》，載〔美〕武雅士編，彭澤安等譯：《中國社會中的宗教與儀式》（南京：江蘇人民出版社，2014年），頁150。

45 P. Robert Weller, *Resistance, Chaos, and Control in China: Taiping Rebels, Taiwanese Ghosts, and Tiananmen.* Seattle: University of Washington Press, Viii, 1994, p. 255.

46 朱天順：《試析臺灣民間宗教和民俗信仰的負面功能》，《臺灣集刊研究》1987年第2期。

來，這與社會主義的精神文明建設是格格不入的」[47]；中原律子、寶福民指出，「『花兒中』民間信仰體現著中國傳統倫理觀念和人口問題」，既表達著以男子為主的社會延續，也反映著婦女社會地位。[48]同時，這一時期隨著改革開放的深入，海內外的文化交流逐漸熱起來，一些以文化遺產旅遊相結合的積極正面研究陸續發表。李立綱認為，「不論在大陸還是在臺灣，媽祖信仰都時時處處體現出中華文化的特點，而且在兩岸是體現得那樣的一致，聯繫是那樣的密切。海峽兩岸人民將其視作團結與和平的文化象徵、精神聯繫的紐帶。」[49]陳支平則指出，「福建民間的宗教信仰與家族制度的關係至為密切，而這種與家族制度關係密切的民間宗教信仰活動，帶有濃厚的實用功利性色彩。」[50]呂艷利認為，「通過區分民間知識階層與普通民眾的信仰，揭示了法律對前者寬猛並用，對後者推崇兼貶抑的態度。」[51]翁澤琴指出，「以風雨聖者信仰為中心的超宗族的民間信仰，在仙圃寨的社區整合過程中具有重要的作用。」[52]陳明文論述道，「對我國民間信仰要有一個正確認識，就是利用民間信仰的傳統文化資源來發展地方經濟。」[53]李華偉在研究中指出，「與正祀體系不同的是民間信仰的『非遺』化強調的是民間信仰的地方性和特異性。因此，民間信仰的『非遺』化戰

---

47 淩樹東：《壯族的民間信仰與社會主義精神文明建設的衝突——靖西「祭月請神」活動反思》，《廣西民族研究》1989年第3期。
48 〔日〕中原律子、寶福民：《「花兒中」民間傳宗接代的信仰》，《西北民族大學學報》1989年第3期。
49 李立綱：《媽祖信仰與中華文化傳統》，《福建論壇》（文史哲）1990年第4期。
50 陳支平：《明清福建的民間宗教信仰與鄉族組織》，《廈門大學學報》（哲學社會科學版）1991年第1期。
51 呂艷利：《中國古代民間信仰與法律的態度》，《河南政法管理幹部學院學報》2001年第1期。
52 翁澤琴：《民間信仰與社區整合——以仙圃寨風雨聖者信仰為中心的調查研究》，《韓山師範學院學報》2002年第4期。
53 陳明文：《論當前我國民間信仰中傳統文化資源的開發與利用》，《湖湘論壇》2003年第2期。

略在整合文化的同時，還表現出不容忽視的潛在的解構功能。」[54]

由此可知，國內民間信仰的多元性、功能性研究與社會這一領域緊密地糾纏在一起，其中的功能研究包括正面積極與負面消極功能兩個方面，且其背後已經呈現出政治性、經濟性的一些現實訴求。

## 三　民間信仰復興及其路徑研究

通過中國知網（CNKI）收錄的一些文章可以大致總結，民間信仰復興研究的基本面貌。這些文章主要包括了民間信仰復興與地方社會的關係[55]；民間信仰復興與基層權威的關係[56]；民間信仰復興與現代化的關係[57]等。其中，也有少數研究探討了民間信仰的靈性經驗與民眾生活慣習對其復興的推動[58]。

國內對民間信仰復興的研究，有學者總結了三種研究路徑，即「國家－社會」路徑、「地方性再造」路徑、「宗教市場」路徑，它們基本上可以含括在社會、經濟、政治等幾個維度中。

### （一）「國家－社會」路徑

從結構性的視角關注民間信仰復興所體現的「國家與社會」之間的互動，已經成一種解釋民間信仰復興的主要路徑，有的學者還與宗

---

54 李華偉：《正祀與民間信仰的「非遺」化：對民間信仰兩種文化整合戰略的比較》，《中央民族大學學報》2019年第2期。
55 張曉藝、李向平：《民間信仰復興中的空間政治——基於廣東省A市龍母信仰的研究》，《廣西社會科學》2016年第8期。
56 彭尚青、李向平：《民間信仰精英的權威建構與實踐邏輯——以陝北黑龍廟王氏父子為例》，《世界宗教文化》2015年第5期。
57 郭占鋒、馮海英等：《由中國民間信仰復興現象反思現代化理論邏輯》，《青海社會科學》2009年第6期。
58 陳彬、劉文劍：《信仰慣習、供需合力、靈驗驅動——當代中國民間信仰復興現象的「三維模型」分析》，《世界宗教文化》2012年第4期。

族組織研究聯繫起來。人類學家高丙中認為，河北范莊的龍牌會實行的是「雙名制」，即以非物質文化遺產為名，行民間儀式與信仰實踐之實。他指出，「一些想像中的事物要通過雙名在不同的符號體系裡有了位置，其『實』的部分才能在政府監管體制和具體的物理空間中發生」[59]；張小軍結合宋代「文治復興」及福建民間信仰的「國家化」指出，國家、士大夫、庶民在民間信仰復興中形成了「共主體性」，[60]即深層的共謀政治文化，以此區分國家與社會的二元機械結構；宗教學家李向平、彭尚青在對陝北黑龍廟文化精英的分類研究中指出，地方文化精英在獲取國家資源過程中是在對民間信仰進行規範化建構。[61]李向平認為，「與一神論宗教信仰不同，民間信仰是一種人本信仰，圍繞著權力關係的核心形成了一種人與神的象徵性支配關係」[62]；甘滿堂則指出，社區村廟的復興建構了一種橫向的社會整合機制，與宗族組織的縱向整合共同構成了漢人社區的整體社會結構[63]。

在海外學者中，人類學家桑格瑞（P. Steven Sangren）針對弗里德曼的「中國宗教整體性」指出，象徵結構雖然不會阻礙當地宗教和社會結構的研究，但是這種直接轉向尋求中國文化整體性的「純文化」（pure culture）努力可能會陷入一種在更大的情境中，即將中國文化「去制度化」（de-institutionalizing）。[64]桑格瑞指出，「中國宗教應該

---

59 高丙中：《一座博物館——廟宇建築的民族志——論成為政治藝術的雙名制》，《社會學研究》2006年第1期。
60 張小軍：《「文治復興」與禮制變革——祠堂之制和祖先之禮的個案研究》，《清華大學學報》（哲學社會科學版）2012年第2期。
61 彭尚青、李向平：《民間信仰精英的權威建構與實踐邏輯——以陝北黑龍廟王氏父子為例》，《世界宗教文化》2015年第5期。
62 李向平：《兩種信仰概念及其權力觀》，《華東師範大學學報》（哲學社會科學版）2013年第2期。
63 甘滿堂：《社區與村廟公共生活》（北京：社會科學文獻出版社，2007年），頁256。
64 P. Steven Sangren, "Grate Tradition and Little Tradition Reconsidered: The Question of Cultural Integration in China", *The Journal of Chinese Studies*, Vol.1:1, 1984, p.16.

被視為從當地宗教研究中提煉出來的一套處於歷史的（historical）、空間的（aspatial）和制度的（ainstitutional）過程中的基本分類。對中國文化一體性的理解不僅要把文化當作一個整體來分析，也要分析社會制度構成的歷史情境，在這個情境中文化和社會行動在所有層次都是互相調節、適應的。」[65]他用「朝聖」（pilgrimage）來分析中國文化的整體性，他認為，「在中國，朝聖是整體化的重要進程，它在連接基本的宇宙觀和以文化定義的社會一體性之間扮演了重要的儀式角色。」[66]桑格瑞指出，漢人民間信仰存在一種深層的認知結構，即源自歷史遺留的陰陽級序。在他看來，實踐生活中的這一認知結構與日常生活複合在一起，成為具有社會文化意義的結構，並且民間的進香儀式是保持地方與中央權威相連接的象徵儀式。[67]儀式活動具有使人與社會、自然辯證統一的邏輯，象徵著人們的空間分布與宇宙觀。

與關注實質內容的學者不同，人類學家華琛（James Watson，也譯沃森、華生）更為關注實踐層面體現出的民間信仰一致性，在他看來，國家支持地方神靈僅是對其符號標記而非信仰意義。他認為，國家通過將偏安一隅的小神推廣至區域乃至全國廣為崇拜的大神，在這一過程中，各地的神靈崇拜的儀式、信仰象徵趨於統一，以致出現「大神」吸納「小神」的現象。他將之稱為神靈的「標準化」[68]，在這個過程中起主導作用的是官方鼓勵對被「允准」神靈的信仰[69]。他

---

65 P. Steven Sangren, "Grate Tradition and Little Tradition Reconsidered: The Question of Cultural Integration in China", *The Journal of Chinese Studies*, Vol.1:1, 1984, pp. 6-17.

66 P. Steven Sangren, "Grate Tradition and Little Tradition Reconsidered: The Question of Cultural Integration in China", *The Journal of Chinese Studies*, Vol.1:1, 1984, pp. 17-18.

67 P. S. Sangren, *History and Magical Power in a Chinese Community*. Stanford: Stanford University Press, 1987, p. 62.

68 〔美〕詹姆斯・沃森：《神的標準化：中國南方沿海地區對崇拜天后的鼓勵》，載〔美〕韋思諦編，陳仲丹譯：《中國大眾宗教》（南京：江蘇人民出版社，2006年），頁72。

69 〔美〕詹姆斯・沃森：《神的標準化：中國南方沿海地區對崇拜天后的鼓勵》，載

總結道，國家所關心的民間信仰形式（form）是指外在的表現（outward appearance），即公共行為（public demeanor）、集體行動（collective behavior）與規範儀式（standardized ritual）等。[70]他認為，傳統王朝實行鄉村統治的「智慧」，在於國家力圖推行的是象徵結構而不是信仰實質，因此，民間信仰內部可以在一套共享的整體結構下產生各式各樣的地方性解釋。

儘管大、小傳統這組概念為研究民間與官方的各種相互關係提供了便利的分析工具，但在現實研究中，我們知道民間小傳統與官方大傳統之間並非是絕對對立的兩端，而是在與對方互動的過程中形成的。由此，民間信仰復興中存在著這樣的「上下」結構互動的關係式解釋模式，這種結構性的關係互動繼承了中國宗教「整體性」的一面，是對社會整合研究的動態化調適。

### （二）「地方性再造」路徑

地方性再造路徑實則是對中國民間信仰「多樣性」闡釋的再現，在這一過程中，一些學者通過「被發明的傳統」來解釋民間信仰復興。國內人類學家景軍對甘肅大川孔廟的復興研究指出，宗族組織與宗教因素、集體記憶與國家現代化運動雙重構造了地方性的傳統觀念、廟宇建築和儀式活動[71]；周大鳴從「祭祀圈」出發，指出鄉村通過「遊神賽會」既實現了村莊內外邊界的劃分，又將個人、家庭與社

---

〔美〕韋思諦編，陳仲丹譯：《中國大眾宗教》（南京：江蘇人民出版社，2006年），頁83。

70 James L. Watson, *"Rites or Beliefs? The Construction of a Unified Culture in Late Imperial China"*, 載王銘銘編：《中國民間宗教：人類學研究讀本》（北京：中央民族大學民族學人類學理論與方法研究中心，2006年），頁96-99。

71 景軍著，吳飛譯：《神堂記憶——一個中國鄉村的歷史、權力與道德》（福州：福建教育出版社，2013年）。

區整合起來[72];莊孔韶以「四大門」為例提出民間信仰研究的兩個整體觀原則:生境－組織－意義整體觀與生物－文化整體觀[73];梁永佳看來,大理喜洲白族人的本主與非本主的信仰結構刻劃了當地人的地域等級秩序[74]。

海外學者也存在這一觀點的闡述者。人類學家羅伯特・史密斯(Robert J. Smith)針對弗里德曼提出的整合論指出,「相當於說宗教的差異性也可以代替宗教的相似性。」[75]他指出,民間宗教強調的是地方社會的團結,並非弗氏強調的社會權力與地位的分化。同時,他也認為「儀式比信仰更可靠」,即便在很小的社群內部也會存在宗教實踐和信仰的差異,即便一個人也會存在本質上的內部矛盾。他通過這一闡述試圖暗示我們「這一民間集合無法被化約成為一個系統的整體,有一致信仰系統的地方,人類學家除了『一致性的歷史起源』外就別無所獲;而在有信仰系統多樣化的地方,就有無數迷人的為什麼。[76]宋怡明(Michael Szonyi)針對華琛的標準化和正確行為的觀點,指出,標準化僅停留在話語層面,淫祀的存在使其變為一種「偽標準化」[77]。他認為,應區分正確行為與正確行為的說辭。正是由於中國各地不同種類的民間信仰,僅是官方設置的一個結構,因而不能化約

---

72 周大鳴、黃峰:《民間信仰與村莊邊界——以廣東潮州鳳凰村為中心的研究》,《民俗研究》2016年第2期。
73 莊孔韶:《宗教人類學研究的兩個整體性原理》,《青海民族研究》2015年第1期。
74 梁永佳:《地域的等級——一個大理村鎮的儀式與文化》(北京:社會科學文獻出版社,2005年)。
75 〔美〕羅伯特・J・史密斯著,彭澤安等譯:《後記》,載〔美〕武雅士編:《中國社會中的宗教與儀式》(南京:江蘇人民出版社,2014年),頁343。
76 〔美〕羅伯特・J・史密斯著,彭澤安等譯:《後記》,載〔美〕武雅士編:《中國社會中的宗教與儀式》(南京:江蘇人民出版社,2014年),頁319。
77 〔美〕宋怡明:《帝制中國晚期的標準化和正確行動之說辭:從華琛理論看福州地區的儀式與崇拜》,載劉永華主編:《中國社會文化史讀本》(北京:北京大學出版社,2011年),頁150。

為一種整體性信仰。這些學者受到民族主義文化再生產的影響，強調以「發明傳統」來進行地方性的統一與現代化的文化生產，因此在很大程度上是通過建構「傳統」來想像「地方」。

### (三)「宗教市場」路徑

在「理性人假設」的基礎上，學術界又形成解釋民間信仰復興的第三條路徑，即「宗教市場」論。美籍華人學者楊鳳崗在用市場邏輯解釋「宗教供需關係」時提出，中國本土化存在著「三色市場」，即紅色、灰色、黑色。[78]他認為，國家在管理嚴格時，宗教並不會減少而是通過黑色或灰色來填補，所以「強力管理無法有效減少宗教的影響，卻只能將宗教組織和信徒推向黑市或者灰市，把宗教市場變得更複雜」[79]。盧雲峰指出，宗教市場理論的分析是以排他性宗教為基礎進行的，而中國社會是以非排他性宗教占主導地位的，很多概念框架是不適用於中國社會的。[80]他也從宗教與民間信仰的邊界性出發指出，楊慶堃的 "institutional religion" 與 "diffused religion" 應理解為「獨立宗教」與「混合宗教」[81]，以期加深對民間信仰研究的理解。

綜上所述，在解釋多元且一體的中國社會時，民間信仰復興的研究都存在側重點，且在研究中均與國家主張的話語體系相關聯。長期以來，國家話語背後均有學院派奉行的價值取向，在理解自然與民間信仰等方面有著自身的思維框架。[82]由此形成的研究模式包括了「國

---

78 楊鳳崗：《中國宗教的三色市場》，《中國人民大學學報》2006年第5期。
79 楊鳳崗：《中國宗教的三色市場》，《中國人民大學學報》2006年第5期。
80 盧雲峰：《超越基督宗教社會學──兼論宗教市場理論在華人社會的適用性問題》，《社會學研究》2008年第5期。
81 盧雲峰：《論「混合宗教」與「獨立宗教」──兼論〈中國社會中的宗教〉之經典性》，《社會學研究》2019年第2期。
82 〔美〕韓書瑞著，陳仲丹譯：《北京妙峰山進香：宗教組織與聖地》，載〔美〕韋思諦編：《中國大眾宗教》（南京：江蘇人民出版社，2006年），頁243。

家－社會」「權力－文化」的解釋框架，一方面注重社會整合機制的探討；另一方面指明國家政權在鄉村權力領域的衰落，是民間信仰復興的事實。從而循環驗證政治精英、知識精英對民間信仰研究的主流解釋模式。實際上，國家與社會的關係並不能被視為一種既定的框架，而是重在考察這一關係是如何建構起來，其中，學者們往往忽視了「文化」的諸多觀念在二者互動中的地位思考。

其次，學者通過本地官方縣志、歷史統計文獻、文學傳記資料，並結合一定時段的田野實踐形塑了關於地方民間信仰書面的「傳統」，成為了埃里克·霍布斯鮑姆（Eric Hobsbawm, 1917-2012）意義上的「被發明的傳統」[83]，這些傳統的背後帶有標準化的象徵權力意涵。它直接從權力與文化的搭配方式中進行組合，試圖與現代保持一種連續性，以此獲得具有政治－經濟邏輯的隱性指引，但是他們忽略了傳統的建構與時代的關係，而這一過程往往被歸結於現代時期。

再者，在全球化、現代化進程中，地方性的民間信仰逐漸被裹挾進現代生活中，市場經濟秩序逐漸與傳統社會秩序相互交織。信徒在不斷滿足自身理性需求的基礎上選擇民間信仰，成為構建地方社會邏輯的「宗教市場」模式。這種對民間信仰的理解其本質是一種經濟理性的意識形態化。楊鳳崗、盧雲峰關於「宗教市場」理論的本土化研究較為全面，但歸根到柢還是在經濟學還原主義基礎上進行的討論。[84]

這三方面的因素共同構成了解釋中國民間信仰復興的政治經濟模式，從中不難看出學者們的學術思路與一般性社會科學研究思路的同構性，其所表徵的是對社會理性和個體權利的伸張，背後公民社會、法律制度預設性強。這些理論立場很多具有國家中心論和主流價值論立場，是在社會科學理論的指導下形成的，體現了普遍主義的解釋

---

[83]〔英〕埃里克·霍布斯鮑姆、T·蘭杰編，顧航、龐冠群譯：《傳統的發明》（南京：譯林出版社，2004年），頁2。
[84] 梁永佳：《中國農村宗教復興與「宗教」的中國命運》，《社會》2015年第1期。

力，卻也遮蔽了中國民間信仰復興的文化行動者視角。

　　當我們經常利用某一種邏輯解釋某一事實時，這種解釋就會變得越來越完善，也就越來越具有解釋力，正如我們經常使用右手，右手就會變得更有活力與韌性。然而這不僅忽視了我們內在慣習的歷史性，也遮蔽了其他的可能。通過綜述發現，國內的研究受政治經濟學的深刻影響，忽視了作為地方實踐的民間社會的生存機制。在張灣的經驗事實中，個體是通過介於個體與社會之間的家庭得以表徵自身的。而這一事實也被一些學者所發覺，莊孔韶就曾指出，中國漢人民眾信仰的主旨歷來偏重於家族與個人的生命意義。[85]村民在敬神的時候，更多地表述的是家庭能夠順利好運、和諧美滿、多子多福等，家庭成員能夠多財祛病、逢凶化吉、轉危為安等。實際上，個人表達的是對家庭及其成員的希冀與期望，這與莫斯在《巫術的一般理論》中提出的「抽象的非個體化表徵」[86]相似，「抽象的非個體化表徵」通過相似、接觸、對立的巫術法則映射著個體背後的社會性。雖然二者均是對個體實在性的挖掘，但在西方經驗背景下，涂爾幹一脈多將個體的對立面設想成了社會。因此，本研究將進一步挖掘中國人對信仰的實踐，以便探尋中國民間信仰復興的本土經驗。

## 第三節　民間信仰復興、互惠與文化邏輯

　　為了闡明以上的理論問題，必須先闡明我對一些基本概念的用法。絕大多數的概念都有其確定含義，然而有些概念，它還是一種「感覺」。其實，我們談的一些詞彙都已經是高度概括化了的概念，但這

---

85　莊孔韶：《銀翅：中國地方社會與文化變遷》（北京：生活・讀書・新知三聯書店，2000年），頁6。
86　〔法〕馬塞爾・莫斯著，楊渝東等譯：《巫術的一般理論》（桂林：廣西師範大學出版社，2007年），頁78。

並不能遮掩它本身的豐富性和實踐性。概念本身既是超越的，也是混合的，卻也總有一種主導性的正統解釋試圖吸納它的多樣性內涵。

## 一　民間信仰及其復興

宗教學產生後便將宗教視為一種具有強制度性的信仰系統，而人類學領域自泰勒伊始，就採取一種廣義的宗教概念進行研究。實際上，無論是宗教學者還是人類學者，在研究中並不會用嚴格的概念範疇去明確界定概念的歸屬。對「民間信仰」這一概念的使用技術來說，基於中國本土經驗的民間信仰理論化努力從未曾中斷過，學術界僅是依照其民俗性、宗教性在具體時空中呈現的不同比重而加以把握，比如楊慶堃的「彌散性宗教」、牟鍾鑒的「宗法性傳統宗教」[87]、日本學者渡邊欣雄的「民俗宗教」[88]等。

本研究認為「民間信仰」的本質具有宗教性與民俗性的交叉內涵。本研究的民間信仰是指廣泛流行於普通民眾生活中，以儒釋道合一的鬼神崇拜和祖先崇拜、「四大門」崇拜、「火神崇拜」等超自然存在為研究對象，採用各種獻祭、巫術、卜算等行為方式，具有祈福、禳災等體驗性、功利性追求的弱制度性、弱組織性的信仰系統。因此，流行於田野點中的信仰形式均可以在技術上列入這一概念範疇。

本研究所提出的民間信仰復興並非指單純的信仰形式復興，也指在一段特殊隱性時期後，其儀式和信仰的顯性與創造性。這裡的復興既有傳統的恢復，又有新內容的創造，它主要體現在社區、家庭、個體三個層面上，其中有物質實體、儀式實踐和觀念價值的體現。社區

---

[87] 牟鍾鑒：《中國宗法性傳統宗教試探》，《世界宗教研究》1990年第1期。

[88] 該概念是譯者周星翻譯時在「宗教」前加入了「民俗」二字，後被學術界廣泛認可並應用。詳見〔日〕渡邊欣雄著，周星譯：《漢族的民俗宗教——社會人類學研究》（天津：天津人民出版社，1998年），頁3。

層面的復興事實在物質上表現出神靈客觀載體的恢復與新建，從而在公共觀念上出現「由私密性走向公共性」的變遷，並引導個體的實踐行為發生改變，在張灣包括村廟復建、社火重啟；家庭層面的信仰同樣表現在物質載體和儀式實踐上，祭祀實物的變遷以及家庭祭祀由隱性走向顯性，在張灣包括祖先崇拜、「保家仙」信仰的公開化；在個體層面，人們在供神時物質消費的增長、求神行為普遍化、個體儀式表達，在張灣包括「看香」活動、祭祀祖先行為等。

在物質上，神靈以客觀實物為載體，象徵其存在本身，物質實體作為中介發揮著溝通精神與實踐兩個層面的功能；在儀式上，舊式獻祭和實踐得以恢復的同時，又有新的展演內容，這些實踐行為伴隨著不同的歷史進程而賦予多樣化的意義；在觀念上，信仰核心不僅能夠出現復原，還得以重新建構，即村落原有的信仰內容與現代因素不斷結合與擴展之下的意義疊寫。這樣的界定以便於應對研究過程中對「民間信仰」概念的彈性需求。

## 二　人類學的互惠理論與「信仰互惠」

互惠是人類學探討的核心概念之一。現代人類學的早期研究中，一些人類學家已經深入探討了部落社會的交換行為及觀念。人類學家博厄斯（Franz Boas）發現並描述了北美夸扣特爾人日常生活中具有競技性的「誇富宴」（Potlatch）習俗[89]；而馬林諾夫斯基（Bronislaw Malinowski）也在西太平洋的「庫拉圈」（Kula Ring）交換中提出，要將互惠互利視為理解太平洋島嶼部落民交換體系和社會秩序的基礎因素，從而呈現經濟利益、政治權力、個人需求等不同形式交織的現

---

[89] 〔法〕馬塞爾・莫斯著，汲喆譯：《禮物——古式社會中交換的形式與理由》（上海：商務印書館，2016年），頁124。

實生活。[90]受馬氏的影響,馬塞爾‧莫斯(Marcel Mauss)在《禮物》(*The Gift*)一書中正式分析了禮物交換理論。莫斯關於禮物分析的根本問題是人是如何通過物以及與物的關係建構起與他者的整體關係的。在莫斯的論述中,維繫原始社會秩序的是禮物方式,並非霍布斯(Thomas Hobbes)提出的「社會契約」。人們通過贈禮、接受與回禮表達了一種整體性的交換關係,且交換具有強烈的義務性。在交換的三階段圖式中,由部落、氏族與家族的「總體呈獻」(total presentation)到與具有權威人物的交換,再到獨立個體的商品交換,涉及了道德、宗教、政治、經濟和法律等各個維度。他指出,禮物交換存在兩種類型:非競爭性交換與競爭性交換。前者通過贈禮和回禮,維繫著個體與個體、群體與群體之間的互助關係;後者通過炫耀自身的豐裕財富、有實力的慷慨施捨,展示著個體、群體的權威與等級。

　　禮物之靈 "hau" 是凝聚在禮物中的贈予者的精神和力量的一部分,它在不斷交換中總是試圖回到贈予者手中,否則就會給接收者帶來災禍。因此,禮物的流動維繫了不同群體的和平交換關係。由於雙向流動具有時間間隔,莫斯認為,正是因禮物流動的這種非即時性交換證明了彼此之間道德的存在,且停留的時間越長,回贈的禮物就要比收到的更多或更貴重,否則就會導致榮譽的損失,更甚者變為彼此間的權力支配關係。在這種不斷的交換過程中,人們之間形成了「信用」觀念,結成了一種互惠的彼此關係,使社會團結成為可能。整體來看,莫斯所表達的是一種不同於法律、經濟層面的義務性、道德性的禮物交換,與權利的表徵相反。也應看到,莫斯在《禮物》中除了表達一種平等的禮物交換外,還存在一種等級性關係,但這種等級性關係並沒有妨礙禮物交換的橫向進行。莫斯的缺陷在於對贈禮義務和回禮義務的驅動力沒有給予充分的解釋。由此,他對 "hau" 的分析存

---

90 〔英〕馬林諾夫斯基著,張雲江譯:《西太平洋上的航海者》(北京:中國社會科學出版社,2009年),頁289。

在明顯的不足，即 "hau" 的不可知。但他在深層次上的分析是有貢獻的，即物的交換就是人的交換，他最終理解的模糊的 "hau" 在某種程度上為有組織社會的形成提供了基礎。[91]

與莫斯提出「禮物之靈」概念的同一時期，馬林諾夫斯基完善了關於互惠的社會交換理論。他認為，經濟交換的義務性是由己方對對方的期待而形成的，任何一方打破這一關係就會招致關係的中斷，因而，一切權利和義務都被「置入互惠性服務的均衡鏈中」[92]。在馬氏看來，物質交換的動機在於滿足交換雙方的物質需求，這也是美拉尼西亞社會得以穩定的基礎。在馬氏的基礎上，人類學家雷蒙德·弗思（Raymond Firth）批評莫斯對 "hau" 的理解之粗糙。弗思認為，首先莫斯混淆了 "hau" 在不同文化情境中的意涵，比如澳大利亞的毛利人對人之 "hau"、禮物之 "hau" 與森林和土地之 "hau"，是有區分的。其次，「當莫斯將禮物的交換視為人格的交換時，他所謂的『靈魂的聯結』已經不再是當地人的信仰，而是他自己頭腦中的解釋。」[93]這背後與其所處的基督教社會中的靈魂觀念不難區分。因此，弗思更傾向於從世俗性、社會事實的層面進行理解，而不是將西方的「宗教－社會觀」引入對非西方社會的理解中。

將人類學的禮物交換系統化的是列維-斯特勞斯（Claude Levi-Strauss）。他指出莫斯的研究是從經驗性的表述中將交換理解為分散碎片化的三個獨立行為，而沒有看到其中的一體性。[94]在他看來，橫

---

91 〔美〕馬歇爾·薩林斯著，張經緯等譯：《石器時代經濟學》（北京：生活·讀書·新知三聯書店，2009年），頁196。

92 〔英〕馬林諾夫斯基，原江譯：《原始社會的犯罪與習俗》（昆明：雲南大學出版社，2002年），頁10-12。

93 Raymond Firth, *Primitive Economics of the New Zealand Maori*, New York: Routledge, 2011, pp. 412-413.

94 〔法〕列維-斯特勞斯：《馬塞爾·莫斯的著作導言》，載〔法〕馬塞爾·莫斯著，余碧平譯：《社會學與人類學》（上海：上海譯文出版社，2003年），頁1-20。

向交換的禮物是贈人之物，具有可讓渡性；而縱向交換的是贈神之物，具有不可讓渡性。維繫親屬社會的基本形式是橫向的交換，它與亂倫禁忌相似，在內外交換中，社會能夠避免自我封閉。這種交換結構是深層無意識的，並且以象徵能力維繫。他以橫向模式為前提，提出了與婚姻制度和部落女性相關的交換理論。他指出，我們必須把禮物交換看作是一種「被建構起來的對象」，這個對象受互惠原則這個「機械法則」支配，並且與「統計時間」分離。列維-斯特勞斯的觀點是將禮物交換的過程視為一種形式結構，實際上將禮物交換本身的存在內涵消解在結構化的分析中，而且將時間這一重要維度擯棄在禮物意義之外。

　　圍繞列維-斯特勞斯的結構視角，人類學家埃里克·戈德利埃（Maurice Godelier，也譯莫里克·古德利爾）試圖從縱向「生產」的角度為莫斯和列維-斯特勞斯的橫向「交換」提供更加廣闊的視野，他強調禮物交換之間要建立的個人聯繫大於那些個人和群體聯繫的個人意願，這些個人關係建立的生產鏈是構成這個總體社會關係的基礎整體或部分，從而使得社會具有整體邏輯。在他看來，贈神之物因其不可讓渡，只能被縱向「傳承」。「聖物」本質上是社會關係的自我複製，映射著社會等級秩序的既定存在。他從馬克思主義政治經濟學中引入了所有權與使用權的概念，以所有權不可讓渡為基礎，出現了使用權的可讓渡與不可讓渡的劃分，也就是莫斯所說的兩種橫縱交換類型。戈德利埃將「禮物之謎」解答為經濟排除與社會整合共存的悖論，同時，他認為，經濟與政治權力之間的關係是不可分割的，經濟基礎與上層建築並非單純誰決定誰的關係，而是一種相互嵌入的關係。[95]他主張政治權力的背景下，分析經濟社會中的物質交換與流動的事實，以此尋求具有普遍性的解釋類型。這種結構主義與馬克思主

---

[95] 〔法〕莫里克·古德利爾著，王毅譯：《禮物之謎》（上海：上海人民出版社，2007年），頁1-38。

義相結合的方式為禮物模式的探討提供了新思路。

　　人類學家埃德蒙・利奇（E. R. Leach）在關於「總體呈獻」的儀式中引入了交換的概念，他指出，儀式中的交換是有等級的。在對緬甸高地克欽人的考察中，他結合了結構主義的等級視角和功能主義的實用視角指出，克欽（景頗）人的神靈體系與人類社會等級體系是同構的，人們通過獻祭神靈而獲得神靈的人情債務，這與現實生活是一致的。[96]在儀式過程中，上級借此得到榮譽和權威，下級借此得到蔭庇和福佑。神不需要禮物，需要的是人類的服從。在禮物交換中，物質交換並不重要，重要的是儀式本身，它實際上是禮物奉獻的象徵符號，是人神交流的表示。[97]同時，他也注意到了交換不只體現在內部上下之間，還有外部內外之間，社會結構的等級關係既為交換提供了源動力，也維繫著社會形態的「鐘擺式」運動。

　　在互惠的結構性視角中，我們發現，其與交換所發揮的實在功能密不可分，比如福蒂斯（M. Fortes）在研究非洲塔倫西（Tallensi）社會中指出，禮物呈現的交換與互惠在社會衝突諸因素之間具有維繫均衡的功能[98]；在亞洲，拉德克利夫-布朗（Alfred Radcliffe-Brown）在對安達曼島部落民的研究中指出，互惠在當地社會成形中扮演著重要角色；哈路彌・貝夫（Harumi Befu）指出，近代日本社會的禮物饋贈具有一個維繫原有社會關係的功能，但隨著社會日益現代化，送禮也變得工具化和私人化。[99]

---

96　〔英〕埃德蒙・R・利奇著，楊春宇、周歆紅譯：《緬甸高地諸政治體系——對克欽社會結構的一項研究》（上海：商務印書館，2010年），頁173。

97　〔英〕埃德蒙・R・利奇著，郭凡、鄒和譯：《文化與交流》（上海：上海人民出版社，2000年），頁86。

98　〔英〕福蒂斯、埃文斯-普理查德編，劉真譯：《非洲政治制度》（上海：商務印書館，2016年）。

99　Harumi Befu, Gift Giving and Social Reciprocity in Japan. *France-Asie* 21, 1966, pp. 161-177.

在上述結構性視角之外，馬歇爾·薩林斯（Marshall Sahlins）從經濟人類學的實質論研究中奠定了互惠理論在人類學話語體系中的核心位置。他認為，不同交換階段具有意義差異，不能等同視之，如果二次禮物交換是初次禮物之"hau"的話，那麼物品之"hau"很可能是物品的產出或利潤，正如森林之"hau"就是其生產力[100]。這樣，薩林斯就使「禮物之靈」經濟化了。在饋贈與交換的一般過程中，他提醒大家應注意三個方面：親屬關係、慷慨程度和群體關係。[101]在承認了互惠的一般原則後，他從分析波蘭尼（Karl Polanyi）的《大轉型》出發，借助波蘭尼陳述的「互惠交換」、「再分配交換」、「市場交換」，提出了互惠領域的譜系化：積極或慷慨互惠（generalized reciprocity）、等價互惠（balanced reciprocity）和消極互惠（negative reciprocity），慷慨互惠一般是指在親屬關係內部或者具有親密關係的人之間發生的交換；消極互惠是指交換發生時，贈予方提供的物品超過了接受方的地位、利益，雙方具有對立性的利益關係，極端形式是搶劫、欺騙。兩極之間存在著物品交換的平衡擺動。薩林斯指出，在群體內部，通常實行概化互惠或者均衡互惠；而在群體之間，由於產生了競爭性或敵對性關係，通常採用消極互惠形式。因而，財富流動既有自上而下的方向，也有相反的方向，無疑財富的轉折點是財富流動的重要渠道，這一轉折點往往賦予了權力的地位。掌權者的慷慨與互惠並存，掩蓋了民眾處於依附地位的現實。而原始社會中原則上的互惠與事實上的剝削也是並存的，原始政治經濟和其他類型的政治經濟並無二致：因為這個世界上，所有地方的剝削類型都自我標榜為「互惠」。[102]

---

100 〔美〕馬歇爾·薩林斯著，張經緯等譯：《石器時代經濟學》（北京：生活·讀書·新知三聯書店，2009年），頁185。

101 〔美〕馬歇爾·薩林斯著，張經緯等譯：《石器時代經濟學》（北京：生活·讀書·新知三聯書店，2009年），頁171-213。

102 〔美〕馬歇爾·薩林斯著，張經緯等譯：《石器時代經濟學》（北京：生活·讀書·新知三聯書店，2009年），頁152。

跳出對早期社會的分析，薩林斯要處理的問題是物質交換行為背後的資本主義宇宙觀圖式，他認為西方文化的宇宙觀對西方經濟學觀念產生了深刻制約。在《甜蜜的悲哀》中，他指出，西方的現代性一方面認為人有權利從各種外在的社會制約中解放出來，另一方面認為這種解放與資本主義造成的剝削和殖民主義侵略的悲哀不可分割。[103] 西方的經濟學正是西方文化符號邏輯與宗教神話的合法化延伸，它產生的基礎是西方猶太－基督教對人與自然關係的宗教神話表述。因而，「理性」、「權力」、「需求」、「秩序」等概念實則與基督教和古羅馬神話關於人性的解說難以區別。

在隨後的互惠理論研究中，人類學家瑪麗琳·斯特雷森（Marilyn Strathern）深入禮物背後的「性別」，從關係主義的視角分析「禮物交換」背後的關係世界。在美拉尼西亞社會的交換中，斯特雷森將一類廣泛的社會體系定義為「彩禮體系」（Bridewealth system）。在這種體系中，物品代表人或人的某些部分，其流通則象徵著對這些人的占有。她也提出，禮物交換內涵性別。同一性別之間的交換主體是多重的並且需要中介，而不同性別的交換則是單一的且不需要中介；同一性別之間的關係是社會性、儀式性交換關係，不同性別之間則是私人性、日常性關係，實際上，交換主體的差異是通過性別化來界定相互關係的過程。[104]在她看來，禮品交換的背後是社會關係的運行，其與商品交換存在本質上的差異。首先，社會性交換主體是不同性別組合體，不能用商品關係的性別觀念來取代社會關係中的性別實質；其次，凌駕於個體之上的社會是不存在的，更不用說男性支配。個體是各種社會關係的綜合，特別是男女性別的綜合，這一點與莫斯所認為

---

103 〔美〕馬歇爾·薩林斯著，王銘銘、胡宗澤譯：《甜蜜的悲哀》（北京：生活·讀書·新知三聯書店，2000年）。
104 Marilyn Strathern, *The Gender of the Gifts: Problems with Women and Problems with Society in Melanesia*, Berkeley: University of California Press, 1988.

的「總體之人」(l'homme total) 一致。

　　當代人類學家阿蘭‧迦耶（Alain Caillé）提出要以禮物模式反思現代經濟學中的理性人假設，他賦予了禮物研究以時代使命。自一九六〇年代以來，社會科學領域的經濟學主導趨向明顯，理性經濟人假設超越經濟學領域，成為社會科學普遍討論的話題。隨著社會科學的功利主義和理性主義愈加蔓延，這種經濟學的還原論勢必會將人歸之於經濟理性人。而隨著理性人侵入政治哲學、社會道德、文化藝術等領域，個人權利與經濟利益逐漸結合起來，更加追求個人利益最大化。八〇年代，「社會科學反功利化運動」（Mouvement anti-utilitariste en sciences sociales，簡稱 MAUSS，也稱「莫斯運動」）在法國應勢而生。這一運動重新思考了《禮物》中的互惠原則，提出要反對個體功利傾向和經濟學還原主義。個體理性主義道德則將一切外在力量視為有害於自身的存在，必定以衝突和鬥爭作為社會實踐邏輯和倫理，促使人們為建構與「爭」有關的社會制度而奔忙。在禮物模式與功利主義社會理論的爭論中，莫斯認為，禮物模式是以一種整合的社會理論，在人的分離中看到人的結合一面，它擯棄了將人之間的矛盾衝突作為社會存在的基礎。

　　阿蘭‧迦耶從禮物交換的三階段入手，發現禮物模式在現代社會的三種關係（原生、次生、虛擬）中均有所呈現，他從四個方面入手進行思考：首先，贈予是一種充滿政治和象徵意義的行為，進而能夠解釋聯盟與戰爭、合作與競爭的社會關係；其次，明確經濟學與功利主義的缺陷，即單向度的個人利益；三是從古式社會到現代社會的推廣，其背後饋贈與回贈邏輯作為社會結構不易改變；四是道德結論與政治，他拒絕把道德化約為經濟。[105]在他看來，「社會人」的禮物驅動處在兩對動機中：利己與利他、義務與自由，彼此之間協調與共存

---

105　〔法〕阿蘭‧迦耶：《邁向共生主義的文明政治》，《西北民族研究》2018年第2期。

是基礎性的。如果不能把人回歸到純粹的利己,則也不能回歸到純粹的利他,而應走一條中庸之路。政治與民主的精髓在於不致使人淪落到「對立殘殺、相予犧牲」的境地,因此,互惠才具有普遍意義。[106]

除了外國學者的理論探討外,在中國進行研究的學者從實證研究中不斷檢驗並深化著互惠理論。他們將互惠理論引入對中國社會的研究,主要集中於人情關係對互惠的影響。楊美惠(Mayfair Yang)提出,中國禮物交換的固有特徵是使用價值的交換,友情、親情、同學情等為關係實踐提供了基礎或有潛力的場域因素。[107]閻雲翔在《禮物的流動》中呈現了現代社會禮物互動模式的「地方性」,進而豐富了禮物饋贈的一般研究。他以中國東北村莊的個案揭示了禮物流動與本土性「人情倫理」之間的社會關係,並提出要將「禮物」置於本身的文化基質中,在中國就是人情倫理。在對嚇呷村的研究中,閻雲翔劃分了禮物饋贈的工具性與表達性兩種方式,工具性的「送禮」被視為一種功利性的方式,禮物會轉變成「準商品」。同時,這種禮物關係具有人格化,人情和關係成一種形式上「可交換的資源」,這種交換具有市場化的契約性質。[108]在層級社會中,有時禮物沿社會階層「自下而上」的單向流動,由此形成了一種非均衡性互惠,收禮而不是饋贈被視為榮譽。進而,閻雲翔反思了西方經濟理性原則對「本土化」禮物饋贈模式的解釋失效。

正如法國人類學家格雷戈里(C. A. Gregory)指出,「在以階級為基礎的社會裡,交換的物品傾向於假定商品的異化形式,作為結果,一般性的再生產假定為商品再生產的特定形式;而在一個以部落

---

106 〔法〕馬塞爾・莫斯著,汲喆譯:《禮物——古式社會中交換的形式與理由》(上海:商務印書館,2016年),頁3-14。

107 Yang, Mayfair Mei-hui, *Gifts, Favors and Banquets: The Art of Social Relationships in China*. Ithaca: Cornell University Press, 1994, p. 111.

108 〔美〕閻雲翔著,李方春、劉瑜譯:《禮物的流動》(上海:上海人民出版社,2017年),頁212-220。

為基礎的社會中，交換的物品傾向於假定禮物的非異化形式，再生產假定為禮物再生產的特定形式。」[109]在閻雲翔看來，單向流動已不足以呈現一般性的禮物理論，因而導出了「強調禮物精神和物品與其所有者的不可讓渡性的變通途徑」[110]。中國社會的禮物不具有超自然的精神性，不是物品，而是人情具有不可讓渡性，情感在禮物饋贈中必不可少。他將禮物饋贈分為表達性送禮和工具性送禮，因而可以在村落內外部劃一條界線，以往的研究主要在村落之外，而個人關係網絡的中心乃是在村落內部。[111]同時，他認為在禮物和商品之間存在一個過渡區域，「送禮」使物品在流動中變成工具性的準商品，準商品的流動過程使交換具有人格化，從而禮物在商品世界中具有了商品屬性。在維繫村莊的整體性時，禮物又成為一種傳達人情以維護社會關係的象徵符號，從而具有教育與規範力量。

　　景軍教授從「公田悲劇」與「義務獻血」的研究視角豐富並檢驗了互惠理論。在他看來，生命贈予性的義務獻血是彰顯公益精神、提升公民互惠意識的基石[112]，並且生命贈予雖然是涉及到個人聲望與榮譽，但也可以是陌生人之間的互惠。他認為，生命贈予中的互惠性基礎在於利他精神的召喚，因此，這些行為的背後是利他型互惠的體現。此類物品的交換具有不可讓渡性，社會的公德之心也是在此基礎上得以形成的。

　　從莫斯對「禮物之靈」的道德分析，到馬林諾夫斯基、弗思的世俗分析，繼而列維-斯特勞斯、利奇的結構主義視角，戈德利埃的馬

---

109 Chris A Gregory, *Gifts and Commodities*. London: Academic Press, 1982, p.41.
110 〔美〕閻雲翔著，李方春、劉瑜譯：《禮物的流動》（上海：上海人民出版社，2017年），頁226。
111 〔美〕閻雲翔著，李方春、劉瑜譯：《禮物的流動》（上海：上海人民出版社，2017年），頁106。
112 景軍、余成普：《遭遇公田悲劇的生命贈予——對血荒的新分析》，《探索與爭鳴》2014年第8期。

克思主義視角，再到薩林斯所闡述的「禮物的經濟學」、斯特雷森的「個體關係主義」視角、阿蘭・迦葉的禮物需求路徑，最後到楊美惠、閻雲翔的禮物情感流動、景軍的陌生人利他型互惠，人類學的互惠理論研究經歷著從結構性、實質性到關係性，宏觀到微觀，內部研究到外部研究的轉變，為研究「信仰互惠」提供了一個譜系性、立體性的分析體系。但也應看到理論背後的緊張關係，即人類學對文化的普遍性與特殊性、自我與他者之間的緊張。禮物流動的可讓渡與不可讓渡之物的確定不僅為探討信仰互惠的核心部分提供了理性基礎與神學關照，而且也應對著不同國籍學者文化認知（普遍性與特殊性）的知識生產與人性道德的普遍同情（自我與他者）。

由此可知，交換或互惠主體在西方學術界是與西方社會的經驗事實密不可分的，並呈現出「個體主義」的特徵。本研究的經驗事實指出，民間信仰復興呈現的互惠主體與西方所理解的互惠主體存在差異，理想上說，本案中的個體是象徵著家庭的個體，具有關係主義的性質。因此，家庭作為中間存在，為反思個體與社會、社會與國家的二元關係提供了新的視角；其次，在個體與社會的關係上，不同的社會發展階段對個體的精神產生了深刻影響，特別是社會進程中的個體化趨向，因而個體化與社會發展如何適應也是本研究關注的一個問題。

前文述及了信仰與民間信仰的概念，即信仰背後表達著對某些言語、行為的絕對遵從，而民間信仰主要體現在一種關於普通民眾的實踐性崇拜系統。民間信仰所普遍包含的人與神、人與物、人與人三對關係是其總體呈獻的關係表述。因而，本書認為信仰互惠（religious reciprocity）是一種民間信仰所普遍存在的一種互惠實踐，是信仰主體與本體、信仰主體與主體、信仰主體與客體之間「贈與還」的互動關係。它通過一些物質符號、意義系統和倫理觀念的模式將互動雙方整體關聯起來，以便雙方在來往互動中維持社會倫理。

因此，本書提出「信仰互惠」的概念，以求彌補個體實踐與社會

結構之間的斷裂,進而豐富互惠理論內容、擴展互惠理論邊界。同時,本書並非想證明「信仰互惠」是中國人所獨有的,而是想說中國人對這些事實格外敏感,並且發展出了一套實踐與話語體系來理解生活中的各種現象。這種敏感性很有可能帶來理論上的價值。

## 三　民間信仰復興的文化邏輯

人類學對「文化」概念的界定始終存在著爭議,泰勒在《原始文化》中的「文化」定義就包括著物質層面、制度層面和精神層面三個部分,其本質也是從主觀性與客觀性出發進行的雜糅性概述。格爾茨更是指出了人類學家克拉克洪（Clyde Kluckhohn）用近二十七頁篇幅尚未說清「文化」概念的事實,說明對概念的難以把握。他隨後引用了韋伯的觀點,試圖從詮釋學的視角對文化概念進行界定,他認為「文化概念實際上是一個符號學的概念。文化就是這樣一些由人自己編織的意義之網。」[113]他將文化界定為一套符號意義系統,並通過各種存在物而加以顯現。對「文化」概念的解析是對文化邏輯概念進行認識的前提條件,「文化」本身的複雜性、模糊性導致對「文化邏輯」的研究也處於一種概念混淆狀態。但總體來看,「文化」更多地體現在觀念層面,並通過一些制度或者行動表達,這些觀念的背後受制於文化的本質屬性——價值性,而價值在實踐層面的表達就是行動。因此,價值認同是各種文化認同與國家認同的基礎。[114]

文化邏輯這一概念最早出現於美國文化批評家詹姆遜（Fredric Jameson, 1934-2024）所著的《晚期資本主義的文化邏輯》一書,在

---

113 〔美〕克利福德·格爾茨著,韓莉譯:《文化的解釋》（南京:譯林出版社,2014年）,頁5。

114 劉夏蓓:《信仰與變遷:卡力崗人的民族志研究》（北京:社會科學文獻出版社,2015年）,頁226。

書中詹姆遜主要評述了後現代文化與現代文化之間的差異與關聯,而並未對這一概念的內涵與外延進行有效闡釋。該概念自出現以來,就為學術界廣泛運用,目前,在國內的文化邏輯研究中,胡瀟、曹維的《文化邏輯的研究策略》對這一概念進行了較為系統闡釋。他們將文化邏輯區別於形式邏輯、數理邏輯、語義邏輯,認為「文化邏輯是關於社會文化生活之秩序、法則、規律的集合。文化邏輯是對事物規律性的總結,同時也包含著人們對這些規律性的認識、掌握及其態度確認法則。」[115]他們對文化邏輯的解析既有客觀層面上對文化事物自身發展規律的本質規定,又有主觀層面上對人們對其本質規定的理性概括與表達。

　　本研究的文化邏輯是指民間信仰復興的文化邏輯的規律性集合,包含著民間信仰復興的文化邏輯的結構、表徵及內涵。這種規律性集合會內隱或外顯於文化系統,成為一種穩定而自洽的價值體系。當然,這裡的價值體系具有群體性和社會性,是社會意識的表達,在某種程度上也映射在人們深層的無意識領域,並以主觀之客觀性表現出來,使得對這些規律性的研究能夠客觀把握。

　　目前,學界已經注意到基於「國家與社會」、「地方性再造」、「宗教市場」的解釋局限性,開始尋求超越這一模式的解釋理論。一些學者逐漸從「當地人視角」出發,關注那些在沒有以政治和經濟為名義的正式媒體、文旅融合號召下,民間信仰何以復興的地方。其中,周越提出了「做宗教」的五種模式,即話語模式、個人修煉模式、儀式模式、即時奏效模式以及關係往來模式。在他看來,各個模式之間又是相互糅合、影響的,其中,每種模式都是「報」與「償」的一種關係對應。[116]葛希芝(Hill Gates)就人神之間的互惠行為進行過專門討論。她認為,漢人社會的「保佑」觀念與現實生活的保障相關,當地

---

115 胡瀟、曹維:《文化邏輯的研究策略》,《哲學動態》2014年第4期。
116 周越:《「『做宗教』的五種模式」》,《溫州大學學報》2009年第5期。

人所理解的「神靈」反饋體現在信仰者之間形成的等級關係,以及這種等級關係在儀式周期的循環中形成了輪值秩序。汲喆也認為禮物範式對於研究宗教事實是有價值的。他指出,宗教與道德是緊密相關的,但總是被諸多研究者遺忘。這種道德形成於既自願又強制的「來往」中,而「來往」期間又具有時間性,進而形成一種「負債」的「集體感知」。也就是說,對神或超自然力量的「負債觀」構成了宗教的共同特徵。[117]因此,對宗教應從本質上理解,「從教育的視角來看,宗教是有關社會延續性的基本制度,因為它的核心就是所謂的傳承。如果我們從禮物範式來看宗教,那麼宗教的實質就是社會關係的倫理化。」[118]

由此出發,民間信仰很類似一個「晶體」,不同的視角能夠折射出不同層面的實質,而人類學的研究應該反射的是道德性、互惠性的微光。李向平指出,「中國信仰模式及其宗教結構之中的神人關係,不一定能夠獨立建構為宗教形態,而是體現為人神交往、人神互惠的關係。其中,多神信仰更加傾向於人神互惠」[119];趙旭東用互惠原則解釋民間權威的多元性時指出,鄉土社會的秩序格局正經歷著一種從互惠原則到正規化權利與義務之間關係的變遷路徑,其原生的公正邏輯與現代民族國家的法權制度共同糅合,形成了「權威多元」的局面[120];劉志軍在鄉村都市化過程與民間信仰的關係中提出了「人道設教」的道德教化功能將會超越「神道設教」的威懾功能,對道德追求將超越對神靈的信奉[121];梁永佳指出,「傳統的被發明」、「國家與社會」關

---

117 汲喆:《禮物交換作為宗教生活的基本形式》,《社會學研究》2009年第3期。
118 渠敬東、盧雲峰、梁永佳等:《有關「宗教市場理論」的一次圓桌討論》,《中國研究》2015年第19期。
119 李向平、李峰:《「神人關係」及其信仰方式的構成——基於「長三角」地區的數據分析》,《社會學研究》2015年第2期。
120 趙旭東:《權力與公正——鄉土社會的糾紛解決與權威多元》(天津:天津古籍出版社,2003年),頁147。
121 劉志軍:《鄉村都市化與宗教信仰變遷——張店鎮個案研究》(北京:社會科學文獻出版社,2007年)。

係、「宗教市場」理論是近年來解釋民間信仰復興的三種基本理論模式，這是政界與學界精英階層的話語邏輯，同時也驗證了政治經濟解釋模式的還原論缺陷。[122]他主張應該將民間信仰復興視為一類特殊的社會事實，嘗試運用禮物模式的思路進行解釋。在信徒與信徒、信徒與宗教之間的「來往」彰顯著道德性的「報」與「償」的關係存在，因而對於理解民間信仰復興具有借鑒意義。

在文化路徑中，尤其是人類學者試圖將民間信仰復興放置在「互惠理論」框架下加以分析，並將其視為一類獨特的社會事實。民間信仰復興的文化路徑確實能夠從整體性的視角出發進行較為全面的分析，但仍缺乏基層民眾的解釋路徑。因而，本研究將深入具體的田野經驗，通過詳細的實證調查，從基層民眾的角度使這一路徑豐厚和充盈起來。從這個意義來說，本研究並非旨在調和以上研究路徑，而是希望結合以往研究，嘗試新的研究思路並加以拓展。

總結起來，民間信仰復興的政治經濟學邏輯解釋，主要呈現出以下幾點：

一、「國家－社會」的二元結構化研究意味明顯。無論是對民間信仰在國家管制情況下進行被動適應的實踐考察，還是對民間信仰形式在地方的主動調適，均具有「國家與社會」互構、互動的特徵傾向。從知識精英、政治精英的視角出發，這種二元的結構取向確實能夠給予政治學解釋，本質上還是官方視角的考察，缺乏草根百姓的真實體驗，同時也忽視了介於精英與民眾之間的「鄉紳」力量。

二、地域限制。在政治環境下，西方學者的研究均集中於華夏邊緣的東南地區，並以之與文化地理上的「中國」對應。實際上，「中國」本身的多樣性與複雜性並非能夠通過漢人社區或城市得以反映，且東南地區的宗族文化濃厚，以此帶有「中心與邊陲」的理論在解釋

---

122 梁永佳：《中國農村宗教復興與「宗教」的中國命運》，《社會》2015年第1期。

整體中國社會時尚缺乏普適性，比如中國北方村落以非宗族村、雜姓村居多；少數民族地區則具有混融性的特徵。

三、曲解了「地方知識」。究其原委，早期的田野工作者均具有一種傾向，即將研究基督教的知識框架套用到漢人宗教中，其所體現的「進化論」思想明顯。一方面，這些學者從理性主義思想出發，將關注點放在現代法權制度和經濟結構之上。他們跨越了中國漢人古代文明的「大傳統」，直接將現代性思想引入。另一方面，在之後的學科範式轉換中，人類學者逐漸關注「當地人」的解釋體系，使他們所掌握的知識譜系從總體上以共時性的歸納路徑為主，卻忽視了歷時性的發展脈絡及其隱含著的「超地方性」存在。過分關注本體意義上的「地方知識」，導致他們忽視了「知識」的動態整合與發展過程。無可置疑，信仰研究的道德性是從基督教出發闡釋的，對非西方社會的民間信仰是否適用還存在爭議。西方學者掌握的理論對於土生土長、具身體悟的中國學者來說，與其說是學術優勢，不如說是先賦感知。

民間信仰復興的三種解釋路徑，均是從社會、政治、經濟的維度出發進行的闡述，儘管在各自的邏輯內是自洽的，但一定程度上都打散了民間信仰作為一類社會事實的整體性，並未將其復興放回到社會整體之中進行。這樣看來，近幾年興起的以互惠理論為代表的文化邏輯恰恰體現了這種整體思路。

就我在張灣調查時觀察到的民間信仰復興狀況而言，前三種解釋路徑都能明確地體現在村民日常實踐中，且這樣的實踐是相對於理論和表達層面的，指向長時期的歷史實踐變遷。然而，經過長期的觀察，我發現這三種研究視角都是帶著一種先驗性的知識框架去套經驗事實，並未觸及民間信仰復興的核心。這些帶著外部性、整體性、制度性視角進行的研究容易忽視民間信仰復興的內部本質、民眾的信仰體驗與身體感知以及人神之間的互動情感，因而，也就無法將之視為一種獨具特徵的「社會事實」。而文化路徑是解釋復興事實的關鍵，

也能夠對各解釋路徑加以統合。尤其是互惠理論的借助，使其能夠進入民間信仰復興的內部，回到「整體社會事實」層面。當然，這種解釋存在著理論和實踐之間的跨越，即互惠理論和民間信仰復興這一社會事實之間缺乏一個有效的聯結媒介。我在調查中感受到，村民之間的互惠基礎並不是基於利益算計來進行的，而是來自一種對社會關係的義務性的遵循。且這種關係除了村民之間外，還包括他們與自然、超自然存在之間的全面交換。

因此，我將繼續沿著文化邏輯的路徑，並更加凸顯義務性在其中的關鍵作用，同時也強調廣義的互惠關係，即從「廣義人文關係」[123]層面把互惠擴展到人與自然、人與神的層面。總的來說，本書從整體主義方法論出發，探討了民間信仰在當地社區的實踐意義以及使當地社區成為可能的運行機制，進而呈現民間信仰復興的文化邏輯，以期通過人類學互惠理論為中國民間信仰復興的解釋提供知識積累。

## 第四節　研究價值、方法與框架

### 一　研究價值

從研究價值來看，本研究旨在豐富互惠研究的主體範疇，拓寬互惠理論的內涵。禮物交換的主體在西方學術界是與西方社會的經驗事實密不可分的，呈現出個體主義的特徵。本研究的經驗事實指出，民間信仰復興呈現的互惠主體與西方個人主體存在差異，個案中的個體是象徵著家庭的個體，具有強烈的關係主義內涵，而非西方價值標榜的具有獨立人格的西方個體。因此，家庭作為中間存在，為反思個體與社會之間的二元關係提供了視角。其次，本文提出了「信仰互惠」

---

[123] 王銘銘：《民族志：一種廣義人文關係學的界定》，《學術月刊》2015年第3期。

的概念，以此豐富互惠理論的內涵、擴展互惠理論的邊界。「信仰互惠」包含著象徵互惠、倫理互惠與符號互惠三個層面的內容。在本案中，人與神之間的互惠是象徵性的、等級性的，人與人之間的互惠是倫理性的、互動性的，人與物之間的互惠是符號表徵性的、媒介性的。三種互惠疊合共同組成了信仰互惠的結構與內涵。它是民間信仰復興的文化邏輯的基本內容。通過對個案民間信仰復興的事實解釋，本文指出互惠邏輯的基本原則與民間信仰背後的倫理實質是基於人的義務性而呈現的同構關係。

在現實層面，人類學在研究現代社會方面的優越性正在逐步顯現出來，文化的視角更具敏銳性與批判性。中國鄉村社會正經歷著有史以來最為徹底的變革，在現代化進程中，以科學理性為代表的市場理性正不斷衝擊傳統社會，「鄉土」的意義與價值不斷被重構、疊寫。但即使變革如此深遠，鄉村所固有的文化結構仍發揮著較為穩定的積極作用，特別是民間信仰的復興已超出學界、政界、商界等精英話語的預測規劃。

同時，本研究還旨在通過客觀認識「鄉土社會」來增強「文化自覺」。該個案的獨特之處在於鬼神崇拜與自然崇拜的交互融合，共同形成了村莊社會生活的實踐秩序、倫理觀念和行為邏輯。互惠原則與信仰生活背後的倫理是人之義務性的在場，這種基於義務的實在關係的同構促成了民間信仰的復興。「鄉土社會」往往賦予研究者以無限的想像。研究者也總是將其視為一個具有「均質性」的概念而使用。在人們的意義世界裡，談及「鄉土社會」總與一種溫情脈脈的田園風光聯想在一起，而現實的鄉村社會卻與文人的風雅興致格格不入。如果在研究鄉村社會時能多一點自覺，我們對鄉村社會生活的理解要豐富和深刻得多。因此，對民間信仰的研究只是任務目標，而非過程目標。

## 二 研究方法

　　本研究在田野調查中收集資料的方法主要是通過三條路徑獲取：一是直接的觀察與解釋，本人直接參與到村落層面的社火儀式、祭祀儀式中，擔任一定角色，並以一種參與者的視角直接體驗、感觸民眾行為；二是請教報導人，與報導人交流是在歷時層面瞭解整個村落時間變遷狀況的必要方式，所得信息與觀察到的共時性信息進行對比，增強了研究的自洽。與報導人的閒聊，時常能夠獲得更為驚奇的信息，也豐富了研究的經驗性；三是文字資料，通過收集村廟的賬務留存文本、縣檔案館的檔案記載、民間祭祀的殘留文本、村政務資料等文字資料，獲得一手分析資料，從而全面理解民間信仰的整體樣貌。

　　本文主要通過個案研究的路徑進行，主要研究方法包括田野調查法、歷史文獻法、統計法。

　　個案研究屬質性研究的部分，是指對某一個體、某一群體或某一組織進行長期並連續地實地調查，進而研究其發展變遷的過程。陳向明指出，「質性研究十分強調研究者必須在自然情境中與研究對象產生互動，而後，方能在原始資料的基礎上建構研究的結果和結論。」[124] 就本研究而言，筆者生於承德張灣，雖然隨著之後的學習逐漸遠離與她日日接觸的時間，但在認同上，我還是認為自己是「張灣人」。每年的節假日，我都會回到這裡，本文的選題也是在感性與理性的互相交織中確定下來的。張灣村作為一個多元文化共存、多元信仰雜糅的後移民村落，其形成過程與民間信仰必定存在著密不可分的生態關係，而其民間信仰復興的過程也是本文主要關注的問題，以此作為個案對象具有一定的理論解釋力。

---

124 陳向明：《質的研究方法與社會科學研究》（北京：教育科學出版社，2000年），頁23。

人類學田野調查法主要包括參與觀察、訪談，參與觀察是其中的最主要手段，它要求參與者與被研究對象共同生活一個周期，簡單來說，即「同吃、同住、同勞動、同學習」，以參與者的視角深入當地人的日常生活中，總結並發現當地人的生活邏輯與秉持觀念。在研究中，筆者既作為一個「局外人」，也作為一個「局內人」，在經驗與理論之間來回穿梭，以便於能夠以最貼切的視角分析當地民間信仰復興的內在文化邏輯。訪談法在本文中旨在通過對村民「話內話外」的意義捕捉，來分析他們對於某些觀念、行動的態度，以此印證他們在實際生活中的行為。同時，在文本性資料缺乏的情況下，村民的記憶也為本研究提供了較為清晰的宏觀視角與微觀感受。

本書也在文獻收集方面充分搜集並整理了有關張灣村及其民間信仰的歷史檔案，資料主要從灤平縣檔案館、灤平縣民宗局、灤平縣文化廣播電影電視局、國家圖書館、民間史料搜集人等處收集，以備互相考證。本書還利用中國知網（CNKI）進行了有關互惠理論、民間信仰、民間信仰復興等主題的文獻彙集與統計工作，以期充分把握民間信仰及其復興研究的學術動態。

## 三　基本框架

本書的寫法不同於純粹的民族志書寫，看似是對一個村落的民間信仰進行結構化與理論化的雙重分析，實則歷史敘事上的著筆較多。此外，本書在描述事實時很少呈現民族志寫作的主體代入感，夾敘夾議部分較多，由此給讀者帶來的閱讀困境敬請見諒。

第一章緒論部分，從民間信仰的社會事實出發，試圖將那些非政治經濟因素引發的村廟重建、信仰顯現視為本書關注的對象。在民間信仰的概念界定方面，本章力圖給讀者留下一個較為清晰的脈絡，並試述本人對民間信仰概念的看法。同時，通過對人類學互惠理論的

大致梳理，本章借助「信仰互惠」概念分析張灣民間信仰復興的文化邏輯。

第二章通過簡述當前張灣整體的社區狀況，將該村的民間信仰做結構化處理，以此呈現接近完整的張灣民間信仰全貌，並為接下來的歷史敘事和現實分析提供支撐。在分析民間信仰的結構時，本書認為民間信仰體系曾作為該村社會組織結構的表徵系統，對當前村民的權威觀念、生活秩序產生了較為深刻的影響。

第三章從歷時維度敘述張灣民間信仰的演變歷程，並通過其在公共領域、私人領域以及意義領域的表達，呈現民間信仰復興的歷史過程。這一部分基於對參與觀察、口述史與部分制度條款的梳理而成，是歷史與現實結合的書寫。

第四章從人、物、神三個層面敘述了張灣日常生活中的信仰互惠。在象徵層面，人與神靈、仙家的關係呈現出集體生活秩序的互惠。在倫理層面，人與家裡、家外的關係圍繞著不同樣態的互惠展開。在符號層面，人與物之間以符號的媒介屬性傳遞人與神、人與人的精神與情感聯結。這三個層面的疊合生成，共同構成了人、物、神三者之間的隱喻結構與互動關聯。

第五章所展示的是信仰互惠與社會秩序之間的關係建構。在當前時代背景下，現代性本身已經成為一個各種文化爭先展演的競技舞臺。以商品生產、利益競爭為基本模式的文化再生產必定會導致某些文化形式的衰亡，也會生產出新的文化價值。或許張灣的「信仰互惠」能夠提供一個更為有效地處理多元文化接觸（包括現代文化與傳統文化、世俗文化與信仰文化等）的思考路徑。總的來看，以村廟信仰－火神聖會－保家仙為一體結構的張灣民間信仰是蘊藏在民眾心底的中國傳統宇宙觀的再現，是傳統王朝國家秩序落實到「邊緣」地方社會的互動實踐。民間信仰以此凝聚國家與地方、與邊疆之間的結構關係與文化秩序。

結論部分為「信仰互惠的文化邏輯」。這一節試圖總結張灣民間信仰復興的文化事實，從中抽離出一般性的理論邏輯。文化的結構化理論指的是人與非人之間的交流溝通，它所呈現的不同形式均在社會的儀式過程中展現，可視為一種普遍的「人觀」表達。同時，本研究也提出了民間信仰與宗教之間的譜系化，並將民間信仰作為一個文明時代的表徵，以此喻示它的人文特徵。民間信仰的混融性將以人為中心的態度扭轉為人與物之間的關係性，進而，具有某種程度上的 Ontological Turn（本體論或存在論轉向）的意義。最後，本研究從人的倫理理性的地方實踐闡述個體的複數性與集體的象徵性。人的倫理理性是與基於西方社會的科學理性不同的價值。倫理或關係是它的核心表述。個體背後的集體表徵體現著個體對家庭的歸屬感，基於社會制度而形塑的文化體現了個體的倫理態度。

　　本書通過對鄉村社會結構變遷的文化動力的分析，從個案研究與經驗事實出發，立足人類學學科視野，借鑒社會學、宗教學、民俗學等研究成果，探討民間信仰復興的文化邏輯，以便在政治經濟話語強勢的當代社會，探討增強「文化自覺」的途徑。

# 第二章
# 張灣、民間信仰及其結構概況

> 社區研究和社會調查一樣，注重實地考察，切身體驗，直接去和實際社區生活發生接觸，而尤注重於沉浸在那活的文化裡被薰染，去受陶融，同本區人一樣的感覺、思想和動作，這樣生活完全打成一片以後，對於社會的真相，文化的全相，才能徹底的明瞭。
> 
> 吳文藻：《現代社區實地研究的意義和功用》

## 第一節　張灣人文區位概述

### 一　形成與區劃

#### （一）張灣的形成

張灣位於燕山中部，處興州河（蒙古語稱「錫喇塔拉」）與灤河交會之地。自此地開始，灤河河道走出上段南北向的陡峭河段，進入中段自西向東的低緩流動河段。周邊人與村裡人都習慣稱其為「張灣」[1]，關於村名來源並無確切地歷史記載。據《灤平地名資料匯編》記載：在清朝雍正十三年（1735年）姜氏六世祖，由山東省登州府萊陽縣姜家窪逃荒，到此地落戶；相繼有劉、魏、張、衡、黃等姓遷此定居，形成村落。[2]但這一說法不被村中老人認可，他們認為，這一帶村名的形成往往是根據第一代落戶人的姓，如果上述說法可

---

[1] 從當地人的「主位」視角出發，本研究用「張灣」的稱謂。
[2] 灤平縣地名辦公室：《灤平縣地名資料匯編》（內部資料）（1983年），頁161。

信，應該叫姜灣。而且一些村民還透露，當年修地名志的時候，寫張灣調查報告的是姜家的人，他就把自己家寫成張灣第一戶，這個說法不可信。

張灣有山、地、水、林多種生產環境，土地肥沃、人口稀少、物質豐富，夏季氣涼、冬季乾寒，吸引了諸多長城口裡無地農民至此謀生、墾荒。康熙皇帝在撰寫穹覽寺碑文中，還讚灤平地域曰「地宜五穀，氣爽少病」。據村中老人口述，清康熙年間，此地為修建承德熱河行宮及外圍宮殿建築材料的水陸轉運地，包括木材、糧食等。當時，兩河匯合處，河道寬闊平坦。此地原有渡口，囤積貨物豐富、數量龐大，在印象中足有百萬之多，附近村民多遷移至此，並將之稱為「百萬」。且當地管理皇木、皇糧的莊頭[3]姓張，遂將張姓納入村名中。一九三三年一月，由日本陸地測量部出版的《承德》地圖標記了張灣的地名（如下圖），該圖標記的地名是「張百萬」（張百萬）。這一標記應與這一稱謂的口頭流傳相關，隨著時間推移從「張百萬」叫成了「張百灣」。且張百灣在清朝典籍中還曾寫過「張博灣」，「博」字意為大通、廣通，既喻示著地形特徵，又表達著當地人、物之盛。根據附近地名的命名規律，這一說法更為符合當地實際的人文地理。

---

3 順治元年十月三十日（1644年），順治帝定鼎北京後不久，攝政王多爾袞發出圈占近京五百里以內畿輔土地諭令，由此造成京畿地區的滿漢矛盾驟增。為了緩解矛盾，康熙八年規定：「令張家口、喜峰口、殺虎口、古北口、獨石口、山海關外，備有曠土，如宗室、官員及甲兵，有願將壯丁地畝退出，取口外閒地耕種者，該都統、副都統即給文資送，按丁撥給」，遂將古北等口外閒空之地分撥八旗。參見《八旗通志》卷18-21《土地志》；關外圈占土地歸皇帝所有，由內務府負責日常管理。上三旗（正黃、鑲黃、正白）部分官兵在熱河喀喇河屯地區建立二十五處皇莊，分配土地、生產工具、房屋等，向內務府交糧，稱皇糧。每莊派十名壯丁管理，選其中一人堪用者為頭，稱皇糧莊頭，餘者協助。民國五年八月（1916年），熱河督統署發布公告，取消境內皇糧莊頭。參見承德地區檔案館《民國檔案》灤平縣公署卷，頁134；趙艷玲、于多珠：《清代承德莊田起始探》，《承德民族師專學報》2003年第3期。

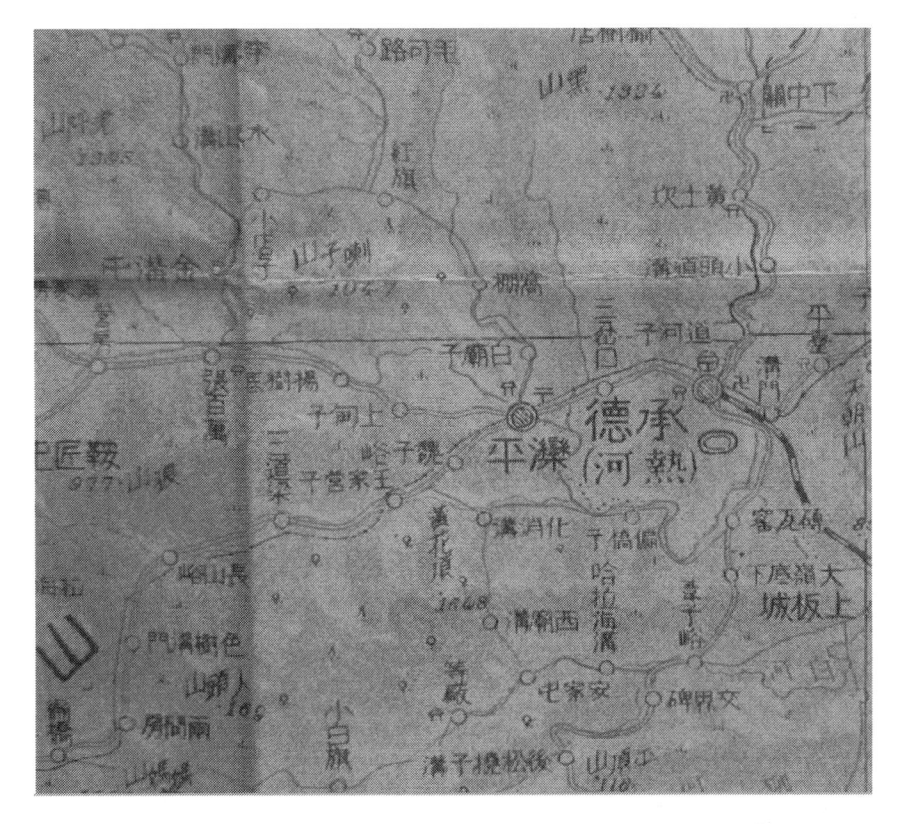

**圖一　日本所繪地圖中的「張百萬」**

　　村民稱此地為「受皇風之地」。村裡老人有這樣的傳說，該地「頭頂王帽山，腳踏兩條川（灤河與興州河），右手拴著九龍山，左手拴著鳳凰山」。相傳，當年，康熙皇帝微服私訪到此地，想在此地建皇陵（也有說建「避暑山莊」）。當他問一個放牛娃此山叫什麼時，放牛娃說了一句『肋巴山』。這位皇帝一聽，『肋巴』不好就沒建，結果，該地的風水就給說破了。

　　該村受惠於興州河谷低地，自張家口經豐寧至灤平[4]、承德的道

---

4　那時指今承德市雙灤區灤河鎮。

路，若沿此河谷而行可比正式官道減少五十里。[5]不過，冬季河流結冰時，此路很好走，而二月解凍時，由於河底全是泥漿，又無人修橋，人們涉水過河就十分困難且危險。興州河通常在陰曆十一月中旬封凍，在二月解凍；洪汛一般發生在陰曆六、七月。現在，這條河的水量已經大不如前。該村可謂「四通八達」，村北的一條路通往圍場、隆化；往東通向承德市區；往西通往灤平縣城、豐寧縣城，乃至北京；東南側、西南側各有一條溝，分別被稱為下南溝、上南溝，其可通往京熱御道及興隆縣。上、下南溝居住著眾多來自山東、河北等地的口裡移民，隨著社會發展，溝裡的人們為了生活便利逐漸搬遷至張灣、縣城、承德，以及其他地方。特別是在一九五〇年代，位於前街的鐵路線改為公路，這更加方便了人們的日常出行。

圖二　張灣所處區域地形

---

5　〔俄〕阿‧馬‧波茲德涅耶夫著，劉漢明、張夢玲、鄭德林等譯：《蒙古及蒙古人》（第二卷）（呼和浩特：內蒙古人民出版社，1983年），頁285。

張灣自有史記載以來經歷了眾多的空間變遷。現村落發端於原村落東部，隨著人口增加，村莊範圍逐漸向西、向北、向南擴展而成為現今規模。村中東頭張姓最早從南邊的小南溝遷出，據已快七十歲的章福稱，他們從山東老家遷到這裡，這裡的祖墳已有七、八代，墳地已經放不下了，他們家是在偽滿時期從溝裡搬出來的。按當時的一代十七年推算，張姓在此地出現應不少於一八七〇年代。

　　關於張灣地名的確切來源，在清朝乾隆年間的《欽定熱河志》與道光年間的《承德府志》中均有所記載：

（灤平）縣之西迤北境屬喇嘛洞汛轄，張博灣在七間房西十里，在縣治西六十里。[6]

《熱河志略》記載：

（灤河）西南流四十九里至張博灣，興州河自西北來匯之，折而東流。[7]

在解放後，「張博灣」曾寫作「張柏灣」。[8] 由於「柏」字有 "bó"、"bǎi" 兩種音，而 "bǎi" 音較為常見，隨之將「張柏（bó）灣」

---

6　《承德府志》，由清朝道光年間時任承德知府海忠主持編纂。此書自道光六年（1826年）開始，至光緒十三年（1887年）編寫完成，由時任知府廷杰和教授李世寅修訂並正式出書，前後歷經六十餘年。參見〔清〕和珅、梁國治主修：《欽定熱河志》卷五十，乾隆四十六年（1781年）；〔清〕海忠修，林從炯等纂：《承德府志》卷七《疆域》（臺北：成文出版社，1968年，光緒十三年〔1887年〕廷杰重訂本），頁498。

7　〔清〕和瑛撰：《熱河志略》，載《續修四庫全書》史部《地理類》（上海：上海古籍出版社，1995年），頁746。

8　在田野調查中，我發現一張五〇年代當地通用汽車票，上面寫明了「鳳山－張柏灣」字樣，見附錄。

喚為「張柏（bǎi）灣」，書寫也從「柏」字簡化為同音的「百」字，遂形成了「張百灣」的稱謂。

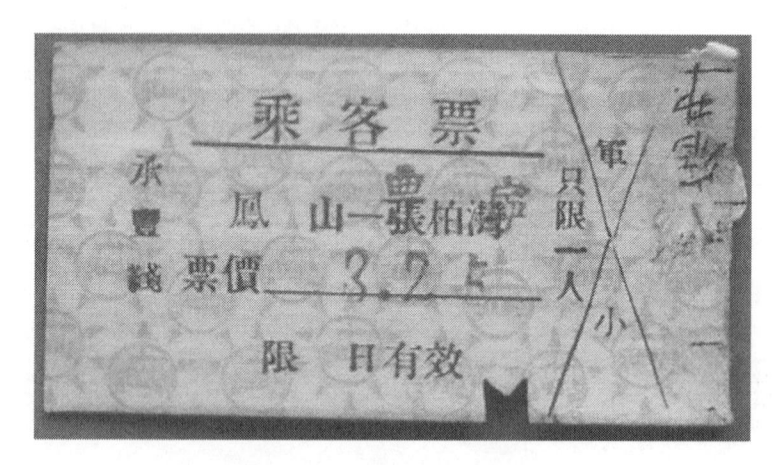

圖三　「車票」中的地名

據《熱河志略》記載：

> （營汛）康熙四十五年初設河屯營守備初設喀喇河屯……駐創熱河統轄左右唐三營分防十六汛七撥墩台二十處。[9]

在調查時，村中一些老人向我訴說了位於村後街西頭的「墩臺」，據老人說，這座墩臺之上還有一座小廟，裡邊供奉著一個「長仙」的牌位。墩臺上有刻字「喀喇河屯廳喇嘛洞汛」，《灤平縣志》也有所記載。俄國學者阿‧馬‧波茲德涅耶夫（A. M. Pozdniev, 1851-1920）曾記錄了北京至張家口一帶的墩臺形貌，「它們是用燒磚砌成的四方形建築物，又有點像截頭圓錐體。這些墩臺在村鎮附近一帶彼此離得很近，不超過半俄里[10]的距離。報警時這些墩臺上燃起一堆堆

---

9　〔清〕和瑛撰：《熱河志略》，載《續修四庫全書》史部「地理類」（上海：上海古籍出版社，1995年），頁785。
10　1俄里≈1.0668公里，半俄里即約500多米。

烽火⋯⋯根據寫在哨所上的字可以知道它離最近的城市有多遠,而且還很容易知道該地的行政區劃,因為每座哨所都標明了它是屬於哪一州,或是哪一縣。」[11]由此可知,張灣的「墩臺」作為清朝邊防軍事設施之一,曾經發揮過烽火預警、鎮戍邊疆、行政設置、標定方位距離的功能。

「汛地制」始自元末,經明、清兩代成為定制,專指軍隊攻防體系與戍防軍隊,或邊防防守體系中必須按時進駐、堅守的區域,戰事結束、防守形勢變化後,汛地都會被廢止或做出調整。[12]到清朝中後期,「汛官」[13]的主要職責是緝凶捕盜、保證交通、社會治安、收繳稅收等,而汛制經歷了從軍事攻防系統到地方治理機構的轉型。這說明,當時的張灣有兵丁進駐,以維持治安、捕盜收糧,進而不斷演化、形成一個固定村落。這一設施的設立不僅在行政上將此地納入到國家管轄中,而且也反映出清朝利用「汛地制」處理多民族關係、實行基層治理、穩定邊疆地區等功能,從而促進各民族在文化秩序上的向化與融合。

據已退休在家的,喜歡收集、記錄張灣歷史的章山口述:

> 這個地方屬少數民族與漢族的打仗地方,歷來戰爭不斷。北方的游牧民族與南方的漢族,沿著長城兩邊就是不停地拉鋸打仗。這裡,漢代的移民都沒了,直到明末清初,明朝燕王掃北的時候,就已經沒有什麼人了。漢族已經把少數民族殺光或者

---

11 〔俄〕阿・馬・波茲德涅耶夫著,劉漢明、張夢玲、鄭德林等譯:《蒙古及蒙古人》(第二卷)(呼和浩特:內蒙古人民出版社,1983年),頁14。
12 秦樹才、李永芳:《「汛地」源流考》,《思想戰線》2019年第5期。
13 清代的汛官有固定的工作地域,如有某某地汛之稱。清代兵制,凡千總、把總、外委所統率的綠營兵都稱汛。其小單位類似班、排,其駐防、巡邏的地區稱汛地,也稱「訊地」。參見汪國鈞著,瑪希、徐世明校注:《蒙古紀聞》(呼和浩特:內蒙古人民出版社,2006年),頁33。

撐走了。現在的人都是以下幾個地方來的：一是，清末的山東移民，為躲避兵亂、逃荒至此，祖上大多數是山東的移民。二是，清軍入關帶來的滿族人。隨著他們進來的，現在劃為滿族，原來咱們這兒沒多少。滿族的營地遺跡，比如，紅旗、藍旗、白旗等。三是，山西、北京的人經商落戶在此。[14]

總的來說，「張灣」地名經歷了不同歷史時期（張博灣－張百萬－張柏灣－張百灣）的演變，這一過程也映射著「張灣」社會史的側影。

## （二）張灣所屬區域的劃分

從承德的行政區劃變遷中，可以從宏觀背景上發現該地人文社會的交流互通情況。明永樂元年（1403年），為表揚蒙古兀良哈三衛在靖難之役的助力，太宗朱棣將長城以北地區的衛、所官兵及居住的人們遷入長城以南，或安置在長城沿線、或遷居華北地區。燕山地區及以北劃歸給兀良哈三衛之一的朵顏衛放牧使用。明中後期，朵顏衛逐步併入蒙古喀喇沁部。隨著女真後金的崛起，喀喇沁部與其結盟，滿蒙聯軍多次通過燕山民族走廊，兵臨長城各隘口、叩關出入。這一時期，燕山區域內的人們主要以蒙古族為主，兼有少量其他民族。多爾袞率八旗進入北京、入主中原後，不斷遷徙東北滿人、旗人入關、定居。順治至乾隆時期，燕山南部灤河及其支流沿岸村落、平地不斷被劃入宮廷皇莊、王府皇莊、八旗皇莊等範圍，滿洲八旗、包衣等旗人、奴僕到此劃地建莊，招口裡逃荒農民到此墾荒、種地、納糧。由此，原居住於此的蒙古人不斷北移，滿人、漢人不斷北上，使燕山區域成為漢、滿、蒙古、回等多民族分散雜居、聚居之地。而燕山區域地處北京、華北通往內蒙古東部、外蒙古、東北各地區和東北亞的通

---

14 訪談對象：章山，村志記錄人；訪談時間：2018年1月23日；訪談地點：章山家中。

道上，且《承德府志》的序也記載，「承德為之都會，外連沙漠、控制蒙古諸部，內以拱衛神京（今北京）。為神京輔佐……」[15]。因此，清廷十分重視承德的戰略地位。

康熙二十年（1681年），為應對漠西蒙古準噶爾部葛爾丹不斷東進南擴的邊疆局勢，康熙皇帝二次北巡。期間，在燕山北部草原，喀喇沁、翁牛特部蒙古王公向康熙敬獻牧場，以供皇室「歲行秋獮」、「練武檢校」。康熙順勢接受此地，圈建「木蘭圍場」，在舉行秋獮的同時，也讓八旗官兵「習武練兵」。由此，每年夏季，到木蘭圍場秋獮、練兵成為康熙、乾隆兩朝的定制。康熙三十年（1691年）五月，康熙與漠南蒙古王公在內蒙古多倫舉行會盟，規定漠南蒙古各部實行分片會盟制，各部蒙古人需留在各盟旗劃定範圍內放牧，不得越界。四十一年（1702年），康熙又在灤河沿岸金代舊城遺址重修「喀喇河屯行宮」[16]。該行宮成為康熙到木蘭圍場秋獮、接見蒙古王公的重要駐蹕地，後因熱河行宮的修建，其地位逐漸降低。四十二年（1703年），康熙在熱河上營處，又命直隸總督噶禮籌建熱河行宮，即避暑山莊。四十七年（1708年），熱河行宮初步建成。五十年（1711年），康熙賜名為「避暑山莊」，並親自題寫匾額。此後，康熙每年要到此處理軍政要務，使熱河行宮逐漸成為清王朝的夏都。由於熱河懷柔蒙疆、左引遼瀋、內拱京師的特殊地位，朝廷強化了對熱河地區的行政治理。雍正元年（1723年），朝廷設熱河理事同知廳，設在喀喇河屯行宮。雍正十一年（1733年），熱河廳改為承德直隸州，納入京畿直隸的管轄範圍。

乾隆時期，朝廷對承德地區宮殿建築的修築達到高潮，包括外八

---

15 〔清〕海忠編撰，林從炯等纂：《承德府志》（臺北：成文出版社，1968年，光緒十三年廷杰重訂本），頁6。
16 此城於金章宗時修築。清初，多爾袞意在原址擴建，後因他薨於此而作罷。「喀喇」，蒙古語，意為「黑色」、「烏色」；「河屯」，蒙古語，意為「城」。

廟在內的蒙藏回式宗教建築和文廟、書院、城隍廟、武廟等文教建築紛紛建立，使承德府成為多民族團結統一的歷史地理象徵。在行政設置上，熱河地區的行政設置逐漸內地化。乾隆七年（1742年），朝廷罷承德州，改回熱河廳，定在熱河行宮所在的承德，且在「喀喇河屯行宮」設「理事同知廳」，管理地方的旗、民事務。[17]乾隆四十三年（1778年），隨著熱河境內、承德街裡人口多元興盛、商貿發展繁榮，朝廷改設承德府，且改「喀喇河屯廳」為「灤平縣」，歸承德府管轄[18]。灤平縣下轄九個汛，前文所提「喇嘛洞汛」為其一。嘉慶七年（1809年），朝廷設熱河都統署，駐承德，管理熱河州縣諸事，兼轄昭烏達、卓索圖盟蒙漢民交涉事務。正如清末阿‧馬‧波茲德涅耶夫到此旅行所記，承德府和它的轄境，包括一個州和幾個縣，不同於中國內地，儘管建立了中國治理制度，這個府的轄境在當地人心目中仍被認為是屬蒙古各盟的土地。[19]由此可見，當地滿、蒙、漢、回各民族之間的交往互動狀況。

民國元年（1912年），北京政府設直隸省承德府；一九一四年一月，民國政府取消承德府制，改為熱河特別行政區，脫離直隸省。一九二八年九月，熱河特別行政區改設熱河行省，定省會為承德；一九三三年三月，日本侵略者占領承德，將熱河省劃入「偽滿洲國熱河省」；一九四五年九月，承德解放，於十一月成立人民政府；僅隔一

---

17 灤平縣地名辦公室：《灤平縣地名資料彙編》（1983年），頁9。
18 清代灤平縣與現代灤平縣不能等同，清代灤平縣治所位於今承德市灤河鎮，現代灤平縣治所位於灤平縣政府（清代指鞍匠屯）。一九四〇年，日本當局將偽灤平縣治所改設到鞍匠屯，原治所改為灤河鎮；清代灤平縣治域範圍大於現代灤平縣。參見《清高宗實錄》（乾隆四十一年）（北京：中華書局，1985年影印本）；王淑雲：《清代北巡御道口和塞外行宮》（北京：中國環境科學出版社，1989年），頁35；劉惠：《由「喀喇河屯廳」到「灤平縣」：清代灤平建置沿革考述》，《河北民族師範學院學報》2016年第4期。
19 〔俄〕阿‧馬‧波茲德涅耶夫著，劉漢明、張夢玲、鄭德林等譯：《蒙古及蒙古人》（第二卷）（呼和浩特：內蒙古人民出版社，1983年），頁246-247。

年,國民黨軍隊占領承德;一九四八年十一月,承德再次獲得解放,仍為熱河省省會。一九五五年七月,國務院對熱河等省進行行政優化調整,撤銷熱河省,成立承德地區專員公署,原省域分別歸入河北省、內蒙古自治區、遼寧省三個省區,其中,灤平縣劃入河北省管轄。一九九三年七月,承德地區實行地、市合併政策,建立市(地級)管縣的行政管理體制,承德市下轄八縣三區,灤平縣屬其一。二〇〇〇年十一月,灤平縣被河北省確定為民族縣,享受民族自治縣待遇。

張灣在清朝前期,歸屬「喀喇河屯廳喇嘛洞訊」管轄,在清末建制為西路第一區張百灣牌;民國初年(1912年),屬二區三道梁轄地上南溝牌;民國四年(1915年),屬二區白旗轄地;民國十年(1921年),屬第一區第一分所駐地;民國十九年(1930年),正式建制張百灣鎮;民國二十一年(1932年),屬第一區三道梁轄地;改保甲制後,稱張百灣甲,設張百灣警察分所;民國二十二年(1933年),處於偽滿洲國統治下,仍沿用舊制;民國二十五年(1936年),改保甲制為主副村制,張百灣主村下轄河北村等十個副村,屬第二區;民國二十六年(1937年),改為第二區駐地,下轄七個主村二十八個副村;民國三十四年(1945年)光復,設張百灣區人民政府,屬東灤平縣管轄;民國三十五年(1946年)歸國民政府管轄,設張百灣鄉;民國三十七年(1948年)解放,翌年成立張百灣區政府;一九五五年,成立區公所;一九五六年,改為張百灣鄉辦事處。一九五八年,張百灣鄉成立「先鋒」人民公社,轄十個生產大隊,五十四個生產隊;一九六一年,置張百灣公社,轄十個大隊。一九八三年,公社改為張百灣鄉。一九九三年,灤平縣合鄉並鎮、撤併村,擴建張百灣鎮,至此再無變化。[20]

總的來說,隨著政局的穩固,該地區由蒙古放牧地與盟旗、營汛管理,改為專門管理蒙漢旗民事務的道廳制,再到由道廳制變為交錯

---

[20] 《灤平縣志(新石器時代—1990)》(北京:九州出版社,2013年),頁115-116。

的府州縣制，甚至由蒙語、滿語地名改為漢語地名。這樣的行政歷史沿革表明，該地區經過一百多年的移民遷徙、土地開墾，其社會環境、生態環境發生了重大變化，以至清朝必須使用「核心文化」以教化長城外界、農牧交錯帶的滿、蒙、漢、回等民。施堅雅（G. William Skinner, 1925-2008）從區系理論的視角，比較了中央與邊疆地區的人文區位空間排布，他指出，中央政府不在漢邊設府（州）縣，而設道、廳，是「由於它們的重要性或區域廣大，而獨立於府治之外」[21]。道廳制與府（州）縣制有著明顯差異，前者是中央政府控制邊緣（少數民族等）的行政機構。從道廳到府（州）縣的改劃既標誌著中央政府對遷入當地的移民的地位逐漸合法化的過程，也代表了該地從處理蒙漢事務的邊緣行政單位變為固定性的府（州）縣制的內地行政單位。

## 二　自然及社會[22]

在中國人類學、社會學研究中，「社區」（community）一般是從事田野工作的核心調查單位，鄉村社區一般是指具有一定行政邊界、人口相對集中且具有一定地域認同的聚居地。二十世紀三〇年代，社會學家吳文藻將社區視為社會的具體呈現，他認為社區包含人、人造空間、人造文化三個要素，通過社區可以把握諸種複雜社會關係之和構成的抽象社會。[23]張灣在典型意義上符合吳文藻所界定的社區概念，它所擁有的人口大多來自於「口裡」[24]的移民及其後代，生活於張灣的民眾是典型的農民，而非城鎮居民。其社區空間通過儀式行為

---

21 〔美〕施堅雅：《城市與地方行政層級》，載施堅雅主編，葉光庭等譯：《中國帝國晚期的城市》（北京：中華書局，2000年），頁327-417。
22 以下所引數據和資料，除來自張村村況介紹外，其他引自筆者調查所獲文字材料和調查筆記，特此說明。
23 吳文藻：《論人類學中國化》（上海：商務印書館，2010年），頁432-433。
24 當地人按著長城古北口、喜峰口、劉家口、界嶺口等南北劃分為口裡人、口外人。

得以確認，是當地人長期自發形成的地方認知。張灣人依據傳統生活經驗，維繫並創造著符合本地邏輯的意義世界。

## （一）自然生產概況

該村地理坐標為東經117°29′10.3″，北緯40°59′10.0″，平均海拔為四三五米。這裡四季分明，屬於大陸性季風型山區氣候，年降水量在五百毫米至六百毫米之間，雨季集中在七、八月份。村莊北部的興州河，自西向東流向，與灤河在此交會，為農業生產提供灌溉水源。村落面積約為十平方公里，截止二〇一六年底，耕地面積為二五〇〇畝（約為1.67平方公里），人均土地占有量為〇點八五畝。

就自然生態來看，這一區域不僅山多林密，十分適合虎、狼、狍、鹿、野豬等野獸生存，而且坡多草盛，也適合野雞、山兔、鷹鷂等山禽繁殖。歷史上，這一帶曾是清朝王府鷹手實際履行差務的地方之一。鷹手是指能夠駕馭經過訓練、聽人指揮的，既凶猛又靈巧的大型隼類山鷹[25]，到山上捕捉野雞、鵪鶉、野兔、鴿子等山珍的內務府差役。[26]他們主要從事鷹獵技能與差辦事務，前者主要包括捕鷹、馴鷹、放鷹等一整套技術，後者則是指向上級部門交辦差務與溝通。鷹手由清廷內務府都虞司直接管理，他們每年要接受都虞司根據實際情況下達的任務，並向奉先殿、御膳房交納以野雞、野兔為主的山珍、特產等方物。[27]他們雖是為皇家當差，但都在鄉野山林中勞作。由此可見，張灣所在區域的獨特自然地理以及豐富的物產特徵。

受自然條件的影響，建國以前，張灣人的生計方式是十分多樣

---

25 鷹手所馴養的獵鷹包括蒼鷹、雀鷹，俗稱鷂。東北地區還有一種珍稀的獵鷹為海東青，清朝時為貢品。參見尹永榮：《清代承德滿族鷹手》（北京：民族出版社，2017年），頁3。
26 尹永榮：《清代承德滿族鷹手》（北京：民族出版社，2017年），頁3。
27 尹永榮：《清代承德滿族鷹手》（北京：民族出版社，2017年），頁4。

的，農業種植主要以穀子（小米）、高粱等粗糧種植為主，也有一些人從事採集－狩獵等山地生計。建國後，隨著土地改革、農業現代化等政策的擴展，耕種生產成為當地人主要的生計方式。一九六三年，全國發起「農業學大寨」的政治運動，運動時長一直延續到一九七八年底改革開放。在「農業學大寨」的會議鼓舞下，張灣公社和大隊幹部便開始帶領村民進行農田基本建設。一九七四年，他們就平整了一二〇〇餘畝河邊荒地，並新修了五千多米防洪大壩；一九七五年九月，全村再次平整土地一二〇〇餘畝，並新修一條大型灌溉渠。[28]在此基礎上，村民改粗糧作物為細糧作物，開始種植水稻。當時，全村主要以農業八字憲法為宗旨[29]，開展農業經濟活動。大寨作為全國學習的模範公社是因其生產力、組織和秩序而聞名的，它是社會主義國家發展的經濟理想狀態的象徵，代表著那個時代國家、共同體與個體的理想關係。雖然一九七八年底的中共中央十一屆三中全會標誌著改革開放時代的到來，但在農村真正開始開放的時間要到一九八四年春。這一年，曾經是農業生產大隊成員的張灣村民，逐漸進入到以家庭戶為單位的糧食生產、各種形式的商業副業活動以及村內外的工業建築業勞務中。

二〇〇〇年左右，村裡人還能沿著稻池地邊的田埂去自家的稻田裡玩耍，大人們脫下鞋、光著腳走進稻池裡拔草，小孩就在稻池邊的水溝裡玩水、摸魚、找青蛙、抓螞蚱。那時候的夏季，雨水很大，季節性的暴雨幾乎每天都下，稻池裡一片綠油油；到了秋季，稻穗豐滿地耷拉著腦袋，秋風拂過晃晃悠悠；初冬，稻池地的水就乾了，只剩下乾裂的土地和割完稻子的根，等待著來年四月份再翻地、栽秧。當

---

28 《跳出小生產圈子大步趕昔陽，張百灣公社大搞農田基本建設紀實之二》，《承德日報》（總第2395期）1975年10月18日。

29 開墾「土」地、廣開「肥」源、興修「水」利、優「種」良「種」、合理「密」植、植物「保」護、合理定「工」、規範經「營」。

時，每家每戶都會在家裡的大盆裡插一些秧苗育種，以便到水田中插秧。小孩們到稻池地裡抓螞蚱、青蛙等，烤著吃或賣掉；大人小孩到河裡水壩上洗澡，比比皆是。但這樣的記憶不長，二〇〇四年，村裡大面積的土地生產由水稻種植轉為了玉米種植。現在問起這事，有些村民還頗感遺憾地說，河道都修完了，結果變成旱地了。目前，張灣以玉米種植為主，種植周期為一年一季。種植活動從每年農曆三月末開始播種，到農曆八月中後期收穫為止，歷時約六個月。灌溉水源從最初的河道逐漸變為了依靠自然降水，有些地方也打了水井。現在每家至少有一位成員從事非農業生產活動，基本為老人或女人，但絕少有人家放棄對土地的要求。如果家裡沒人種地了，人們就會把地包出去，或給親戚、或給鄰居、或給大戶，一年有個每畝三百至五百的承包費，基本為象徵性的。即便土地已不再是主要收入來源，村民們依舊同土地保持著某種若即若離的情感聯繫，它已經成為以家庭戶為單位的多樣化經濟發展方式的組成部分。

據村統計數據記載，二〇一六年該村農業產量達七十四萬公斤，農業總產值達五百萬元，農業產值的人均可支配收入為二八〇〇元。張灣經濟作物極少，有日光溫室大棚十個，養雞大棚兩個。由此可知，如此低的農業收入顯然不足以支撐家戶的日常開支，非農收入才是村裡家庭的主要收入來源。

## （二）社會生活概況

張灣村民的家屋變化反映了當地人的生活變遷。村莊房屋聚落嵌於村莊田地的南部，住宅結構類型屬於「華北及東北聚落區」，[30]主要居住房屋呈坐北朝南向，個別偏屋則坐東朝西、坐西朝東均有。在以

---

30 建築學研究通常將中國不同地域住宅類型劃分為「華北及東北區」、「穴居窯居區」、「江南區」及「雲南區」四類。參見梁思成：《中國建築史》（天津：百花文藝出版社，1998年），頁324-327。

前的房院中，住宅院落呈封閉式，一般相鄰院落緊挨排列，兩家共用一個隔斷牆。房屋多是由石頭、土夯、青磚、木頭等材料搭建，房頂多為茅草、灰瓦鋪蓋。隨著生產力的發展，瓦房逐漸取代茅草房。到了現代，建房主要材料是紅磚、木料、水泥、瓷磚等。在院落內，北側是房屋，南側是菜園。在過去的時候，房屋中間的屋門是兩開的，這一間屋用來生火做飯，村民被稱為「外屋」。外屋門口左右兩側各有一個灶臺，連接著兩個屋裡的火炕。中間通常是櫃子，上邊貼有「保家仙」、「財神」、「觀音」等堂單、貼畫，櫃子上對應著放有香爐碗。櫃子內是糧食、碗筷、油鹽等日用品。東屋為家長居住，門口南側一邊的炕占據整個房屋的南側，北側一般擺放箱、櫃等家具。西屋為子女居住，屋內布局大體一致。廁所被安置在與房屋相對的位置，主要是在南側一邊，家家一般會在主房邊搭建一個小屋用於放置木柴、秫秸、農具、煤等雜物。牲畜圈則位於住房的三側，靠著外院牆。

隨著時代的變遷，屋內布局已經不再遵循傳統的樣式，而是與城市樓房的居住樣式大體一致。比如單獨的客廳、廚房、洗澡間的出現；各房屋單獨有門；家長與子女不再一炕居住。在家屋的這些變化中，最為顯著的是家庭公共空間的出現，待客接人的地點從以前的炕上轉到了客廳沙發上。家屋內部仍遵守一定的秩序，一般家長仍挑選最東側的房屋，年長者會住在有火炕的一間內。牲畜圈、廁所、小房的位置基本保持不變，建築材料隨主屋的變化而建。擺放仙堂的空間轉移進小房或內間，不再出現在房屋的顯眼位置。有的人家還將廁所建出院落，安置在院牆外。菜園的面積也逐漸減小，現在村民十分願意在院內三面建小房，以形成一個封閉式四合院結構。特別注意的是，菜園的種植分配，在靠近房屋的北側，往往會種植常食用的蔬菜，而越靠近外牆越會種植糧食，比如玉米、高粱。其實，整個院落布局（房屋與菜園）彷彿是以門檻為對稱中心，人居住的地方與菜園南北對稱，越靠近南側越遠離人的生活中心。

**圖四　二○一○年村中一般人家的房屋**

　　張灣商業發展迅速，據筆者粗略統計，村中共有商業店鋪一四四家，主要商戶沿交通道路兩側分布，且集中於前街。村最東側有大型水泥廠一座，非本村村民所建。該村外出務工人員以中青年群體為多，主要從事建築業、服務業等。村內擁有學校一座，招收小學六年制學生。每週六村內有集市，商販來自本村及附近村、鎮的村民，多是夫妻二人經營，其他親戚輔助。每當臨近過年，該村會加「集」一次，以便臨近村民購買年貨，而其他村則不會。近兩年，市裡的採血車會在不定期的集市時間來到村裡，呼籲村民獻血。二○一七年臘月，我在獻血車中擔任志願者，初步統計的村民獻血人數在十五人左右。還有一些補牙、骨關節疾病治療、藥酒、保健品的銷售也會在這一區域的鄉村集市上出現。以上這些均表現出張灣在該區域的小型中心地位，其集市的輻射範圍要比其他村鎮廣泛。費孝通指出，中國鄉村的經濟自給程度很高但並不完全，農民會自發地到鄉村集市從事貿易活動。但臨時的集市不代表社區，從臨時集市發展為永久社區，需要幾個特點：交通方便；地形開闊；附近有廟，便於人口聚集；空地

周圍出現貨棧、倉庫和茶舍。符合這些條件的，可以叫做「鎮」。鎮是聯繫鄉村工業和更為發達的商業和製造業的紐帶。[31]因而，作為鎮駐地的鄉村社區，張灣村的產業發展必定是多種類型相結合的。

**圖五　張灣及周邊集市與日期分布**

　　檔案資料顯示，一九六六年，全村人口數為一五二一人，共計三一九戶，九個生產隊；到一九八二年，全國第三次人口普查，全村人口數為二〇二三人，共計四六八戶；到二〇一六年底，全村人口總數為二九二六人，共九三〇戶，十一個居民組。基於該村數十戶的家族史調查，我發現，張灣村屬於雜姓村，以李姓的人口數量最多，為四九一人，占全村人口總數的百分之十六點七八；張姓人口數其次，為三五八人，占百分之十二點二四。另有楊姓、劉姓、任姓、王姓的人口數超過百人，其餘均在一百人以下。村中仍存在一定的宗族觀念，部分家庭開始了修族譜事宜。本世紀初，張灣所在鎮少數民族人口占

---

31　費孝通著，趙旭東、秦志杰譯：《中國士紳──城鄉關係論集》（北京：生活・讀書・新知三聯書店，2009年），頁82-83。

總人口的百分之五三點四二。張灣主要民族構成為滿族和漢族，也有蒙古族、苗族等，另有滿族鄉與之相鄰。

張灣所處的地域位於聯結農耕生產方式與游牧生產方式的「過渡地帶」，在歷史演變過程中，北方民族南下、中原漢人北上，促進了民族之間的相互交流與深度融合。拉鐵摩爾（Owen Lattimore, 1900-1989）區分了農牧邊疆的長城邊界過渡區，他將長城內外視為漢族社會與游牧社會兩種文化實體的長期互動接觸與共生地帶，是文化雜糅並存的典型區域。他在《中國的亞洲內陸邊疆》中寫道：

> 熱河南部多山，河谷南向，溝通華北平原……若干世紀以來，草原民族由這些河谷南下，平原民族也由之北上，二者交侵……如果漢族越過這片山地，他們就進入了在地理及氣候上屬內蒙古而不屬中國華北的北熱河草原。在這裡，與東北平原核心的情況一樣，為適應環境而做出的必要改變削弱了他們的經濟和社會。[32]

地理空間上的滿蒙漢交界地域在觀念上的反映即是滿、蒙古、漢雜糅的文化特徵。在戶籍登記中，張灣村中近百分之八十的人戶籍一欄上寫著滿族（見表一），但卻無人會說滿語。村民的生活方式在交融中卻依舊保持著各自的傳統特徵，比如，村裡人的牛羊放牧、畜牧以及上山下河的抓野、捕魚。博厄斯指出，在所有社會中，無論社會發展程度如何，人們的生活方式（即人們的思維和行為方式）是建立在他們的文化傳統觀念之上的。而薩林斯則以文化接觸實際上是一個「文化並接」（cultural conjunction）過程的觀點進一步指出了這種接

---

32 〔美〕拉鐵摩爾著，唐曉峰譯：《中國的亞洲內陸邊疆》（南京：江蘇人民出版社，2008年），頁72。

觸的結構性因素,並抽象地處理為本土文化的宇宙觀秩序。[33]它是一系列的歷史關係,且這些關係再生產出傳統文化範疇,同時又根據現實情境賦予它們新的價值。[34]因而,該村無論在地理空間上,還是在文化地理範疇上,都與傳統漢文化保持著差異。

表一　張灣人口的民族構成

| 組別 | 滿族 | 漢族 | 蒙古族 | 布依族 | 苗族 | 回族 | 空白 | 總人數 |
|---|---|---|---|---|---|---|---|---|
| 一組 | 318 | 52 | 5 | 1 | — | — | 6 | 382 |
| 二組 | 301 | 31 | — | — | — | 1 | 10 | 343 |
| 三組 | 276 | 89 | 1 | — | — | — | 7 | 373 |
| 四組 | 243 | 58 | — | — | 4 | — | 1 | 306 |
| 五組 | 92 | 19 | — | — | — | — | 5 | 116 |
| 六組 | 213 | 64 | — | — | — | — | 6 | 283 |
| 七組 | 260 | 56 | — | — | — | — | 10 | 326 |
| 八組 | 224 | 42 | 1 | — | — | — | 5 | 272 |
| 九組 | 188 | 47 | 1 | 1 | 2 | 1 | 5 | 245 |
| 十組 | 127 | 33 | — | — | — | — | 3 | 163 |
| 十一組 | 144 | 42 | — | — | — | — | 1 | 187 |
| 總計 | 2386 | 533 | 8 | 2 | 6 | 2 | 59 | 2996 |
| 占比(%) | 0.796 | 0.178 | 0.003 | 0.001 | 0.002 | 0.001 | 0.020 | 1 |

綜上表明,張灣的移民村落文化特徵明顯,滿、蒙古民族與漢族進行了深入融合。在文化雙向交流的過程中,複合民族的特色文化因子在自我的外部得以表達,從而呈現出一種複合性特徵。

---

33 〔美〕馬歇爾‧薩林斯著,藍達居譯:《歷史之島》(上海:上海人民出版社,2003年),頁218。

34 〔美〕馬歇爾‧薩林斯著,藍達居譯:《歷史之島》(上海:上海人民出版社,2003年),頁163。

該村交通設施較為完善。古代時期交通道路形成的諸多基本條件之一就是因地制宜，依山傍水。在山川丘壑地區，人們依據河谷所形成的天然通道修建道路。張灣處於興州河與灤河的交會處，且清康熙以來，作為皇家木蘭秋獮的御道沿線之一[35]，該村通往外界的道路開發較早，因而道路暢通、通訊快捷。從現代交通來看，國道一一二線穿村而過，張隆公路與一一二線於此處交會，附近村落圍繞鎮政府建立了便捷暢通的公路交通網。國道一一二線與村內南街（前街）主幹道重合，這條線原為一九三七年八月偽滿洲國統治時期，為滿足日本交通需要，由關東軍以偽滿政府名義修建的承德至古北口鐵路線之一段，其在一九三八年十月全線貫通。解放戰爭爆發前夕，為阻止國民黨軍沿該鐵路線進入東北，共產黨軍隊拆除了承古鐵路線。在一九五六至一九五七年，這條線路又被改為公路線（國道112線之一段），使用至今。[36]目前，從承德市區乘車到張灣約一個小時，全長約五十公里。在通訊方面，村落內擁有移動信號塔、變電所等基礎設施，信息通訊便利。

　　總體來看，張灣是一個經濟發展迅速、交通往來便利、生態環境適宜、民族文化雜糅、風俗信仰多樣的地方。

---

35 從古北口到木蘭圍場的關外御道，出古北口後，共分為五條：一、過十八盤，至鵓鴣溝（今灤平縣安純溝門鄉），西行經豐寧、內蒙多倫，後東行至木蘭圍場；二、西行逆潮河而上，經灤平，西行至豐寧，過內蒙多倫，東行至木蘭圍場；三、過偏嶺至張百灣，後東北行，過金溝屯、紅旗，逆伊遜河行至木蘭圍場；四、經鞍匠屯（今灤平鎮西街）至興州，向北過博羅諾梁到豐寧，北行至木蘭圍場。五、經巴克什營、兩間房、鞍子嶺、王家營、喀喇河屯（今承德市灤河鎮），向北經大、小三岔口、蘭旗營（今灤平縣小營鄉），沿伊遜河行至木蘭圍場。參見景愛：《清代木蘭圍場的交通》，《中國歷史地理論叢》1993年第3期。

36 承德地區交通局史志編寫委員會：《承德地區公路志》（北京：人民交通出版社，1993年），頁10。

## 三　權威的結構

　　隨著國家現代化建設，國家政權向基層地區的延伸也在不斷展開。一九八七年，國務院頒布了《中華人民共和國村民委員會組織法》（以下簡稱《組織法》）。該法規定，村莊選舉指村民每三年一輪直接投票選舉產生村莊的村委會，作為管理村莊事務的自治領導機構。《組織法》的實行明確規定了村莊選舉過程以及選舉產生的村委會運作的程序和目標。自一九九八年《組織法》修訂正式頒布後，村莊選舉的正式化得到進一步強化實施。當前，村莊選舉已經成為一種制度化的民主實踐。依照基層群眾自治制度以及《組織法》，中央政府在鄉（鎮）地區建立基層政府機構，並以黨政分離的形式實行治理，而基層政府以下實行居民或村民自治，建立基層居民或村民委員會。但有學者指出，實踐中的村民自治遠未實現制度設計的初衷，鄉（鎮）政府與村委會事實上維持著微妙的上下級關係。[37]

　　張灣的正式行政機構與中國普通農村的行政一樣，由村民委員會和村黨總支委員會共同負責日常生活的治理適宜，這一合法性來源於國家的權威性資源與配置性資源的結合。張灣村委會辦公地位於村北街中心，村裡人一般稱之為「大隊」，這一稱謂是計劃經濟時期村莊生產大隊的簡稱。村委會建築由二層樓組成，前面是村民文化活動廣場。村莊內的日常事務是由村委會負總責，黨總支負責黨的事務，二者之間互相協作。目前，村中正式機構成員有六人，村主任兼書記一人，村黨總支副書記一人，婦女主任、治保主任、會計、黨政辦主任各一人。實際工作由村主任和村幹部一起運籌實施。村委會成員通過民選產生，現任村主任由選舉產生，已為第二屆任期。黨總支由黨員

---

[37] 鄭衛東：《「雙軌政治」轉型與村治結構創新》，《復旦學報》（社會科學版）2013年第1期。

選舉、上級任命的制度產生。在村委會管轄之下，由十一名村民小組長負責本組事務，平時在村主任與村民之間進行協調。

**圖六　村廟與村委會相對位置**

在政治合法性背後，還有法律形式規定的市場邏輯與法制觀念。這種觀念以個人權利和義務履行為基礎，以時間效率、公平公正為原則。與之伴隨的是「依法治國」觀念的推行，這一觀念通過司法部門的法制宣傳在村民的日常生活中扮演著維護秩序的角色。市場觀念雖然在現實中並無實際存在的執行機構，但在村民的日常生活中，卻能表現得淋漓盡致。比如村民在修蓋房子時的雇工行為、因遮光而爭吵；田地灌溉時引水灌溉的先後之爭；路面硬化導致雨水倒灌產生的糾紛等。這種觀念已經內化於村民的日常行為中，不易被人察覺，當公共事件侵害到自身利益時，就會由隱性轉化為顯性，而這一公共事件又會與行政方面產生糾葛。

除了行政合法性、市場合法性之外，一些流傳下來的村規民約仍

存留於村民之間。這也是維繫村民之間同鄉之情、保障社區公平正義的有效手段。村民不乏有「私」，卻十分在意他人的評價，他們在具體實踐中有著明確的利益訴求和自我認同。例如，孝順父母是在修功德；鄰里之間要守望相助；田地灌溉、收割莊稼要互相提醒；日常生活會菜食互贈；婚喪嫁娶的「隨禮」行為等均表明了傳統道德秩序的存續。民間觀念的留存在社會日益法制化、現代化的過程中表明，行政、市場與傳統文化觀念組成的複合性權威結構的存在。

同社區層面一樣，在家庭層面存在著相對穩定的權威形態。家庭是宗族制度的基本單位，既然存在制度，必定存在結構。在張灣，家庭權威是由一系列符號所構成的。首先是住房分配，作為戶主的夫妻二人要居住在三間房屋中的東屋，已經結婚的養老兒子則居住在西屋。其他兒子成婚則在外置辦宅基地供其使用。東屋作為正屋，誰占有就表明誰是家中的實際掌權者。房屋空間的分配符合傳統文化觀念中的（坐北朝南向）以東（左）為上的禮制傳統。其次是經濟活動分配，作為長者的夫妻有參與子女經濟生活的責任與義務，特別是在經濟上還要依賴父母的未成年子女，父母會替子女保留錢財防止其亂花。再次在姓名的選擇上，子女要聽從父母取名，並與按家裡的字輩排序。這一系列的文化規範規劃著家庭層面的權威結構，也維繫著家庭與社區對應的關係秩序。

隨著學界關於民間信仰知識的積累，受過正式教育的「知識精英」和「精英知識」也不斷地進入到鄉村的權威結構領域，比如「文物保護單位」、「非物質文化遺產」的申報。在民間信仰復興的建構中，村民的集體記憶、外來者的靈驗心態、村廟精英的鄉土情結、正式組織的理性選擇、知識精英的智力支持共同雜糅到一起。這些多元雜糅的權威知識共同推動了鄉村社區的變遷，其中行政力量介入為社區的變遷提供了動力機制，而傳統文化資源則提供了村落轉型的合法性基礎。

總之，各種合法性邏輯交織於一個村落的現象並非張灣所獨有，其歷史淵源並非本研究所關注。通過對這一混雜的權威邏輯關係的簡要梳理，以凸顯張灣社會生活的多樣性與複合性。

## 第二節　張灣民間信仰體系概述

社會形成於對內部個體、事物及其相互間關係的分類之中，在分類過後，個體和事物又會在不同的情境中得以擴展，降低彼此衝突。張灣社會是滿、蒙古、漢不同文化因素相互雜糅、融合而生成的，但這種現象是如何表現出來的呢？張灣的民間信仰就是表現之一，其民間信仰雜糅多樣，呈現出多民族、多文化複合的特徵。

張灣村民的信仰體系由兩部分組成：一是存在於社區公共領域的村廟信仰與社火儀式（或火神崇拜）；二是存在於村民私人領域的「四大門」信仰（當地人稱「保家仙」）與祖先崇拜。村廟、社火儀式與祭祖行為溯源其上，有國家承認的形態存在，因之被官方所認可，可視為正式信仰；保家仙與火神崇拜則不為官方形態所認可，可視為非正式信仰。這兩層次、四類民間信仰系統與國家主流話語價值相輔相成，共同勾劃了村民信仰風俗、集體情感與儀式行為。對張灣民間信仰的結構劃分，並不意味著要以此統攝村民的全部神靈信仰，在這裡僅將其作為一種分析工具。在村落調查中，我發現歷史上，張灣人的神靈情結濃厚，在當地人的觀念中，各種事物均具有生命，這種生命也被視為具有神性。因而，人們舉行的家內小祭祀實則「萬神聚會」，韋伯將之稱為「功能性神靈的大雜燴」。

比如我的報導人王奶奶說：「以前當寡婦再嫁時，對著炕頭磕三個頭，管不愛得毛病的（生病），這拜的是炕神，也是對前夫的擺脫。」在過年、過節時，她們往往用一套供品侍奉所有的神靈，只要祭拜時，嘴中念叨過即可。這意味著人對神的口頭在意與心意，且不

必表達出實在的禮儀尊重。王奶奶在臘月二十三的辭灶神祭祀中,念叨著「山神」、「土地」、「門神」、「路神」、「轆轤神」、「河神」、「天地爺」等各路神靈前來聚會。在村民的觀念中,他們所信奉的就是被國家認可的神。

儀式通常被指定為由一些符號、對符號背後意義價值的信仰以及一整套程式化的實踐行為所組成,它用以「表達個體在自己當時所處的結構體系中作為一個社會人的地位」[38]。那麼這裡,儀式所具有的意義既與觀念層面的信仰相關,又與世俗中的行為相關,也就意味著無所謂神聖性與世俗性的區分,或者說是二者的結合。民間信仰的儀式描述與正統宗教的儀式描述有很大不同,正統宗教有十分嚴格的儀式規儀,而民間信仰則不然。因而,描述宗教的儀式更多地具有文本參考,而民間信仰則更多地來自於參與觀察。

因此,儀式與信仰都可以視為關於社會的秩序象徵形式,而我們的任務就是去闡釋這些象徵性的表達。

## 一 神靈崇拜及其儀式

一般來說,張灣各家會有財神爺、門神、天地爺、壽星等神靈的貼畫,且在畫像前還會放上一、兩個香爐碗,有的家裡還會供奉「觀音菩薩」的塑像,有的家裡還會用假花、彩布裝飾一番,且周圍還會有香、金銀紙元寶、金條,以便逢年過節上香燒錢。各路神靈各司其職,保護著被圍牆搭建起來的住宅院落內的村民,免受來自外界神靈、鬼魂的襲擾。這些家庭供奉儀式具有生活化、民俗化的特徵,而村民對村廟神靈的供奉則較為正式。

---

38 〔英〕埃德蒙・R・利奇著,楊春宇、周歆紅譯:《緬甸高地諸政治體系——對克欽社會結構的一項研究》(上海:商務印書館,2010年),頁23。

## （一）村廟信仰

　　過去邊疆地區村廟的建立與國家教化之間有著密切地關聯。張灣作為移民實邊形成的村落，村廟諸神多出於口裡，尊奉「儒釋道」三家合一的正統神靈。受清代建皇莊、開御道等影響，這裡民風向化，民眾主動貼近國家的正統「聖訓」，進行神靈正統化。因此，張灣漢文化下的民間信仰色彩非常鮮明，供奉的神祇與儀式均具有漢地宗教的淵源。

　　張灣村廟名為「清靜寺」，教別屬漢傳佛教。目前，該廟位於張灣街裡中心，與村委會相鄰，在空間上有象徵神聖與世俗共治的格局意涵。清靜寺的建造時間與建設緣由無確切記載，如今也很難說清，能確定的是它給後世的建設想像留下了空間。

　　據村中老人回憶，其建於清代；村廟負責人又認為建於唐代，廟志記載建於清代，但又被改為唐代；又有建於遼代之說。值得一提的是，村廟雖名為清靜寺，但村中人普遍稱之為「廟」。據村中八十多歲的老人回憶，解放之前，張灣沒有多少人家，村廟所在的地方是村落的最西頭。隨著時間的演進，村落人口聚集、房屋擴展，使村廟成為了村落的中心。這座廟原來也被稱為「娘娘廟」，修廟人考證，改為清靜寺。歷時來看，從民間「娘娘廟」到「清靜寺」的稱謂轉變，確實能夠給寺廟的生存帶來便利。清代，皇室與朝廷官員崇尚佛教；清末「毀廟興學」政策下，道教寺廟和民間「淫祠」成為被改造的對象。由於皇室的保護，佛教寺廟基本可以倖免於難，因而將民間的「娘娘廟」改為佛教稱謂的「清靜寺」可以防止「毀廟」的發生，這一稱謂一直延續至建國後。

　　目前，無論是在官方史料、還是民間記述，均沒有關於「清靜寺」的詳細記載。唯一有史可循的就是已被縣裡收走的記錄了「同治□年重修」的石碑，其中也並未明確記載「清靜寺」到底是供奉哪位

神靈。當時的廟產記錄為公建,且「地十畝,房十六間」[39]。再加上村中老人口述的「娘娘廟」,由此似乎可以證實「清靜寺」經過了一個「神靈再造」的標準化過程,表明民間主動接受官方的文化改造以獲得正統合法性。改革開放後,民間信仰確實經歷了一個「再發明、再創造」的時期,並且通過依附國家權威資源也獲得了「文物保護單位」的遺產身份。因此,民間力量在這樣的國家身份中,也便於從事構造地方性的文化活動。

從村落與村廟的空間關係來看,由於張灣整體房屋建築沿國道一一二線兩側延伸分布,全村整體偏西北－東南走向,而清靜寺卻保持了坐正北朝正南向。清靜寺內分為前、後兩殿,各殿有各自的正神。走近清靜寺,就可以看到寺門上匾額寫著的「清靜寺」三個大字,每年春節在寺門口的兩邊還會寫一副對聯。在寺正門的東西兩側各有一個小門,東側門可以通行手推車、三輪摩托車,一般往寺裡運煤、木頭等材料時會開;而西側小門則供在寺內的人們出入。正門是由木頭材料製成的,平時初一、十五日不開,只有在廟會、火神會的時候開門。整座寺廟是由青磚、石塊、木架搭建而成,頂梁柱由紅漆粉刷。進入寺門,映入眼簾的是前殿的鐵製大香爐,廟會時人們上香都只能在這裡上香,並到屋裡的蒲團上磕頭。前殿正神是「關聖帝君」[40],村民通常稱這位神為關老爺、關帝爺,在稱呼上加入具有親屬內涵的父性後綴以示親密。塑像背北朝南端坐於臺上,左手持劍、右手持書,東西兩側分別矗立著他的兩位侍從像關平、周倉,形成左右護神

---

[39] 參見沈軍山出版的《灄平歷史與考古》一書,但書中記載的時間是「同治二十四年」。歷史上,清同治年間為一八六二至一八七五年,共十三年。由此,沈軍山的記錄是有問題的,也許是二年、四年或十年。沈軍山:《灄平歷史與考古》(北京:文物出版社,2014年),頁227。

[40] 指東漢末年的明將關羽(?-220年),被佛教神化,尊稱關公、關帝。這一稱號是道教稱呼,明神宗萬曆三十三年(1605年)加封「三界伏魔大帝神威遠震天尊關聖帝君」。參見任繼愈主編:《宗教詞典》(修訂本)(上海:上海辭書出版社,2009年)。

狀。東側壁畫為三英戰呂布圖，西側壁畫為刮骨療傷圖。在前殿東西兩側的內牆根擺放著眾多私人送來的財神像和關公像，這些或是普通人家不要了，不敢隨便處理而送來，或是供奉使家裡人不順，經人指點送過來。關老爺塑像前是一張木製香案，上面擺放著專屬的香爐碗、蠟燭以及水果、糕點等供品。

前殿後門為佛教韋陀護法菩薩，其所持法器降魔杵觸地，背南朝北站立。唐代以後，佛教經卷將關羽視為佛教護法「伽藍菩薩」，相傳關羽冤魂受天臺宗創始人智者大師點化，受五戒、甘當佛教護法，至此，關羽與韋陀成為漢傳佛教寺院的兩大護法菩薩。前殿左右應有鐘、鼓二樓，左為鐘樓、右為鼓樓，現已無存。受於空間限制，「韋陀」像前的香案已經頂到門口，因而蒲團並沒有放在殿內，而是放在了專門給它上香的大香爐前。

前殿的「韋陀」像正對著後殿大門。後殿共分為三個房間，中間房屋為佛殿，正神供奉釋迦牟尼佛（又稱如來佛祖），東側為送子觀世音菩薩，西側為大勢至菩薩，兩側壁畫為十八羅漢圖。東配殿塑像為藥王孫思邈，東側壁畫為時珍採藥圖，西側壁畫為十位漢人古代醫藥大家，塑像坐北朝南。西配殿為九神殿，正神為閻王，目前排列分別為電母、雷公、苗王、馬王、龍王、閻王、蟲王、土地爺、土地婆，其中，前兩位背西向東、中間五位背北朝南、後兩位背東向西。門口東側站立手執筆薄的判官，西側站立手拿鎖鏈的小鬼。同樣，三個殿前都各有一只大香爐供村民上香，蒲團則在殿內，且各位神靈的塑像前還有一個小香爐供廟主、村內重要人物上香。

總體來看，村廟布局呈現出坐北朝南、坐東西向中央、四方來賀的區位布局。村民們表示，廟中神像各有正位，不能放亂。據副廟主曹爺爺說：「前幾年，有一位市裡的政協委員拿著書，給他看了清靜寺的圖說，確實應該還有一個後殿。」曹爺爺補充道：「原來的村廟有三個殿，有一年河道發大水，將最靠北（後）的殿沖毀了，就留下了兩個殿，最後面的殿也不知道供奉的是哪些神靈。」

清靜寺外正對廟門口處原是戲臺,為「酬神娛人」的戲劇表演而建,於上個世紀七〇年代擴建公社糧站時被拆除,改建為糧站用地。二〇一三年前後,村委會批准改建為商業樓房建築用地。廟東側原是一排一排的廂房,供念佛信徒學習念經使用,之後被村委會占據。村委會於二〇一〇年後在原址上先後兩次改建村委會建築,如今形成二層樓規模,與清靜寺比鄰坐落。

村廟不同神靈所具有的護佑功能也不盡相同,「關老爺」總管全村人事生活、「藥王」保佑村民身體健康、「送子觀音菩薩」為求者送子及保佑生育、九神殿正神「閻王」主管村民的生老病死,龍王、土地神等農業神保莊稼風調雨順。傳統社會,人死後,要向九神殿「土地」報廟。由此,「清靜寺」是典型的「儒釋道」三家合一的寺廟,雖為「寺」具有濃重的佛教色彩,但寺內又有道教神靈和護法。該寺廟體現著定居於此的漢式傳統信仰的融合性表達,也是國家符號在地方的在場。

除此之外,在村莊北部的河道南側旁還立有一座坐北朝南的河神廟,面向村裡。每年的正月十二日,負責「火神聖會」的會首(本章第二節會提及)會到這裡祭河神。有意思的是,在河神廟中,還立有一個「地藏」菩薩的石質牌位。在據這個河神廟以西約五百米的地方,也立有一座坐北朝南的小廟,裡邊自西至東依次供奉的是「山神爺、土地爺、河神爺」之位。這座小廟正對著上南溝的河道口。村民們說,這是村裡一位開沙石廠的任姓村民為了保佑自家買賣順利而私自立的小廟。

總之,無論是娘娘廟,還是清靜寺,該寺廟均具有漢地信仰的特徵,且承襲國家「神道設教」的治理方式,是國家政權在物質和思想層面教化、管控民間社會的一種合法性存在。通過政治與道德教化的雙重手段,地方社會被納入國家治理系統中,使社區精英認識到地方唯有維護國家權威,才會保境安民。

## (二)村廟組織

目前，寺廟由「清靜寺管理委員會」（簡稱廟管委會）負責日常事務的管理。該委員會是在村委會的指導下於二〇〇三年成立，成立初期的名稱是「灤平縣張百灣鎮佛教固定活動場所念佛堂民主管理委員會」，主要負責人為生於一九五〇年代的章樹。具體職務情況（如表二）：

### 表二　念佛堂民主管理委員會構成

| 職務 | 負責事項 | 人數 | 性別 |
|---|---|---|---|
| 主任 | 主管全面工作 | 1 | 男 |
| 會計 | 主管財會工作，定期公布寺院收支 | 1 | 女 |
| 出納 | 主管現金收支 | 1 | 女 |
| 委員 | 主管其他事宜 | 4 | 2男、2女 |

二〇一五年三月，清靜寺的管理機構因事重新換屆，改稱為「清靜寺管理委員會」，現任廟管委會主任為已退休的賀大爺，委員會共有五人組成。具體職務情況（如表三）：

### 表三　清靜寺管理委員會組織構成

| 職務 | 負責事項 | 人數 | 性別 | 年齡 |
|---|---|---|---|---|
| 主任 | 主管全面工作 | 1 | 男 | 64 |
| 副主任 | 負責衛生和講解工作，保障院內乾淨 | 1 | 男 | 75 |
| 會計 | 主管財會工作，定期公布寺院收支 | 1 | 女 | 52 |
| 安全員 | 主管防火安全，外圍接待工作 | 1 | 男 | 56 |
| 維修師 | 主管施工維修，古建築維護 | 1 | 男 | 65 |

從年齡上看，這些人的年齡均在五十歲以上，平均為六十二歲。

以上人員均已在縣文物局登記注冊，會計之下還有掌握著現金的出納，也是一位女性，但不在公開的制度安排中。不過，在日常生活中，這些分工僅是在正式組織管理上存在的，有應對上級檢查的因素，廟管委會的主要事務真正還是由主任賀大爺和副主任曹爺爺負責。該組織名義上隸屬於村委會，在村委會的指導下進行日常工作，村委會是寺廟的法人代表，但村委會不對廟管委會的具體工作進行部署，而是由其自行組織開展工作。在對外或上級行政部門的工作時，由村委會出面負責，如材料審批、活動申請等。村委會主任表示，廟管委會是否換屆由其自行決定。原廟管委會由一人負主要責任，其他人職責不明確。隨著廟管委會的職責越加明確，這表明村廟管理的組織化程度正逐漸加強，並與村正式組織形成了監管關係。

## （三）村廟活動

村廟的個人祭祀以上供、上香、燒紙（當地人稱為升錢）、跪拜等為主，其中，跪拜是有次序的，從前殿「關老爺」，到後殿「佛祖、菩薩」、「藥王」殿、「九神」殿，呈現出一定的等級次序。每年的除夕夜與初一之交，由廟管委會負責人上第一炷香。尋常日子，村民可依據自身情況，與廟管委會成員聯繫進行上香祭拜。農曆正月十三日至十六日，村廟會隨「火神聖會」一起，開放廟門供村民上香。上香分屋內、屋外，屋內放香爐碗，由負責人、有錢人等具有某種權威之人上香，屋外則是普通村民上香之處。調查得知，還會有一些外地人、外出務工村民來到廟中上香。正月十五日，上香人數最多，會在村廟演奏省級非物質文化遺產「十番樂」，以超度亡魂。「十番樂」曲樂哀愁、聲音宏亮。農曆四月十五日為正式廟會，四月十三日至十六日會請縣裡的戲劇團到清靜寺演出。劇團演員在四月十三日要扮演成「福、祿、壽、善財童子」等角色，先向各殿神靈依次「唱神戲」，之後方可開場。廟會當天，廟管委會和幫忙村民要給各位神像

上供品，包括五個一摞的五摞饅頭、五個一盤的橙子香蕉蘋果、佛菩薩的三杯水、關老爺龍王閻王等的三杯酒，同時，還要由廟主給各位神像前的香爐碗上香。

**圖七　農曆四月十五日廟會唱戲（2018年5月）**

這些祭祀活動為村民的日常生活增添許多戲劇化色彩。象徵往往通過儀式活動發揮出主要作用，從而使個體與組織之間的關係被客觀化。[41]從儀式的積極性與消極性來劃分，村廟的積極儀式固定在每年正月十三至十六日、四月十五日，這幾天村民主動上香、趕廟會，既瞻仰神容、又與人會面；消極儀式則是村民在日常生活中經歷危機時，進行的祈求、禳解以及還願等。日常生活的危機包括疾病長久難

---

41 Abner Cohen, *Two-Dimensional Man: An Essay on the Anthropology of Power and Symbolism in Complex Society.* Berkeley and Los Angeles: University of California Press, 1974, p. 30.

癒、家中偶發災事、子女生活不順、不孕不育等。傳統社會，當人們由於知識有限產生不確定感和不安全感時，就會求助神靈，將其作為對某種事件的解釋或解決方法。在村民眼中，這也是一種「科學」行為；而現代社會，由於對升職、考試、財運、身體健康、家庭生活等的關注，人們也會去廟裡求助。求神行動會有一些禁忌，比如處於病態的人、處於經期的婦女不能進入村廟；侍弄上香的村民不能由外村人擔任等，這些都被視為對村神的不敬。這些暫時性或永久性身份上的不潔會被視為對潔淨空間的一種挑戰，而且也會對不潔者自身造成損害。因此，避免雙方都發生危機的方式就是採取隔離手段。村民上香的用語較為多元，著重強調的是個人、家庭與神的關係，而廟主上香則與全村人的平安、健康相關。總體來看，健康平安、護佑財富、早生貴子、金榜題名等內容雜糅期間，整體的求神話語都圍繞求「順當」而施行。

## 二　自然崇拜及其儀式

除了具有官方意識形態的村廟之外，張灣還存在著民間的祭祀對象與儀式。通常來說，自然崇拜表達的是一種對生命的追求和希望，從生殖崇拜到靈魂不滅，是一種向生的追求；而正統宗教則表達的是人要在世俗生活中保持節制與修行，以便在死後獲得安寧與永恆，因此可看作一種向死的宗旨。生與死的對立，看似使信仰與宗教無法實現融合，但二者又共同規制了整體生活的精神領域。張灣的自然崇拜包括了自然力崇拜（即「火神」崇拜）和動物崇拜（即「保家仙」信仰）。

### （一）火神聖會

火神聖會是張灣規模最大的集體性、民俗性活動。社火或花會是

中國傳統北方鄉鎮民間酬神娛人的民間文藝活動，也是一種祭祀神靈的節慶儀式活動。「社」指土地神，「火」指火神，是傳統農耕文明沿襲下來的民間信仰形式之一。在傳統農業社會中，土地作為人們安身立命之本，為人們的生存提供著物質保障；火則為人們提供了光明、熱源和安全食物，二者是人類社會生產生活必不可少的自然事物。張灣的「社火」主要是對火神的崇拜，在當地被稱為「火神聖會」、「花會」。據現組織者回憶，「火神聖會」舉辦於清朝康熙年間，距今約有兩百多年歷史，是為防止村社火災（走水）而設立，現在則表達了村民對生產、生活五穀豐登、六畜興旺的希冀，也作為村莊娛樂性、節慶習俗的活動而存在。

據灤平縣志記載：

> 清初，滿蒙漢八旗官兵來此圈地定居，直隸、山東等大批移民湧入，帶來了各地的民間藝術，並加融合，形成了有特色的民間花會藝術……為民間祭祀與自娛為一體的花會活動，名稱各異，但組織活動基本相同，並帶有迷信成分……民國六年（1917年），張灣村民求叩火神爺若保全年無火災，願許翌年正月十五舉辦花會活動，遂取名「火神聖會」。是日除高蹺會扮裝不上蹺外，各檔花會均穿辦整齊，由會首前引順序抵達村北火神廟前，先燃放鞭炮，繼則會首上香，火化黃錢三張，祈求保佑一年之內不「走水」（火災）。再則全體叩拜，然後將神位抬出至火神棚內，仍焚香上供。此時，高蹺上蹺腿，花會在棚前正式表演，隨後軋街（串村不擺場），畢復回火神棚前，會首再行叩拜，上會者全體鞠躬，辭神收會……出會時排列井然，布局壯觀，會首前導緊接高懸龍鳳旗四對，「肅靜」、「迴避」大牌兩塊，格外醒目，再後為金瓜、鉞斧、朝天蹬、儀列兩旁，拱衛著黃羅傘下「火神聖駕」。各檔花會緊隨其後。會

官丑扮為縣官模樣,坐於二衙役所抬單杆之上。妞婆(官娘子)側騎毛驢尾隨不捨。[42]

在訪談中,曹爺爺談道:

> 康熙年間,張灣北部為皇木轉運地,承德附近宮殿所用的木頭均從這裡卸船、儲存、運走。有一年,湊巧著火了,怎麼著的不知道。如果讓康熙皇帝知道,非得死刑不可。管皇木的樁頭編了一個「火神爺」的顯靈,上報給皇上。說「火神爺」挑眼了,顯靈了,把木材都給燒了。康熙皇帝親自來,一聽是「火神爺」顯靈,得修廟,年年供奉。於是年年接火神爺,就在那塊修的火神廟,為慶祝火神就辦了「火神聖會」。後來因為「火神聖會」屬於迷信,文革時破除迷信,改稱為民間花會。後來查驗,不叫花會,叫火神聖會。現在又改為火神聖會,也不叫迷信了,叫做非物質文化遺產。第一屆火神聖會,康熙皇帝主持,皇帝出來有滿朝鑾駕,咱們這兒為啥有轎子,前邊是金瓜鉞斧、朝天鐙,後邊是八面旗子,有飛龍旗、飛虎旗、飛鳳旗、飛鏢旗等八面。隨後是出宮的儀仗隊,就是咱們的十番樂,那是宮廷音樂,都劃成非物質文化遺產了,再後邊是皇帝的轎子。他走了,滿朝鑾駕放「火神聖會」前邊了,這確實是真的歷史。[43]

與大多數民間神靈一樣,當地的「火神」崇拜起源雖已無從考

---

42 灤平縣地方志編纂委員會:《灤平縣志(新石器時代—1990)》(北京:九州出版社,2013年),頁857。

43 訪談對象:曹爺爺,廟管委會負責人;訪談時間:2018年1月15日;訪談地點:曹爺爺家中。

證。但從老人口中的傳說中，可以發現其與國家皇權、神權有著緊密聯繫。如果從現在算起，「距今兩百多年」約在一七一八至一八一八年之間，與康熙時期（1662-1722）相差五十餘年。在民眾的觀念中，他們沒有明確的朝代區分，而往往會借助有聲望的歷史人物來彰炳自身的歷史感。這是民間的時間邏輯，如果研究者執意要糾正這種時間誤差，難免會有「喧賓奪主」之嫌。

　　包括蒙古族、滿族在內的北方民族的自然崇拜就包括對「火」的崇拜。而且康熙五十年（1711年），當地官商民於避暑山莊麗正門南側建造了一座規模宏大的火神廟。[44]該火神廟坐東朝西，圍牆約一米多高，廟前有四柱三洞的木質牌樓，上懸「光披四表」橫匾。院內為三進式，進廟要下臺階入山門。廟中殿供奉全身泥塑、神態莊嚴的火神爺；後殿供奉阿彌勒像，後殿後門為護法神站像。每年農曆正月十五日是承德民眾祭祀火神爺的日子，會在廟前廣場舉辦廟會。辦會之人會將火神爺牌位抬出來，放在德匯門前廣場，焚香敬拜，並請當地唱戲班子，演戲數天，以酬神（意為一年無火災，全仰仗火神爺的功勞）。同時，晚上會舉辦燈會，承德街里從頭道牌樓到三道牌樓及兩側大小商家店鋪門口都要懸掛各式燈籠。[45]

　　因此，有理由相信，地處承德周邊鄉野的「火神聖會」會受到區域中心的皇家因素、政治因素與神性因素的多重影響，再加上熱河地區華北移民帶來的鄉村信仰和蒙古地區的祭火習俗，「火神聖會」的形成邏輯可大致清楚起來。作為御道沿線的村落，張灣村廟及「火神聖會」的存在體現了民間信仰的多民族融合性與等級性。

　　張灣的火神聖會於每年臘月十三日開箱（排練），開箱儀式是向高蹺表演者背的娃娃上香，祈求「聖會」表演順利、無人受傷、沒有

---

44 〔清〕海忠修，林從炯等纂：《承德府志》卷14（臺北：成文出版社，1968年，光緒十三年〔1887年〕廷杰重訂本），頁563。
45 承德市檔案館編：《尹忠熱河記憶》（北京：團結出版社，2019年），頁362-363。

火災等。翌年正月十三日起會（也稱亮會或軋街），正月十三日至十六日正式舉行，為期四天。據年近七十歲的前任副會首常公說，以前管看會也叫「瞅會」。從發音來說，「瞅」通「丑」，後者恰好也表明了人們的裝扮有丑角、有美角，且一些表演動作也是有滑稽、有技藝的。因此，聖會以表演技藝來吸引人「瞅會」，以達到既娛神又娛人的目的。十三日上午，迎火神的隊伍要裝扮、化妝整齊，到村廣場集合。上午十點半左右，隊伍便抬著空轎子、穿著表演服裝，在會首的順引下抵達村莊北部田地中。會首面向北部，上香、燒紙、放炮，念叨「請火神爺來瞅會，給您辦會了」之類的話語，表演人員全體叩拜，請「火神」入轎。相傳，原先在此請火神的地方有火神廟一座，現在已無，只能憑藉記憶上香、請神。入轎的標誌為將「火德真君之靈位」的牌位放入轎中，表演隊伍隨之返回出發地。在正月十三日前，供奉火神的醮棚就要搭好，一般位於村廟的門外東牆邊，醮棚兩邊寫好對聯。棚內中間放一張香案，案後樹立著一塊板子，上邊貼著

圖八 「火神」牌位及醮棚（2018年2月）

一張黃紙。黃紙上西側書寫「赤耀靈符同日月」、東側書寫「朱輪法象滿乾坤」，橫幅上下分別排列「朱輪法象、鎮滿乾坤」，並放好火盆、掛好燈籠。以前，村裡主幹道還要搭建牌樓十三道，牌樓上要掛燈籠九盞。

「火神」請回後，將牌位放置於醮棚正中香案上，同時，香案下方放置「地藏王之靈位」的牌位，坐北朝南，由會首和廟主上第一炷香，隨後村民開始陸續上香。村民賦予「地藏王」的功能是帶走孤魂野鬼，其本質是對「鬼」的處理的觀念，所以村民不會迎接、只會恭送。表演隊伍路過神棚，一一點頭以示敬拜後，開始繞村巡境，方向先是自東到西，第二天輪換。由於張灣由南北（也稱前後）兩條主街構成，隊伍從後街自東出發，沿東邊道路到前街最東側，返回後向西側進發，至最西側後沿道路走回後街，回到火神醮棚處。會首叩拜，當天的繞村巡境表演結束。在村民的傳統觀念裡，儀式展演中，每位村民都帶有所扮演角色的「靈」。如果中途有事必須離開，則要上香向「火神」告知，以求得同意。如果未上香而離開，人們認為可能會引起「靈」的不滿，從而騷擾本人或家庭。

**圖九　新修「清靜寺」與「火神」醮棚位置（2018年2月）**

正月十三日除了迎接火神外，沒有特別的表演。從正月十四日開始，會陸續進行定場表演，被稱為「打場」，即先行禮、拜年、寒暄吉利，後即興表演。一般會在十字路口、廣場、商鋪、政府及寺廟門口進行，會有商家和單位給予一定的物質、資金支持，從五百至一千元不等，給得越多越證明其財力富足，也希望來年獲得好運。有時，聖會也會應周邊村落的邀請前去表演，由邀請村委會提供一定資金。十三、十四日晚沒有活動。正月十五日是正日子，火神聖會與元宵會二會結合，最為熱鬧，且白天「打場」的數量最多。除此之外，晚上也會有表演、燈會等，直至次日凌晨。正月十六日是聖會的最後一天，白天只進行軋街。晚上是聖會的高潮，送「地藏王」的巡境遊神、送「火神爺」會依次進行。在供奉火神的醮棚前，參會人員會抬起火盆，後邊跟著有「地藏王」牌位的轎子與聖會隊伍，從後街西到前街東送「地藏王」。在火盆路過家門口的時候，會有村民出來「上香升錢」、磕頭行禮。道路兩旁聚集了大量的煙花爆竹，阻擋著「送神」隊伍的前進，且此時的煙花燃放具有競爭性，放的花樣多、時間長、數量大的，一般都是富戶。這樣的場景已然是煙花聚會，煙花綻放時光彩華麗，足以照亮天空，照的黑夜彷彿白晝一般，又如同「火神」降臨，形成人神同樂的宏大景象。這一場景吸引著周圍村民、路上行車的陌生人來此駐足觀賞，場面之大甚為壯觀。聖會隊伍將「地藏王」送至村最東側的田地中。人們將火盆中的灰燼倒出，燃香、放炮、下跪，負責人念叨「請地藏王將村中惡鬼、橫鬼都帶走，保張灣平安」之類的話語，以示送走。之後，村民從後街東重返火神醮棚處，按著同樣的方式，將「火神」沿迎接時的原路返回至村莊北部，恭送「火神爺」，念叨「保佑張灣人家一年不走水（失火），明年還給您辦」等話語。送神完畢後，往往已至凌晨一點，人們陸續回家，嚷嚷著年就此過完。「火神」醮棚在「聖會」第二天拆除，同時，會首會將「聖會」期間的個人、商戶、單位等的捐贈詳細列出，張貼公示以供村民查驗。

**圖十　高蹺背著的開箱護佑「娃娃」（2018年2月）**

　　粗略比較來看，這種介於東北與華北之間的鄉村儀式展演與華南鄉村的公共儀式有著很大不同。在組織形式上，華南祭祀儀式的主辦制度是家戶輪流制，不論貧富，而華北則以鄉紳、富戶、地主等人家為主，且會首一般在大戶地主人家內傳遞，不會出現平民主辦的情況。從這點來看，北方鄉村的權力階層較為固定，且貧富差距也要大於華南鄉村。在巡境遊神上，華北的遊神主要在於確定地方村落範圍，且多會在大戶人家和公共機構中駐演、打場，如果別的人家想主動祭祀，可在遊神隊伍經過家門口時，出來祭祀。不會像華南遊神那樣，將神引入各家各戶中，讓家主、個人親自祭祀。因而在一定程度上，可說明，華北社區的認同技術形式比華南社區的更粗糙，同時社區權力的下沉也不會那麼直接滲透至家庭。在展演內容上，華北的社區公共儀式要比華南社區的更豐富，包括參與人數多、表演形式雜、時間長等。相對於華南社區祭祀，北方的儀式展演既有祭祀，也有表演，功能上祀神與娛人並存。

在組織上,「火神聖會」實行會首制,有記錄的會首已歷經八任。建國前,會首一般由村內的地主、富戶出任,其他小地主、小富戶出任小會首。出資金額由地主、富戶、平民依次遞減,比如大會首出資一百元,其他小地主出資五十元。目前,會上有正、副會首各一人,均為男性,負責組織、訓練、籌資等一切事宜。正會首傳承實行會首指定的形式,現由村中聶姓老人擔任,今年已經七十四歲,傳自其同姓堂兄;副會首則根據情況不定期輪換,現在的副會首也已經七十二歲。聖會表演隊伍被稱為「檔」,各檔包括十番樂(也稱文武場)、春官老爺、娘娘、大頭、高蹺、寸蹺、大班秧歌、小班秧歌、二貴摔跤、小毛驢、小車、八大怪、旱船、舞獅、舞龍、官轎、花車等。各檔有小會首一人,每年表演人數在一五〇人左右,小會首的年齡不定,多由村中中年人擔任。文武場主要負責演出音樂的打奏,大鼓三個、小鼓二個,一個鼓配四個人敲鑼打鈸弄鐃,共計二十餘人。其中,鼓是文武場打奏的核心,其他樂器要圍繞鼓點來進行演奏。文武場演奏的主要包括民間的「十番樂」,該音樂係避暑山莊及其行宮內「清音樂」的變奏。[46] 目前,該音樂已被確立為河北省級非物質文化遺產。這裡要指出的是,我在承德市區的文化廣場上也曾聽到相同韻律的古樂合奏,這些音律是為平時在廣場上扭秧歌的人而打奏的。因而,很可能在這一區域的民間「花會」活動中,他們打奏或演奏的音樂均是受到清朝宮廷音樂的影響,是一種典型的由權威中心向邊遠地區輻射的文化傳播現象。

---

46 「清音」指不化妝、不設舞臺道具等的戲曲表演形式,主要是由南方絲竹彈撥的「十番樂」與北方吹拉打奏的「十番樂」融合而來,在民間都稱之為「十番樂」,也是宮廷音樂、杠房音樂、古曲、戲曲、時令小調與民歌、寺廟音樂等的合稱。在形式上,它又分座樂和行樂,座樂(座棚演奏)主要用做法事、喪事;行樂主要用於花會活動。清末,承德地區曾組織過「清音會」,據傳,內務府樂師唐錫福教授了劉夢舫、白雪樵等民間藝人,使得音樂隨之流出宮外。清朝政權覆滅後,「清音會」散落民間。參見白曉穎:《對承德非物質文化遺產「熱河清音會」的介紹及發展方略的報告(一)》,《承德職業學院學報》2007年第4期。

**圖十一　張灣省級非遺「十番樂」打奏（2018年2月）**

　　高蹺由三十人左右組成，多為初、高中上學的年輕人，高蹺腿的高度在三十至九十釐米之間，按照從高到低的順序排列成兩行。秧歌由中年、老年婦女組成，一手持扇、一手持綾，分列兩隊。原來的秧歌隊分為大秧歌和小秧歌，大秧歌由年長人參與，小秧歌由本村學齡少年參與。每次表演時，秧歌會跟隨鼓樂而變換舞姿。在二〇〇四至二〇二三年這段時間，學齡少年逐漸脫離表演隊伍不能單獨成隊，一些小孩就與年長人合並在一起進行表演，甚至有些年份已經看不到少年參與。小車檔由三人組成，前後各一人已成推車、拉車之態，扮為夫妻，車中「載」一女子。表演形式為說逗，穿插自唱歌曲，歌曲多為歌頌共產黨、歌頌毛主席。「八大怪」表演由八人組成，分別扮演鱉、螃蟹、魚精等，其中，鱉與螃蟹飾演夫妻。表演形式也為說逗，內容以宣傳計劃生育為主。「小毛驢」檔由二人組成，一人扮演老漢，一人騎小毛驢。表演形式為說逗、「點燈」。「點燈」是一種民間

雜藝，指頭頂一盞煤油燈，快速繞場一圈可使燈火不滅。旱船隊由四至八人不限，男女、年齡均不限。舞龍隊由兩條龍、兩火球組成，人數共二十八人，男女不限，由於人數不一、參與人員不固定，因此該檔的人員流動性較大。

在即將演會時，由正會首通知小會首各自組織本檔人員，並及時溝通表演者動員情況。現任正會首傳自其堂兄，並有意傳與其孫輩後人。會首的傳承並無特意教授，在每年的耳濡目染中學會。會首一般由村莊中有威望的人出任，現任會首曾任張灣生產大隊隊長、村主任等職。會首與參會表演者，也會獲得一定的物質獎勵，在物資貧乏時期，一般是集體聚餐。近年來，他們會有一定的資金獎勵，數額是幾十元至一百元，視捐款多少而定。「社火」組織的自發性強，但也是在村委會的名義下進行活動，包括向鎮政府進行儀式活動的申請、表演費用的集資等。二〇一八年時，村主任說，舉辦一次，花費資金約在兩萬元左右。這一花費在之後是只能再多，不會再少。

### （二）「保家仙」信仰

「保家仙」信仰是在自然崇拜的基礎上發展起來的一種比較原始樸素的動物信仰。在傳統社會，由於人們的生產力水平低下，對一些難以理解的自然事物還無法歸因，因此將其視為超自然力量的顯現。隨著生產力水平的提高，對自然現象不斷加以神化和人格化形成了該信仰。關於「保家仙」的說法，李慰祖在《四大門》中提出，該信仰是對四種動物的總稱：狐狸、黃鼬（又稱黃鼠狼）、蛇、刺猬。因此，又被稱為「狐仙（又稱狐門、胡門）」、「黃仙（又稱黃門）」、「長仙（又稱常門、長門）」、「白仙（又稱白門）」。[47]這種信仰主要分布在華北、東北的農村地區，其中，「保家仙」信仰以東北地區信奉最為

---

47 李慰祖著，周星補編：《四大門》（北京：北京大學出版社，2011年），頁12。

頻繁。在張灣，人們往往只供奉前三者，對於「白仙」，在當地的動物並非是刺蝟，而是指「白色的大耳兔子」。在問到當地人為什麼不供奉「白仙」時，我的報導人說，「白仙」愛使小性子，它的性情捉摸不定，人們怕會招來災禍，所以一般人家都不敢供奉。人們也不會直接提「白仙」，而是用手的食指和中指比劃成一個「2」型，主要是怕被它聽見，折騰人。在當地人看來，動物通過修煉或與人生活均可以成「仙」，成「仙」後具有一定的法力，可以影響普通人的現世生活。村裡人一般說「仙兒」的時候，都會直接說成「仙家」。其含義一般不與個體的「仙兒」對立，而是指一種含混的意思。當然，動物仙也有自己的後代，也能成為一個家，這就與人們的日常生活類似。

　　張灣人將依靠「四大仙」等神靈看病的人稱之為「香頭」或「香主」，人們一旦得了無法用正規醫學治療的「虛病」時，就會尋求「香頭」的幫助，這一活動被稱為「看香」，這些「香頭」也被視為「頂香」[48]。「看香」是民間巫師通過香燃燒後所形成的狀態測定人的旦夕禍福。在家中出現一些危機時，也會向「香頭」尋求幫助，讓其「指點迷津」以便找到解釋並提供破解之法。王奶奶就表示，「甩香」不是壞事，是在提前告知你的生活危機，找找香頭看看，安置一下就會解決。有一次，與王奶奶有親屬關係、已經七十多歲的章枝就回憶說，她孫子小的時候，就老是愛哭。她就去找了周老婆兒看，周老婆兒說這孩子「送差」了（投胎投錯了），嫌你家窮，老是委屈，給啥啥都不要，就是哭。她又說你家原來有個長仙，要回來呢，讓人把它供起來。她回去這就供起來了，之後孫子就好了，也不愛哭了。

---

48 即「頂替仙家，接受香火」。

圖十二　甩香（2018年2月）

　　村裡人說，一般出「香頭」都是「白仙」蹚道，先折騰人。「香頭」不是所有人都能成，成「香頭」也被稱為「出仙根或出馬」，有的人出不來就會被仙兒一直折騰。那些「出仙根」的人一般要有「托生骨」，而且數量越多，越愛招來多的仙兒。關鍵是並非每一個有「仙根」的人都能成事「出馬」，給人家「辦事」。「辦事」是供奉人的一種極其模糊的概略性表達，它是不能為普通人所知的，否則會被供奉人稱為「洩露天機」，這是對自己修行的極大不利。那些能「出馬」的人都要受到「上方」的指示，有時，它會有時間限定。例如，有的香頭這幾年辦事特別靈驗，找他的人也多，但是慢慢地就不行了，人也少了，也不靈驗了。這會被人們理解為他的使命到時候了或者他做了錯事，得罪了「仙兒」，「仙兒」不來了。我在與一些村民交談中瞭解到，他們會將「看香」這樣解釋：假如你明天要去看香，那今天你們家的仙兒就先去你看香的地方了，就跟香頭頂的仙兒先溝通了。香頭的仙兒再告訴看香的人，要不，香頭怎麼都知道你們家的事

呢。這種溝通性表達是較為常見的解釋，用來說明「那些看香人為何在陌生情況下說得較準」的困惑。

有意思的是，張灣人也經常用「大耳兔子」的故事來哄騙小孩子。據說，以前張灣有一位老漢，家裡是養兔子的，這兔子與人待的時間久了就成了精，經常在老漢不在家的時候打開鐵籠子的門，在院子裡耍弄木棍。有一天，老漢偷偷回來，看到了這一幕，就假裝不知道。一聽開門，兔子趕緊跑回了籠子。老漢不慌不忙地從籠子裡把兔子抓出來，打死了。與此類似的故事還有「黃大仙偷雞吃」，在村裡幾乎每家人都會在院子裡碰到「長蟲」（指蛇），他們也不打，認為那是自家的「保家仙」——「長仙」。有一回，王奶奶碰到了一條小白蛇在自家的院子裡，她趕緊說：「你怎麼出來，快回去吧，別嚇著孩子，要不被人抓了。」然後，王奶奶就離開了，等她再回來的時候，小白蛇就不見了。直到現在，村裡的一些年輕人還會忌憚黑夜出門，尤其是走進胡同的時候，生怕碰見這些「仙」。已過六十歲的賀剛的一句話可以看出村民們的另一種觀點，他說，「『鬼』正是因為你看不見才害怕的，看見了你就不怕了」。

有研究指出，東北地區之所以存在「看香」、「香頭」的稱謂，實則與「漢軍旗香」的文化系統相關。「漢軍旗香」是自明末以來流傳於東北的、以「燒香」祭祀儀式為主的民間信仰活動，也兼有「打單鼓」（太平鼓）、「演歌舞」等藝術形式。「香主」也被稱為「壇主」，指「請香」人家的戶主，多為「燒香」許願、還願而進行，同時也兼有「娛神娛人」的功能。[49]從「旗香」形式來看，分別有漢人的「香」、漢軍旗人的「香」與在旗人的「香」。關於其歷史起源，學術界尚存爭論，目前形成了兩種觀點：一是認為起源於唐王東征，一是認為起源於薩滿信仰的變遷。[50]前者從「旗香」的唱詞中找出帶有傳

---

49 李德：《漢軍「旗香」鉤沉》，《滿族研究》1995年第3期。
50 張曉光：《漢軍旗香溯源辨析》，《滿族研究》1989年第3期。

播諸特徵的遺跡,並從民間傳說中進行總結;後者則將地域因素納入源頭視野,有將薩滿文化泛化之嫌。無論這兩種觀點孰優孰劣,關於其起源因其年代久遠而缺乏考證。但不可否認的是,三種形式的「旗香」在民國時期已經走向融合之路,伴隨著文化主體的交流融合而呈現一種世俗化、區域化的文化樣態。

圖十三　一般人家「保家仙」堂子的紙質牌位（2017年2月）

有些「香頭」依靠仙靈附體、靈魂脫殼的「看香」方式與薩滿教中憑靈型與脫魂型「成薩滿」具有同理性。而且當人被仙家折騰時，他們往往會呈現出「薩滿病」的癲狂樣態。有學者研究指出，諸多動物成為了薩滿的助手，這在世界諸多薩滿現象中都有顯現，是其特徵之一。[51]姜小莉指出，「東北地區地仙信仰對薩滿教諸因素進行了吸收，主要包括薩滿教符號的借鑒和內容的借鑒。」[52]由此，「保家仙」信仰可視為華北民間動物信仰與東北通古斯民族薩滿教交融後次生的一種宗教信仰形式。

在張灣，「香頭」與「風水先生」在功能上具有相似性，只不過，「風水先生」更多具有一些道教的技術。而一般村民將「風水先生」稱為「陰陽仙兒」，實則是在村民的日常生活中的模糊化處理，實際上不能相互替代。比如風水先生可以看墳地選址、婚喪吉凶、挑選日子等，這些都是「香頭」無法勝任的。由於在村中，我並未聽到有「看香」厲害的人，一般現在人們「看香」往往會去外村尋靈驗者。但在村民的口述中，他們還依稀記得幾個已經過世了的「看香靈驗」的人，比如前文述及的「周老婆兒」、長生殿的四奶奶。在一次閒聊中，小秋就說：「張灣現在能『看香』得有四十多個，但沒有『好香頭』（十分靈驗的且有道德心的），都是半拉架子。」因此，該地的民族交融也體現在人們的信仰領域，各信仰形式之間又進行了互相吸收借鑒，形成了一種複合式的信仰樣態。正如周作人在《薩滿教的禮教思想》中所言：「中國據說以禮教立國，是崇奉至聖先師的儒教國，然而實際上國民的思想全是薩滿的。」[53]這一描述符合對傳統

---

51 張光直在《美術、神話與祭祀》中引用了伊利亞德、坎貝爾的觀念，參見張光直著，郭淨譯：《美術、神話與祭祀》（北京：生活・讀書・新知三聯書店，2013年），頁54。

52 姜小莉：《試論滿族薩滿教對東北民間信仰的影響》，《吉林師範大學學報》（社會科學版）2011年第3期。

53 周作人：《薩滿教的禮教思想》，載周作人：《談虎集》（石家莊：河北教育出版社，2002年），頁220。

張灣村民思想的認識。

　　由這些依靠小動物形成的民間信仰是人在與周遭世界建立倫理秩序關係的過程中，經過日積月累的互動與調適，生成的一種區域性的民間文化觀念。其中，「香頭」所具有的跨物種溝通功能是其本質特徵，其在人、物、靈三者之建構了一個關係循環：人從自然世界獲取動植物等生存資源，若是超出了一定限制，就會招致自然世界的報復，人們認為這是來自神異世界的懲罰，而神異世界懲罰的結果是為自然世界生物爭取到了一定的生存空間，進而維持整個生態系統的動態平衡。這一關係逐漸以民間信仰的形式倫理化，其揭示了人的生物性、社會性與文化性，使人成為一個與周遭世界互相關聯的完整生命體。

　　上述民間信仰體系的呈現與區域內的皇家建築、宗教建築修建密切相關，可以視為官方行為在張灣地方的再版。

　　承德民間有條歇後語：「熱河街的廟──『海裡號』，即滿語『多』的意思。」熱河地區大規模修建寺廟、舉辦廟會始於康熙帝修建避暑山莊。隨著滿、蒙古、漢出長城口外移民的增多，藏傳佛教、內地廟宇系統等也隨之在城鄉地區興建。康熙五十年（1711年），熱河行宮麗正門南就曾修建一座火神廟，並舉辦廟會，以求火神護佑，防止火災。建成後，每年這裡於正月十五日舉行燈會，慶祝火神祭日，且周邊各地商販、農民、祭拜者均來此聚會。[54]承德市區第一座關帝廟建於雍正十年（1732年），位於緊挨著避暑山莊的西南側，為坐北朝南的兩層院落的四合院式建築。該廟又稱武廟、關岳廟，最初主要供奉劉備、關羽、張飛像，後又加入岳飛像。該廟最初為地方官、商戶、百姓籌資建造，乾隆四十三年（1778年），皇帝詔諭重修，由此改為敕建。關帝的形象在歷史上經歷了從戰神、忠義神、財

---

54 蘭曉冬編著：《承德寺廟》（哈爾濱：黑龍江美術出版社，2000年），頁150。

神、文樞神到寺廟護法神、秘密道門保護神的轉變，且被當作佛教護法。[55]再加上關帝的正式封號之一——關聖帝君，這些都是典型的國家主義和三教合一的象徵。承德市郊北的獅子溝口，有一座藥王廟遺址。該廟興建於清乾隆二十年（1755年），占地一六三二平方米，是熱河一帶建造較早的一座敕建藥王廟。[56]據民間相傳，乾隆皇帝陪其母崇慶皇太后去山西五臺山進香拜廟後，下旨在京城和熱河兩地同時仿建了藥王廟。正殿供奉藥王孫思邈塑像，東西配殿內供有我國歷代名醫：神農氏、扁鵲、華佗、孟龍、張仲景、李時珍、沈汾、韓元杏、王清任等人；其餘殿內還供奉著龍王、火神、苗王、蟲王和施公等塑像。當時的藥王廟聲名遠震熱河周邊各地，在老百姓中影響頗深。農曆二月初二是該廟祭祀的日子，僅收香火，不辦廟會。農曆四月二十八是藥王的誕辰，廟門前兩側豎著兩根高大的旗杆，黎明就要掛起黃底、紅色舍邊，綉有「藥王聖會」四個黑色大字的大旗，這天要大辦廟會。[57]還有避暑山莊西側的河神廟，每年七月十五日，人們還在此舉行盂蘭盆會和送河燈儀式。

除了這些敕建、官建的寺廟，避暑山莊內和承德市內還有民間信仰的寺廟，比如山莊山區內的廣元宮、薈總萬春之廟等，行宮外市區內則有石洞子溝北的「敕建九雲頂」（俗稱娘娘廟）、酒仙廟等[58]。有些廟宇雖由民間（商人、信教居士等）集資興建，卻得到了官方的默許，是區域性民間信仰的中心。

---

55 〔美〕杜贊奇：《刻劃標誌：中國戰神關帝的神話》，載〔美〕韋思諦編，陳仲丹譯：《中國大眾宗教》（南京：江蘇人民出版社，2006年），頁93-113。

56 〔清〕海忠修，林從炯等纂：《承德府志》卷14《壇廟》（臺北：成文出版社，1968年，光緒十三年〔1887年〕廷杰重訂本），頁563。

57 蘭曉冬編著：《承德寺廟》（哈爾濱：黑龍江美術出版社，2000年），頁121。

58 蘭曉冬編著：《承德寺廟》（哈爾濱：黑龍江美術出版社，2000年），頁100-117。

## 三 祖先崇拜及其儀式

「人吃土一時，土吃人一世」，是張灣老人常說的順口溜。

人類早期的祖先觀基於靈魂不滅觀，讓人們相信逝者雖肉身已死，但靈魂依舊存世，並且可以在不同世界穿行。通過祭祀、祈禱等行為，祖先靈魂能夠對後代子孫的現世生活產生影響。這種祖先靈魂觀是廣泛存在於人類社會中的一種信仰現象，其在制度層面的表達是宗族祭祀體系與宗法制度的建立。這是對祖先、宗族與自身關係的一種確認，也是人們慎終追遠、終極關懷的一種表達。自明代嘉靖皇帝進行宗族改革以後，宗族組織與祖先祭祀相互關照，共同塑造了傳統儒家宗族社會的基本生活秩序。[59]張灣村民大部分是口裡移民後裔，雖然它並非一個宗族村落，但傳統儒家宗法觀念依舊深刻，表現在行動上就存在著祖先祭祀的信仰。

在村民觀念中，人的死亡依照與己身的關係可分為三種形式：父母祖輩死、同輩死、子女孫輩死；依照親屬遠近也分為三種形式：直系死、旁系死、社區死。同時，這兩個分類系統又是可以串接的，比如在直系關係死亡中，可以出現與己相關的親屬死亡；在社區關係死亡中，父母祖輩可以是指與自己的父母祖同輩的鄰里關係、朋友關係、同業關係等。人們是根據不同類型的死亡參與其中，並進行著次序不同的實踐行為。在直系與旁系之間的劃分是以五服這個制度遺存進行的，在喪服制度中，「五服」原指五種喪服，以逝者與己身份，分為斬衰、齊衰、大功、小功和緦麻，現在被村民用來指代血緣關係的遠近。如在五服制內，除了親屬必須派人去外，還有各種不同的講究，否則其村落生活會受到鄰里的道德議論。

張灣村民對於祖先的喪禮有著固定的一般儀式。村裡的老人一般

---

59 吉成名：《論祖先崇拜》，《湘潭大學學報》（哲學社會科學版）2015年第3期。

承擔著葬禮「儀式專家」的職責。在張灣老輩的關係裡，同街上一位姓趙的老人不僅懂得葬禮流程，他還開了一個喪葬鋪，一有鄰里辦喪事，他就會在場，平時也會賣些喪葬用品。土葬依舊是村民主要的喪葬方式，白色或黑色等純色或暗色系是喪葬期的主要色調。葬禮用的棺木視家境而定，貧困戶用楊木，一般戶為柳木，富戶用松木、柏木。規格多數為「底一寸、幫二寸、蓋三寸」，富戶也有「二、三、四」的規格。棺材漆黑、紅、棕、黃的顏色不等，棺前刻一壽字。

　　一般情況下，老人將死之際，趁著身體還未僵硬，子女為老人穿戴壽衣、擦洗身體、梳理頭髮等。家人將老人抬至外屋已設好的門板上，逝去之人不能死在自家炕上，且老人不能在家外斷氣。這也是一些住在醫院的老人病危之際，自己或親屬要求其子女趁著還沒「斷氣」，將其帶回家宅的原因。然而，非正常死亡的人被稱為「橫死」或「凶死」，他們的屍首一般是不能進入院內的。待人絕氣，用紅、黃布蓋身，將屍體抬入棺中，子女在棺前案桌上擺放供品、香爐、長明蠟燭，蠟燭下放一個裝著五穀的小罐子。案桌下放一個火盆，用於焚化紙錢。棺材置於院內棚子下。一般來說，逝者口中要放錢或茶、糖、棉花等物，意為不能空口而去。隨後，子女帶著香、紙錢到九神殿土地公處報廟，子女要大哭。第二天早上，孝子帶著香、紙錢到山上墓地，準備挖坑，孝子先刨三下，然後人們一起挖坑。之後，子女帶著「漿食」（水、剩飯）、香、紙錢去廟裡，倒掉漿食，焚化香錢，被稱為「送漿食」。[60] 人死後第二天晚，親屬到「送漿食」處焚化香、紙錢，意在接靈魂回家，與親友進行最後團聚。因為是第三天前接，人們也稱之為「接三」。有人說，「接三」處也會成為「望鄉台」或「思鄉嶺」，意為祖先靈魂去往陰間，回望陽間家裡的高臺地。

　　停靈期間，孝子會給長壽或對家庭有貢獻的老人請喪事班，吹拉

---

60 現在人們一般都不去廟裡報廟，而是到村外遠處的路旁、田間或河邊「送漿食」，燒紙糊牛（女性死）或馬（男性死）、香、紙錢等。

彈唱以示歌頌功德。親戚朋友前來悼念，晚輩身著孝服，男人腰間扎白布，女人頭裏白布帶，男左女右站立於棺材兩側，與來人寒暄。老人死後一般吊祭一或二天，兒子開棺用酒精球擦拭逝者遺容，親友最後瞻仰、蓋棺，用四顆棺釘釘四角，不要釘牢。如果是年輕人死去，則要盡快出殯，不能超過一天。村裡每家在山上都有一處專屬各家的墓地，棺材上山之前，人們已在各家墓地附近選好地方、挖好坑。如果是夫妻合葬（稱「並骨」），就將一方的屍骨挖出，裝入小木箱中，在逝者坑邊挖出一小塊，然後一起填埋。出殯一般是在午時[61]之前或之後，兒子站立蹬上，手持帶酒精棉球的長棍指引西方，由陰陽先生口念亡者姓名、隨葬物品。點燃棉球後，兒子口念「西天大路，明光大道，某某趁亮及時行路」，念完面向西方下跪，親友痛哭，燒紙糊用品。隨後兒子摔「喪盆」，眾親友抬棺起靈出發，兒子引「招魂幡」在前，兒、妻抱「下食罐」隨後，接著是棺材隊伍，家眷、親友手拿物品依次跟隨。其中，送葬親友需為雙數，跟隨棺材送至山上。紙糊品包括牛或馬、金銀、童男童女、家具樓宅等。到達墓地後，開棺整理遺容，擺放整齊，蓋棺緊釘。棺木下入已挖好的墓穴中，在墓穴的四角插入柳木棒，意為「哭喪棒」。兒子先在四角各填一銑土，隨後眾人再填土成堆。最後，孝子將招魂幡插入墳後，花圈躺放在墳堆上，紙糊品全部燒掉。葬後三日，子女到墳地祭奠，象徵性地將墳堆修成圓狀，意為「圓墳」。同時，在圓墳好後，人們會在墳前用三塊石頭搭一個門口形狀，意為祖先的墳門，上墳的紙糊品就在「門前」火化。墳門口會對著山下家的方向，意為注視後代。之後會有頭七祭、二七祭、三七祭、百天祭、周年祭、三周年祭等，一般三周年祭後，村民就不再進行刻意的紀念活動。村裡有人認為，人死三年後即投胎轉世。傳統社會，孝子三年的守喪被認為是回報父母懷抱他三

---

61 午時，即正午十一至十二點，村民認為該時間是斬人的時刻，此時出殯會對死者及其家人造成厄運。

年的哺育之恩。老人死後一般會與妻子或丈夫合葬在祖輩的墳墓周圍，該家墓埋葬五代之後，家人才會認為其為祖墳。由於墓葬是在山上，一般自上往下墳墓的輩分越低，這與山勢高低走向密切相關。

逢年過節時，一般由男性子孫前往山上墳地進行祭拜，祭拜時不會邀請祖先魂靈回家慶祝。上墳會有一些講究，在時間上，上墳不能選在下午；年度上墳時集中在臘月二十至除夕期間完成；整個正月不允許上墳。在天氣上，陰天不能上墳；在路線上，上墳之後不能回頭看，意為活人會留戀祖先，祖先靈魂會回家「搗亂」。祭拜的物品包括紙錢、菸、酒等物，一般不會供食物、放鞭炮，特別是不能上香，這一點與家仙、神靈祭拜決然相異。

**圖十四　葬禮中的棺材（2017年4月）**

對於那些沒有後代子孫的人，則是由同姓家族的兄弟來進行安葬，這時就不會有孝子「扛幡」等事項，一切禮儀從簡，甚至火化。父母去世時不在身邊的那些子孫，一般會等到他們回來，進行儀式安

排。而只有女性後代的人去世後，一般是由女性及其丈夫負責，同樣禮儀從簡，盡早入葬。

村民對那些「橫死」之人，比如吊死、淹死、電死等，表現出更為嚴格的「區隔」，通常會將他們埋葬在與祖先、父母墳地相距較遠的位置，以示他們處在正常的社會秩序外圍，這種靈魂既受鄙夷或嘆息，又格外恐懼。幾十年後，若當父母均已去世，同輩親屬可將「橫死」者的屍骨或骨灰埋在父母墳頭的腳下；若父母一方尚上，則不可。這被視為「二拉一」，是活人的大忌。在村民的觀念中，那些因病致死，或是死於橫禍的人都帶有不祥之氣。他們可能死於某些意外，因而總是帶著怨氣，會尋找他人發洩。儘管這些人生前並無大錯，但他們的死亡事實卻說明了神或仙兒因為某些不可饒恕的原因將他們帶走，很多時候的解釋會是上一世的過錯在現世來報或其祖先或子嗣的惡行帶來的結果。一般家裡父母一方去世三年內，若子女去世，則不能將骨灰或者屍骨領回安葬，三年後才可進行安葬。

人們會將墳墓視為影響一個家族成員興衰的關鍵因素，墳墓的位置與「風水」相關。我曾聽說過，一九五〇年代出生的章敏家的墳墓地安置在一個佛眼上，因此，他家出了兩個研究生，被視為光宗耀祖的事。一般這樣的事也會被村民稱為「祖墳上長了蒿子或者祖墳冒青煙」。而一九六六年出生的良義認為，他家的祖墳就對他父親一支的孩子不利，他有一個妹妹和三個弟弟。他的妻子最近兩年患了癌症，雖然已經在醫院做過手術，但現在仍不能幹累活兒；二弟媳婦在二〇一五年「跑」了，她是雲南白族，娘家離此地間隔遙遠，她以外出打工為名離開，再也沒回來過；三弟媳婦更是渾身得病，日漸消瘦。他們為此階段的不順，準備重新安置墓地，但因他父親一輩共有五個兄弟，因此祖輩墳地就變成了一個大家族公共事物。其他支系成員認為祖先墳地對他們來說暫時沒啥問題，不能隨便調整，否定了良義和他

兄弟們的意見。因此，同姓支系內部形成了意見不同的兩方。由於安置墓地牽涉了廣泛的支系成員，這件事最後不了了之。

圖十五　山上的墳與堆（2017年10月）

列維-斯特勞斯在研究「亡靈探訪」時寫道,「人與他們的祖宗形成過兩種關係,一種是讓祖宗和自己無關,另一種是害怕祖宗又期待他們能保護子孫。」[62]張灣的祖先祭祀完全說明了這兩種關係的並存。其與中原、華南民間社會的祖先祭祀形式有著顯著不同。張灣村民將祖先靈魂嚴格「拘禁」在山上,防止其魂靈返回人間世界的家,給家人造成厄運,使山與村、墳與家成為兩個對立的空間。但人們為了建立與祖先的關係,規定了兩個空間的具體交流方式,即年節祭祀與解夢祭祀。前者是周期性行為,後者則不定期,有時與前者合併。年節祭祀屬於一般性的看望「燒錢」。當夢到已逝親人時,村民就會祭拜禳解,一般是去山上「上墳」或在十字路口燒紙錢,希望祖先安息。與西南少數民族的觀念相似,他們的山寨一般是不允許逝者靈魂回來的,那會被視為帶來厄運;一旦做夢夢到已故親屬則需要舉行「送鬼」儀式。而中原、華南農村的逢年過節,人們要在墳前放鞭炮、請祖先回家,與家族成員共度節慶,且不會將祖先的靈魂視為家裡厄運的源頭。這種通過把祖先靈魂掌控起來的做法與宗族社會的祖先祭祀雖然形式不同,但邏輯一致,都是為了使祖先靈魂對自己後代有利、護佑世俗後代,同時也不使祖先靈魂成為孤魂野鬼,游蕩無居、被欺負,且危害人間,以此達到對家庭、村落的多重責任。

在華南宗族社區,祭祖的奉獻最終往往由獻祭者分享,這類祭品如其說是奉獻,不如看成是獻祭者為祖先預備送給後人的禮物,分享者從中可以得到祖先的蔭庇。而在張灣,上墳祭祖所用的紙錢、貢品多數是為了祖先能在另一個世界像現實世界一樣有衣穿、有錢花、有房住、有家具用,不至於在那個世界挨餓受凍,同時也會滿足其在現實生活中得不到的一些物質,比如汽車、高樓、手機等。在這種供奉與庇佑的關聯秩序之間,人們在日常生活才能安得其所。

---

62 〔法〕列維-斯特勞斯著,張毅聲等譯:《人類學演講集》(北京:中國人民出版社,2007年),頁233-236。

這種制度性的「忽視」祖先與村落通過地域神增強內部團結存在著一定的相關性。這一文化遺留可能意味著移民社區的血緣祖先遠在移出地，他們已無力照看遙遠距離的後代，因此，對祖先的關注轉移至村落共同的保護神。但隨著最初一代移民的逝去，血緣祖先正面臨著回歸的「跡象」，一家的幾位長輩埋在一塊兒，也逐漸形成了一個「祖墳」觀念。雖然在傳統家族制中，五代以上的墳地才被認為是有祖宗和祖墳的，但是幾個墳包也可以當作祖先意志的「分祖墳」，享受著遙遠祖先的恩澤。村民的祖先觀念可視為一種傳統家庭倫理和社會行為規範的強調和表達，深化了作為家庭成員和社會成員所應承擔的責任和義務，確立了祖先或長輩在家庭關係和社會關係中的權威地位。

　　同時，「保家仙」信仰在世俗生活中替換了祖先信仰。脫離了活人世界的祖先之靈被禁錮在山上，以神聖的亡者世界凝視著處於山下的人間世界。而「保家仙」則在生活世界中無處不在，在空間上散布於各家各戶，在時間上有節奏地「顯靈」，寄託著人們的期許與情感。通過這種替換的在場形式，祖先之靈與保家仙分別在村莊與家庭的外、內部促進著村落與家庭成員的團結。

　　從中國不同地域的祖先觀念來看，就祖先崇拜的表現形式而言，南、北方漢人與少數民族的各類崇拜形式是互通的，並不以生活在某一地域的人的固定性文化遺傳為圭臬。相較於漢人，南、北方的少數民族具有較多的相似性，他們對祖先靈魂的處理方式有一致的地方，且共同區別於漢人。歷史上，身處長城以南的內地漢人在遷離出生地後，便逐漸與遷入地的少數民族相互溝通、互相學習，因而在生活方式與文化習俗上相互融合。遷移的漢人在生活模式上越來越趨近於少數民族，同理，反向遷移的少數民族也越來越趨向於漢人。由於民族身份帶來的差異並沒有造成堅固的區隔，而是在地方性的生活節奏中漸趨一致、融合。因而，漢族與少數民族之間的區分並非涇渭分明，乃是「你中有我、我中有你、互相融合」的交融關係。也就是說，民

族身份的界定更多地具有文化上的劃分,依據文化差異建構而成的民族差異要比民族實體的客觀實在差異更讓人信服。

由此可知,張灣民間信仰體系的來源具有強烈的區域規範特徵,是對更大區域內的正統力量的集合式模仿。通過與區域中心力量建立聯繫,張灣民間信仰發揮著凝聚不同民族、不同信仰、不同地域的人們共同體意識的社會整合功能,以及響應道德教化、維持社會穩定的象徵整合功能。

## 第三節　張灣民間信仰的結構關係

在張灣的社區層面,村廟信仰與火神崇拜建構了更為貼近官方的信仰,無論是從神靈的等級、組織程度,還是信仰所追求的內容來看,均為超越性的存在,效力範圍以村廟的信仰圈為邊界。作為官方意識而存在的村廟,宣揚傳統文化內涵,象徵著正統教化,以行使村落的道德權威。「火神聖會」以巡境遊神的方式強調村落內部的空間範圍與村民之間的平等關係,明確村落的文化－地理範疇。二者共同構成村民公共層面的信仰,是為「公」的領域。

在家庭層面,「保家仙」信仰與祖先祭祀都為各自的家庭生活而求,信仰的有效性也以本家庭的成員為邊界,或有所擴展。因而,它們是內在於家庭之中的,不具有超家庭性。且村民將「親屬化」的稱謂賦予神、仙,使之與自身形成擬親屬關係,與祖先崇拜相雜糅,共同表達了對神、仙、靈護佑的期待和對歷史知識系統的繼承,是為「私」的領域。

趙世瑜指出,「在國家禮制確立的過程中,必須分清哪些是必須崇拜(正祀)、哪些是允許崇拜(雜祀)、哪些是禁止崇拜(淫祀)」。[63]

---

[63] 趙世瑜:《狂歡與日常——明清以來的廟會與民間社會》(北京:北京大學出版社,2017年),頁13。

從交叉關係來看，張灣的村廟信仰與祖先崇拜均是漢人社會的正統文化信仰，屬於正祀系統。人類學界將之視為一種「國家－社會」之間的投射模式，以神道設教的方式填補「皇權不下縣」的治理空缺。而「火神崇拜」與「保家仙」信仰均具有自然崇拜意味，屬於非正統民間信仰，體現著人與自然之間的和諧共存、互惠共生。其中，火神崇拜屬於雜祀系統；保家仙屬於淫祀系統。而且不同信仰系統在不同歷史情境中是可以適當轉換的，其轉換的標準以官方的接納程度為主。比如二十世紀五〇至八〇年代的這些信仰由「正祀、雜祀」變為「淫祀」；八〇年代後，又相繼恢復「正祀、雜祀」地位。

|  | 社區層面 |  |
|---|---|---|
| 正統信仰 | 村廟信仰 | 火神聖會 | 非正統信仰 |
|  | 祖先祭祀 | 保家仙 |  |
|  | 家庭層面 |  |

**圖十六　張灣民間信仰結構關係**

上圖呈現的民間信仰並非要去分析結構，而是想以此展示村中民間信仰的多重關係。「火神聖會」與清靜寺的關係既同體又區別。同樣作為社區神，「火神」在廟中沒有一席之地，只在特定日子前來享受供奉。祭祀期間，火神只能居廟外搭建的神棚，猶如主、客居住的正房與廂房之分。這時整個村莊凝聚成一家人，招待著來自外部的「散香客人」。「保家仙」並非神，不能進入清靜寺享受香火。但作為廟總管的「長仙」卻可以進入，它具有自己的牌位、空間，名義上承擔著看管村廟空間的職責。由此，村廟中「神」、「仙」有別得以呈現，「神」有權，象徵著官員；「仙」無權，象徵著百姓。但這一等級

系統又並非完全無法溝通、無法轉化,「長仙」作為溝通神與仙的中介也可以被清靜寺容納,享受民眾供奉。

廟副主任曹爺爺表述:

> 「仙」由各種動物修煉,「神、佛」由人修煉。保家仙進不了廟。動物修仙得正果,就叫神;不得正果,就叫仙。用我們的話來說,就叫妖⋯⋯仙家隨和,就是普通老百姓,仙家沒有官職。你像神佛,佛裡沒有官職,神裡都有官職⋯⋯仙家還到不了廟的級別,仙家跟仙家,講的是道行,道行就是歲數,一百年、幾百年、幾千年,他沒官職。你像仙家跟仙家坐到一起,就是比歲數。神就不一樣了,他有官職、有權力。老百姓,就算一百歲,也沒有權。[64]

　　社區信仰與私人信仰之間的神靈體系,與社會生活的等級關係存在同構性,神靈世界與人間世界在村落的地方知識系統中互相映射,共同構成了張灣村民生活的整體性和複合性。自涂爾對宗教的基本形式進行「神聖與世俗」的劃分後,這種對立爭論一直作為探索社會結構的出發點而存續。隨後,列維-斯特勞斯開創了結構人類學的理論框架,以對立統一的方式解釋結構之間的彼此關係,並通過「二元關係」和「類比轉化」兩個原則分析神話與象徵,從而強化對立統一的主題。路易·杜蒙(Loui Dumont, 1911-1998)則在《階序人》一書中提出了等級之間的「對立包涵」(the encompassing of contrary)關係,指對立兩極中的一「極」視為包含另一「極」的存在。他以「等級包含」的關係框架來解釋印度社會的價值系統,意在揭示意識形態與實踐、價值與權力的「包涵」關聯。由於現代社會的平等價值傾向,「等

---

[64] 訪談對象:曹爺爺,廟管委會負責人;訪談時間:2018年1月15日,訪談地點:曹爺爺家中。

級制」在這裡並不受待見。這種「等級」並非我們日常理解的上、下級之間的權力關係,而是上級、下級與秩序之間的結構關係,指向一種價值,指「整體的元素通過與整體的關係排序(對對立的包含)的原則」。[65]因此,對這種等級結構的理解有助於理解張灣信仰體系及儀式活動生活的獨特性,並以此解釋社會生活背後更深層的結構關係。

在此,我必須強調,張灣民間信仰的二元結構雖存在信仰實體,但它更指向一種關係式文化。而且圖十六所代表的「秩」對張灣民間信仰的「亂」是一種「涵蓋」。這種彼此勾連以「社區神:保家仙(祖先靈)∷社區:家庭∷家庭:個人∷官:民」的方式在不同情境中,實現著彼此的對立。同時,這些對立之間,還存在著廟主、老人、「長仙」等溝通二元結構的媒介,並以情境「轉化」的方式實現了結構溝通。「社區神」象徵著家外力量,其與象徵家內的「保家仙」對立,而且又將社區與家庭的內外對立涵蓋起來。因此,生活中,看似矛盾的信仰實體,用包含關係的等級結構去思考就可以被理解,也能夠對不同信仰關係的複合性現狀做出合理解釋。但這種等級系統又不同於杜蒙意義上的「階序」,其等級之間可以實現有限躍遷,代表民眾的「仙家」的上升通道並沒完全封閉,為「神╱仙」、「官╱民」之間的溝通提供了可能。

四個部分的信仰與祭祀是張灣傳統道德宇宙的重要環節。它們彼此之間互相滲透,充斥於日常生活中。雖然精英視角中的宗教信仰始終要具有功能性,且在村民的視角中,村廟的存在確實滿足了他們對更高的道德生活的需求,但這並不意味著其缺少神學思想中的救贖或獻身精神。雖然村廟還沒有重新獲得官方的認可,但村民們已經在心底認同它就是正式宗教。社區層面的神將家庭仙、靈包含進自身的庇護範圍內,統合了不同信仰之間的關係,構成了信仰結構上的等級含

---

65 〔法〕路易・杜蒙著,王志明譯:《階序人:卡斯特體系及其衍生現象》(臺北:遠流出版公司,2007年),頁66。

括關係。而村民也主動不斷來往於社區神靈、家庭仙靈之間，因此，民間信仰下的等級結構實質是交互共生的關係，彼此之間的「贈予」構成了一種共生性、道德性的整合結構。

綜合來看，也就是大約從十九世紀開始，控制張灣的，是當地或附近的皇糧皇木莊頭。在那個時期，生活於此的一些話事者或領頭人建立起了村廟。最初的廟宇只是一個鄉村現象，而作為水路運輸站的張灣很快吸引了周邊村子裡的人，而使村廟成為一片鄉村的共廟。從十九世紀某個時期開始，村內及周邊的村民約定在張灣村廟內舉行集體祭祀活動。隨著張灣聚落的擴大，村廟組織的行為規範被建立起來，與當地仙家，祖先的祭祀崇拜並行不悖。此時，外人們會說張灣是一個大村。假如張灣話事人及支持他的村民不如此根深蒂固，張灣是不可能有這樣一天的。

張灣的邊界可以從行政、地理、儀式三個方面進行界定。從國家行政區劃來看，張灣隸屬於河北省灤平縣張百灣鎮管轄，鎮政府駐該村。張灣作為行政村，在一九九三年的撤併村落中，將位於上南溝的兩個自然村（岑溝門和東台）納入，但與張灣的空間距離相距較遠。在普通村民觀念中，人們並不瞭解張灣還包括一個自然村，村民的感知仍停留在「張灣」的空間範圍中，且從歷史來看，行政區劃的張灣是不斷變化的。

從地理區位的空間構造來看，張灣地處華北地區北緣冀北山地與內蒙古東部高原、丘陵交界地帶，屬燕山東段燕中地區。該村位於興州河沿岸淺灘地帶，兩側山巒起伏，綿延不斷。村落坐落於大山轉彎處的河谷階地，河岸平地開闊，大體呈條帶狀東西走向分布，有南北兩條主街。以自然地理條件為基礎的村落本應固定不變的，但近年，隨著村民生活水平的提高、人口增加，新建房屋越來越多，使得該村範圍向四周平地不斷擴張。地理範圍上的張灣也處於不斷變化中。

從本土性文化區位來看，構建張灣空間範圍的是社火儀式，在當

地也被稱為「火神聖會」、「花會」。每年舉行的「花會」都會繞村巡境，被稱為軋街，以確定本土的地域空間。這種儀式展演具有重複性，在村民的印象中最為穩定，因此，也最能代表村民日常生活中的實際村界。

行政與地理區劃均是外力因素所決定，缺乏地方性主位認知，從儀式出發對張灣進行界定才是「文化持有者」的現實村落和本土觀念。同時，儀式活動是展現張灣文化複合性的一個重要方式，也是建構張灣空間邊界最為穩定、有效的途徑。因而，除特殊情況外，本研究所指的張灣一般指這個範圍。

總之，研究張灣，並不意味張灣的社會文化是特殊的。張灣的人文生態與其鄰近村落的人文生態不會有太大差距，甚至與北方的諸村落一樣。人類學研究不是「研究村莊」，「人類學家不研究鄉村（部落、集鎮、鄰里……），而是在鄉村裡研究。」[66]因此，對張灣的界定僅是為了理清當地人範疇的一種方式，據此來討論相關問題。

---

66 〔美〕克利福德·格爾茨著，納日碧力戈等譯：《文化的解釋》（上海：上海人民出版社，2014年），頁25。

# 第三章
# 張灣民間信仰復興的歷程

> 然而,就與歷史意義重大的過去存在著聯繫而言,「被發明的」傳統之獨特性在於它們與過去的這種連續性大多是人為的(factitious)。總之,它們採取參照舊形勢的方式來回應新形勢,或是通過近乎強制性的重複來建立它們自己的過去。
> 〔英〕埃里克・霍布斯鮑姆:《傳統的發明》

在田野中,我最關心的是人們對歷史的敘述。最初,我的目的是將歷史作為一個背景,以便對張灣的民間信仰有一個宏觀的歷時把握,後來我越來越發現與其將這些回憶當作客觀歷史來看待,不如把它們當成人們逐漸構建出來的記憶敘事。訪談中,與被觀察者建立一種信任關係是非常重要的,直接決定著參與觀察、訪談所獲得資料的真實性和有效性,而與被觀察者建立一種「我們關係」是最為艱難的。這不僅需要長時間的面對面互動,還要盡力理解彼此所處的社會文化環境,盡量理解每一個符號所代表的背後意義。在這部分,我試圖運用「局部作為整體」的方法論,從一種個人生命史和歷史線性梳理的方式展現私人和公共領域的民間信仰在張灣的歷程與現狀。這些被訪者一直是村廟、火神聖會、保家仙和祭祖活動的積極參與者。有些人經常會在祭祀時間中,指導人們「進香」的順序、燒紙的位置;有些人直接管理著村廟的日常事務;有些人直到近幾年因病痛的折磨才漸漸地從村廟活動中抽身出來。當地人用親身經歷描繪了一個北方鄉村社區的信仰生活現實,也揭示了傳統鄉村社區的一些生活邏輯。

張灣民間信仰的歷史起伏是與國家政策緊密相關的,但在公共領

域與私人領域存在差異。新中國成立至改革開放期間,張灣一切的宗教信仰活動在表面上都消失了。改革開放以來,隨著國家對市場經濟、社會生活、國際發展的關注,文化經濟逐漸成為社會各界關注的焦點。對具有民族特質的傳統文化的挖掘,成為放開對宗教文化、民俗節慶等傳統文化因素管控的宏觀社會背景。但受制於中國南北的經濟發展水平、對外開放程度與管理者認知的差異,北方、內地城市的社會經濟受到市場化的影響較為緩慢。一九八〇年代,地處山區的承德因避暑山莊及周圍寺廟歷史遺產的旅遊開放,而進入文化與旅遊業相結合的發展階段。這一時期恢復、整修與重修廟宇成為一種政府、市場與社會的共同責任,由此帶來了一波所處區域的民間信仰復興的熱潮。而地處山區的張灣,其公共領域的信仰復興更是晚到了二〇〇〇年左右。其中,村廟復建與火神聖會重啟代表著公共信仰復興的社會事實;而「保家仙」信仰和祖先祭祀代表著私域信仰的現實回歸,且呈現出由隱性到顯性的特徵。一位李姓村民就說:「國家現在支持修廟,主席在新聞上都鼓勵大家要保護傳統文化遺產。」[1]在信仰實踐中,各家各戶的祭拜儀式雖摻入了現代式的表達內容,但形式上的存留,依舊體現了信仰的內涵。

## 第一節　公共的表達

　　「佛教苦、道教甜、儒教酸」是張灣一些老人對中國傳統三大宗教的自身看法。

　　在「宗法制」不那麼明顯的北方村落中,超越宗親的地域崇拜及其儀式系統更能代表鄉村的基層組織形式。北方民間以村廟為核心的「巡境遊神」彰顯著民間意識、地域認同、地方組織以及權力與人情

---

[1] 訪談對象:陽雲,廟管委會會計;訪談時間:2017年1月23日,訪談地點:陽雲家中。

的文化網絡。北方的鄉村，有廟就有會，對以此為代表的「民俗節慶」的規訓，王朝時期就曾以「鄉規民約」的里社制度來規制。中央政府以「神道設教」的方式將廟寺視為道德教化場所，其目的是貫徹中央政府的正統「教化」，推行官方的主流價值，以此達成地方治理。但「皇權不下縣」規制的存在，使縣以下的民間社會只能採取主動迎合的方式自建村廟、接受主流秩序。隨著王朝體制的推翻，民國前期，由於政府行政力量依舊疲軟，各級政府強調以警務制度治理基層鄉村，使基層社會的治理處於法制與禮制的交替狀態。特別是鄉紳地主與普通民眾的階層之分，使政治運動基本停留在士紳精英、地主富戶層面，較少能規範到普通百姓。直到新中國建立後。一九四七年，灤平縣全境獲得解放，張灣即刻被劃入當地人民政府的管轄下，地方政府開始組織起新時期的鄉村建設。

## 一　運動中的村廟

　　進入二十世紀，中國的社會運動便在救國救民、發動群眾的呼聲中此起彼伏起來。清末民國時期，伴隨著行政體制的革新，為迎合國家的現代化運動，知識分子在文字書寫與話語表述上推崇以白話文為主的語言系統，在「廟產興學」中普及現代科學知識的學校教育，從而為民族共同體意識的凝聚提供知識力量。「新文化運動」、「五四運動」相繼掀起社會各階層參與國家政治生活的高潮。雖然部分運動持續到抗戰、解放戰爭時期，但這些運動在內容和形式上構成了中國「民族－國家」式的政治理念，也使國家部分權力通過科層體系直接下沉到基層社區。不可否認，這一制度化過程在地方社會存在著區域差別，某些地區在地方士紳與實力派的控制下，部分地實行新政，以「新瓶裝舊酒」的形式意欲強化地方控制。

　　一九五〇年代伊始，中國社會的「社會主義建設運動」便輪番更

替。一九五一年，張灣時任區委書記施連吉就以破除封建迷信為由，將清靜寺內的塑像全部拆毀，僅保留了寺廟的主體建築。此後，村廟建築相繼被用作公社學校、廠房，並隨著廠房的倒閉而破損閒置。

據村裡的曹爺爺回憶：

> 一九五幾年，剛解放的時候，當時區書記施連吉和村支書于鳳元就把廟塑像心裡的金子掏了，塑像就全毀了。之後，社中（公社中學）又在廟裡，後殿是社中辦公室，前殿是老師宿舍。西偏殿是社中庫房，東偏殿是教室，教室後來就是現在村委會的那塊地方。社中挪走之後，又建毛毯廠，拆了後殿的木頭，倒是沒全拆。廠倒閉後就這樣擱著了（廢棄）。[2]

田野訪談時發現，在政策嚴密執行時期，張灣舊有的文化形式仍微弱地存在著。一些人會通過變相的手段象徵以往的祭祀行為，比如燎幾張紙、過節時唱兩句戲、夜裡對著偷藏的紙單叩拜等，使新、舊文化的關聯沒有那麼完全斷裂。在生產方面，農業互助時期，由新生產思想建立的人際關係，將傳統倫理關係隱含在新生產關係之下。老人們都會回憶起，村裡的一些積極分子總會利用手裡的一些議事權而進行某些私欲之事。比如騷擾婦女、給自家或相好家裡分配多東西、按親疏安排重活與輕活等。一九五八年八月，黨和政府在全國範圍內推行人民公社化制度，這一制度旨在用生產隊的經濟制度取代傳統村落、宗族與地域認同，從而實現國家統一、高效、集中的管理方式。這一時期，張灣村被劃分為一個大隊，下轄十一個生產小隊。清靜寺主體建築被徵用為公社中學，房間改造成公社各類辦公場所，由此建

---

[2] 訪談對象：曹爺爺，廟管委會負責人；訪談時間：2018年1月15日；訪談地點：曹爺爺家中。

築得以保留完整。其前殿改為教師辦公室，後殿改為學生宿舍，東廂房則為教室。中央政府除了在組織上重建地方制度外，還在觀念領域改造舊思想，即對地緣、宗族和小共同體的認同予以全面更替、改造。緊接著是席捲全國的、被定義為「三年自然災害」的困難時期。物質條件上的匱乏，實際生活上的艱辛，更使人們在精神領域向神靈和祖先尋求慰藉。在一個接一個的「運動」過程中，村民們被動地調適新秩序下的生活方式。

一九六三年，「四清運動」（清工分、清帳目、清倉庫和清財務）在全國農村地區展開，隨後擴大至城鄉；一九六四年十一月，「社會主義教育運動」（簡稱「社教」）也在全國範圍內實行。這一運動提出，「首先解決領導權問題」，其目標是全面推行「毛澤東思想」，以彌補「激進運動」（指「公社化」、「大躍進」和「三年自然災害」）造成的對黨和政府信任感的缺失。一九六五年縣裡的「四清工作隊」進駐張灣，「四清」運動和「社教」運動主要表現在破除「封建迷信」和宣揚「毛澤東思想」兩個方面，使政治理想和政治口號成為教育群眾的思想武器。其主要的宣傳途徑通過宣傳工作隊和大眾傳播媒介（指村落中的有線廣播）實現，以此將中央精神傳達至基層村莊。此時，張灣在東頭後街的大隊部支起了有線廣播喇叭，村民稱為「大喇叭」。

這一時期，政府為保障地方黨政幹部絕對服從中央，在行政治理上進行改革，採取動員式集體主義體制。中央通過臨時成立負責全面工作的工作隊，並選取那些積極響應政府政策號召的積極分子，對基層鄉村進行運動式治理。這些積極分子以黨中央的名義，對被視為「舊時代」事物的物質遺跡和相關事物大肆革除。一九六六年六月，人民日報發表社論，要求「掃清一切牛鬼蛇神」。八月，社會主義文化革命運動開始，隨之「破四舊」（舊思想、舊文化、舊風俗、舊習慣）在全國範圍內廣泛開展。地方群眾積極響應中央號召，張灣的紅衛兵掀起了「破四舊」的風潮，造成各家戶的一批舊東西被毀。在一

九六九年中共「九大」期間，全國各地舉辦慶祝活動，張灣大隊緊跟公社要求，以積極響應林彪為名，排練以樣板戲和工農兵為主要形象的高蹺會、秧歌等花會檔，並參與縣裡的會演。

　　改革開放後，國家將工作中心轉移到社會主義經濟建設上。二十世紀八〇年代，國家開始落實宗教信仰自由政策，使民間節慶、信俗等文化以發展文化經濟的本土資源的身份逐漸復興起來。一九八三年，張灣公社取消後，公社中學也隨之取消。一九八四年春，農村開展土地分產到戶政策，取消了生產隊機制下的農村生產組織。「生產隊」最終失去了最基礎的單位角色。隊裡除土地之外的財產，以某種相對公平的方式分配給各家各戶。剩下的公共財產則轉給大隊。此時，清靜寺的主體建築在國家推行鄉鎮企業的風潮下，轉交給個人，辦起了毛毯廠。以前，張灣的大隊部在村東邊的後街，僅有幾間房屋辦公。毛毯廠倒閉後，大隊部搬到了此處進行辦公。因而，清靜寺東廂房就變為今天的村委會所在地。

## 二　復建後的村廟

　　相較於南方村廟復興，北方村廟的復興時間較晚，清靜寺在二十一世紀初才在民眾推動、村委會默認的情境下重新啟用。對原有發展路線的修正，必定會帶來某些外部借鑒和某種傳統方式的復興，使傳統深層結構得以舊瓶裝新酒的方式復活，創造出看起來幾乎是全新的發展路線。一九八二年三月，中共中央印發了《關於我國社會主義時期宗教問題的基本觀點和基本政策》[3]（簡稱：《中央十九號文件》）的通知，向各省級行政單位及有關部門闡明了中央政府對宗教團體和

---

[3] 中共中央文獻研究室、中共西藏自治區委員會編：《西藏工作文獻選編》（北京：中央文獻出版社，2005年），頁338。

信眾的責任與態度。文件指出，政府在新的歷史時期對宗教的立場是團結信教群眾，將信教群眾的意志和力量集中到建設社會主義現代化強國的目標上來。這一文件成為各有關部門貫徹執行宗教信仰自由政策、處理一切宗教問題的根本出發點和落腳點。據漢學家丁荷生（Kenneth Dean）估算，「改革開放以來，中國各地重建重修的村廟約達兩百萬個，諸多失傳的傳統儀式也被重新操演起來。」[4]建築復建、儀式重啟等實踐行為是人們的觀念使然，信仰屬於觀念層面，因其存留於個體心理而不易被人發現。因此，從外部實踐洞悉人們信仰世界的轉變更具有真實性、科學性。

改革開放以來，以經濟建設為中心的國家方針使各行各業獲得了思想解放。在國際和平氛圍與文化經濟發展的大環境下，為了實現社會主義事業的全面發展，從傳統文化元素中汲取發展經濟的養料就成為國家經濟建設的必然選擇。同時，建構具有統一國家認同的「中華民族」也成為動員人們的有力象徵，因而，全國各地開始彰顯「民族特色元素」。在「文化搭台、經濟唱戲」的號召下，「傳統文化形式」（從自然景觀到人文景觀）獲得了開發或進一步發展。這些文化形式與民族旅遊業相結合，一改先前的「封建迷信」面目，成為「物質文化遺產」、「非物質文化遺產」以及文化博物館、文化旅遊景區等，鄉村社會中的村廟也在此列。一九八〇年代，國家的現代化運動與社會階段論相結合，發展和文明被視為擺脫落後的新戰略，「進步」也被認為是人對自然進行改造的結果。「發展主義」的進步觀創造了某種「現代後果」，「進步運動」的社會意識積極地促進著社會變遷的發生，因而「新農村」得以建設在「希望的田野上」。這種發展話語受到社會科學的影響，主張以人與人之間的社會關係為核心，從對以

---

[4]〔加〕丁荷生著，由紅譯，高師寧整理：《中國東南地方宗教儀式傳統：對宗教定義與儀式理論的挑戰》，《學海》2009年第3期。

「倫理」為核心的傳統文明觀念轉向到「科學、進步、富強」的現代文明觀念中。

## (一) 村廟重建

清靜寺在二十世紀末，主體房屋建築尚存，但塑像已無，因此是重新啟用，而非重建。清靜寺的歷史離不開地方精英人物的生活史。原廟主、時年五十多歲的章樹在家務農時，也外出務工。他曾義務幫助過距離張灣不遠的紅旗鄉修廟，為期三年，因此事家中媳婦鬧著要與他離婚。在他看來，「他生來就是這個人坯」，如果不去修廟就渾身不自在。他家裡的媳婦氣得將他攆出來，不讓吃飯。他因無處可去，就去當時擅長給人看病的曹爺爺家避難。章樹有意修村裡的清靜寺，由於他無錢無權無聲望，擔心修不成，就希望曹爺爺能給他做背後支持。曹爺爺也是張灣本地村民，他三十多歲開始在村中給人看病，在當時頗有威望，當年他與妻子給人治病十分有效，來他家看病者絡繹不絕，就跟「看會」一樣。曹爺爺跟他說，廟分龍頭、龍尾，張灣是龍頭，紅旗是龍尾，要修廟當然要在龍頭修。他也認為這是好事，就同意參與其中。隨後章樹又去找了村裡有名的「香頭」周老婆兒。他們商定之後，曹爺爺又跟鄰居家的王奶奶說了，勸她也參與進來。

一九九九年左右，在章樹、周老婆兒、曹爺爺、王奶奶等的帶頭下，依靠村內外的民間捐款，村廟得以重啟。最初，章樹來到王奶奶家時，都互相不認識。他介紹自己之後，王奶奶才知道他是本村東頭的人。那個時候，王奶奶的丈夫得了腦血栓，半癱在床。章樹到家裡，說因為王奶奶家裡有病人，讓王奶奶給菩薩上幾天香。他準備組織村民們修廟，由於與家裡的妻子產生了矛盾，妻子不讓他在家吃飯。他還認識王奶奶隔壁的曹爺爺，章樹修廟時，就在他們兩家吃飯，有時還睡在曹家。當時，村幹部還不確定修廟的事會不會得到上級的允許。那個時代，涉及這種村廟的群眾舉動，一直是懸在村幹部

頭上的利刃，稍不注意就會引發個人的工作危機。在部分村民的積極籌備下，為了迎合民意，村幹部採取默認不管的態度。

王奶奶親自去詢問的村書記，回憶起當時的情景，她說：

> 書記就是不賴，他說大嬸，那麼著吧，你也來問我來了，你們張嘍著吧，別說我們幹部讓張嘍的。[5]

「因病皈依」的信仰途徑在鄉村中十分普遍。以基督教為例，金澤、丘永輝的調查顯示，我國有三分之二以上的基督徒開始信教的原因是「自己或家人生病」，疾病成為民眾信教的一大重要因素。[6]而至於信教邏輯，有研究發現，因病信教的起點心理是一種「信念」，與信仰不同，這種最開始的信教是個體面對危機尋求外力幫助，並對外力賦予期許的一般性「信念」，而基督徒只是將這種「信念」指向了基督教。[7]在因病信教的心路歷程中，信徒被兩條邏輯所左右，一是行動者的依賴邏輯，個體為了從困境中解脫，其「信念」中所承載的宗教期許及家庭倫理使得這種依賴轉變為「不得不信」的無奈；二是宗教自身的吸附邏輯，宗教賦予疾病以意義，並給予信徒強大的情感支撐，宗教生活還有助於修補信徒因疾病被打破的正常生活秩序，建立互幫互助的關係網絡。[8]雖然，這種解釋手法對應的是民間基督教，但對民間信仰也存在著這樣的邏輯。畢竟在中國民間社會，民間

---

5 訪談對象：王奶奶，普通村民，曾參與修廟；訪談時間：2018年1月3日，訪談地點：王奶奶家中。

6 金澤、丘永輝編：《宗教藍皮書：中國宗教報告》（北京：社會科學文獻出版社，2011年），頁192。

7 周浪、孫秋雲：《因病信教農民的宗教心理及其演變——試論把握「信念」概念對理解中國農村宗教實踐的啟示》，《社會》2017年第4期。

8 周浪、孫秋雲：《因病信教農民的宗教心理及其演變——試論把握「信念」概念對理解中國農村宗教實踐的啟示》，《社會》2017年第4期。

信仰恰恰也是民眾自我選擇的一種,同理張灣也擁有這樣的豐富歷史土壤。民間的信仰形式並非像基督教具有嚴謹的組織與制度,但在信念依賴和吸附邏輯中確是一致的。

修廟是村民集體自發組織完成的,主要是建廟門、塑神像等。關於破壞前,廟裡供奉的是哪些神靈,村裡沒有清楚的人。後來,章樹說他到縣裡、市裡查資料,也根據人們的記憶口述,才確定了神靈,立了牌位、塑了泥像。立的牌位有龍王、閻王、土地公、土地婆、馬王、苗王、娘娘;塑的泥像有如來佛、送子觀音菩薩、大勢至菩薩、關老爺、關平、周倉、藥王佛。二〇〇三年,村廟建築所在地被認定為縣級文物保護單位,並成立了張灣「念佛堂」管理委員會。二〇〇四年,在時任廟主章樹的主張下,後殿改成了三世佛像(過去燃燈佛、現在如來佛、未來彌勒佛)。二〇〇六年十二月底,清靜寺被市、縣民族宗教事務局批准為承德市普寧寺下的鄉村「念佛堂」,教別屬漢傳佛教,負責人為章樹。隨後在二〇一五年,新上任的以賀大爺為首的廟管委會對清靜寺進行原址翻建,是為復建。總之,村廟因具有社區集體性的公共意義,參與捐款、幹活的人基本以中老年人為主。且廟重啟的過程,主要依靠村民的集體記憶、一些人的訪談和縣文物局的記錄來作為歷史支撐。

村廟在部分村民的支持下得以重啟。在支持修廟的過程中,王奶奶與村裡人、家裡人都產生了矛盾。他們要修廟就要解決吃飯問題,當時,給廟裡塑像的師傅是從外地請來的。最初是在一個寡居在家的李姓人家吃飯,之後修廟塑泥像的楊師傅說,還是在王奶奶家做飯。當時,王奶奶想著的是祈求家裡人能夠平安、順利,說是為了給「神佛」辦事,願意貢獻自己的力量,就這樣做飯一直做了兩個多月。做飯的米、菜等食物材料都是村裡人一起出的。當時,吃飯的事引起了其他村民的不滿。那個李姓村民不讓在她家做飯,要求去飯店吃,王奶奶認為是她在耍心眼,大概原因是不在她家做飯,她撈不到集體供

食材的好處了,所以心裡有氣。後來,王奶奶說楊師傅表態了:

> 我就在王姐這吃飯了,苞棒麵粥我也樂意喝。知道的是你們事多,不知道的好像是我們不好伺候似的,我就在這了,哪也不去了。[9]

就這樣,在王奶奶家做了七十多天飯。在村廟建好後,組織者章樹就成了廟主。當時並沒有舉行選舉儀式,大家覺得是章樹組織的,又是他到縣裡跑的手續,所以自然而然他就成為了廟主。王奶奶回憶道:

> 有一回,我在做飯的時候,兒媳婦回來了。我兒媳婦就要把她自己屋的門鎖上,把暖壺也放外屋去了。當時飯已經做熟了,做工的人就要回來了。當時我來氣了,對她說,我告訴你(兒媳婦名字),這個飯我做定了。這三間房不是你的,我愛怎麼做怎麼做,我一分錢也不花你的。兒媳婦沒有說什麼,就上屋裡躺著去了。這時候,做工的人就回來了,要吃飯,她沒鎖門,給我留情面了。做工的楊師傅還問我,兒媳婦回來,不樂意在家裡做飯了吧。我說她暈車了,孩子們都挺支持的。吃完飯,做工的人就走了,我把碗筷收拾完之後,給她煮碗麵條、臥個雞蛋,她吃個雞蛋黃就走了。過了十多天她回來了,估計是我的三妹子她們等,都勸她了。我知道她也是在心疼我,覺得來這麼多人,休息不好,就有了誤會。[10]

---

9 訪談對象:王奶奶,普通村民,曾參與修廟;訪談時間:2018年1月4日,訪談地點:王奶奶家中。
10 訪談對象:王奶奶,普通村民,曾參與修廟;訪談時間:2018年1月4日,訪談地點:王奶奶家中。

老人說她辦這些事都是為了家裡人都平安、順利。她對章樹說，關老爺做袍子的錢她來出，她給買布料做袍子，塑像做成後，關老爺的第一個袍就是她給做的。臨走時，楊師傅還為王奶奶寫了一首詩，「王姐生來意志堅，孫兒寡母在人間，隻身一世溫良義，菩薩化身在人間。」

　　在重啟村廟的過程中，參與其中的村民都是帶著各自目的自願進來的。外來的塑像師傅及村民的義務性、積極性高漲。因資金不足，村廟重啟較為簡陋，僅恢復了前殿、後殿兩個房間，重塑了神像，且房間面積較小。重啟後，村廟開始了日常運作，當時的管理人員並無明確的職責。章樹作為廟主，管理所有事務，包括外出集資、村廟衛生、防火、財務等，上文的李奶奶、王奶奶等村民到附近村鎮籌資。他搬家至村廟旁的偏房，居住於此。村廟重啟後，「香火」逐漸旺盛，人員往來也眾多，特別是在農曆正月十三日至十六日的四日中，廟門基本至午夜一點才關。二〇一一年底，章樹因財務、搞「迷信」等問題被市、縣民宗局剝奪了廟管委會主任的身份，村委會隨之收回了對村廟房產的管理。縣民族宗教事務局記載，因「清靜寺年久失修，房屋整體走型，存在嚴重安全隱患」，故而撤銷其宗教場所登記證明。而此事，王奶奶又聯繫到他更換三世佛塑像的事。她說塑像已經有了靈性，不能隨便更換，人上廟上香是拜神靈的靈魂，不是拜塑像呢，但如果塑像不合格，神靈看不上，它就不落位，不入身也白搭。王奶奶認為是他犯了錯誤，得罪了神靈，所以要被「拿下」，她說：「要不他還不犯錯誤呢，他把那塑像拉倒了，又塑上三世佛，這就相當於改政了，這回就把他拿下去了。」[11]在這裡我們可以看到，村民有一種很簡單的信仰觀念和神聖行為，這種簡單的觀念中體現著國家的權威，也看到了這種權威在鄉村生活中的變形。

---

[11] 訪談對象：王奶奶，普通村民，曾參與修廟；訪談時間：2018年1月4日，訪談地點：王奶奶家中。

隨著時間推移，村廟破損情況並未得到修理改善。二〇一五年，在村委會和賀大爺等人的積極運作下，清靜寺管理委員會重新成立。為防止上任出現的問題，廟管委會設置了相應的具體崗位職務，包括會計、出納等，並與村委會建立了相應的隸屬關係，上報縣文化局、文物局備案。

賀大爺在章樹沒被拿下之前，就參與到修廟的過程中，當時他還在縣裡的供電所上班，是個頭頭兒，因而沒有完全從事這件事。二〇一四年退休後，他才擔起此事，當時章樹已經被「告倒」。賀大爺在解釋復建村廟時，說道：

> 我退了休，一看這個廟，我是這麼想的，對於張灣，就這麼一個古蹟。這個古蹟遺址是老輩子人留下來的，千秋萬代的……咱們想辦法不能破壞，得把它修復了，在我的思想當中，以前我就有這個準備。[12]

在村中，似乎這樣的退休公職人員更能得到大家的認可。人們都說，誰貪都可能，賀大爺不會貪污，言外之意是大家都相信賀大爺是一個正直的人。他被認為代表的是一種公共性，而且他會在退休後發揮出公共意識的餘熱，給大家帶來一種公正感。賀大爺從事修廟的事務也是有一個民間說法的。有一次他在家裡就犯「虛病」了，當時一家人正在吃飯，不知說了什麼，他就掀翻了吃飯飯桌，他兒子氣得給他一個「嘴巴子」（巴掌），他才清醒過來。他兒子的行為在正常時候被視為是「以下犯上」的不道德行為，是要遭到村裡人指責的，但在那種情況下卻不會被視為不孝行為，反之還會得到鄰里親屬的認同。

---

[12] 訪談對象：賀大爺，廟管委會現主任；訪談時間：2017年1月22日；訪談地點：賀大爺家中。

新的廟管委會中，曹爺爺繼續在清靜寺負責日常事務。會計陽雲與丈夫在各村之間趕集，她對於錢財的掌握較為精細，而且她的母親也經常參與廟中事務，會「看香」，因此村委會讓她擔任廟管委會的會計。青是經王奶奶介紹而來的，她們開玩笑說，她先前到哪裡上班，哪裡的廠子就恰巧倒閉。於是她就在家開網店，目前她主管現金出納。她平時也會在手機上看一些佛學的推送。賀忠升是清靜寺管理委會的古建築維修師，他年輕時就從事建築行業，並涉及古式建築的維修，翻修就是在他的指導下進行的。他的妻子目前也在廟中幫忙。

　　二〇一五年四月，廟管委會著手進行村廟的翻建。重建資金由村民自願捐助和村委會號召所得。據村廟帳目記載，王恆誠捐獻最多，為五萬元，最少的為兩百元。村廟原來的塑像被埋入村北部地下，又重新買了新的神像。二〇一五年十一月二十日，廟主體竣工，二十九日舉行了開光大典，從拆掉舊廟到建築總體完成，歷時九個月。二〇一六年初，村廟即可供人「上香」，在「上香」的活動中，也會有非廟管委會村民參與協助村廟雜務。二〇一八年五月，在九神殿的西側，廟管委會又為廟主所稱為「廟的總管」的「長仙」建了一個堂龕

**圖十七　「清靜寺」翻建時的景象（2015年7月17日）**

和牌位。二〇二四年三月,村裡人又在村北莊稼地迎接火神的地方,建了一座小的火神廟,並放了一尊火神像和香爐碗。目前,廟管委會尚在集資修建鐘、鼓二樓。當前,清靜寺宗教活動場所的認定尚未恢復,仍保留著縣級文物保護單位的牌子。因此,無論是從村廟的硬件設施,還是村廟的組織建構,抑或是村民的觀念,村廟作為地緣性信仰場所與信仰實質的統一體已然處於復興之中。

## (二)制度創建

除了物質上的復建,村廟的制度層面也出現了創建與重建。二〇〇七年村廟在確定為「念佛堂」時,縣民宗局、村委會和念佛堂委員會制定了一系列規章制度以確保該宗教活動場所的組織與制度完善。這些制度主要包括主任職責、委員職責、宗教教職人員職責、民主管理制度、教務管理制度、重大事宜上報制度、財務制度、學習制度、立會制度。念佛堂委員會還制定了「念佛堂守則」,以供念佛信徒秉持遵守。縣民宗局制定「宗教場所目標責任書」,每年對其進行評估打分。

> 灤平縣張百灣鎮佛教固定活動場所念佛堂民主管理委員會主任職責:
> 一、主持念佛堂全面工作。
> 二、負責宗教具體事宜的管理工作。
> 三、負責念佛堂財務和物品管理及安全防火工作。
> 四、負責創辦經濟實體和以堂養堂工作。
> 五、負責開展創建《六好活動場所》、《五好教職人員》和《五好信教群眾》具體實施工作。
> 六、負責開展社會綜合治理、創建文明小區、在信教群眾中開展文明教友、模範公民、五好家庭工作。

七、負責信教群眾信訪和保穩定工作。

八、認真完成主管部門和上級領導交辦的臨時性任務。

九、認真做好念佛堂管委會與居委會協調配合工作。

十、認真遵守黨和國家制定的宗教政策、法律、法規和《宗教事務條例》。

二〇〇六年十二月二十七日

灤平縣張百灣鎮佛教固定活動場所念佛堂民主管理委員會委員職責：

一、積極協助主任做好念佛堂的全面管理工作。

二、認真做好自己所分擔的工作。

三、為開展好念佛堂管理工作，主動提合理化建議。

四、加強團結、集體決策、互諒互讓。

五、愛國愛教、愛崗、愛念佛堂。

六、認真做好群眾信訪工作和保穩定工作。

七、按時完成上級部門交辦的臨時性工作。

八、做好保護念佛堂和防火工作。

九、認真遵守黨和國家制定的宗教政策、法律、法規。

二〇〇六年十二月二十七日

灤平縣張百灣鎮佛教固定活動場所念佛堂民主管理制度：

一、念佛堂和日常事務由念佛堂管理委員會共同管理。

二、念佛堂的重大事項和其他日常事務由念佛堂管理委員會集體討論協商處理。

三、認真接受政府宗教主管部門的行政管理，執行場所及教職人員登記與年檢制度。嚴格按照政府要求做好各項民主管理工作。

四、不定期召開管委會成員會議，總結經驗，研究部署日常事務管理工作。

五、年內管委會要總結全年工作情況，並向信眾彙報，徵求意見和建議。

二〇〇六年十二月二十七日

灤平縣張百灣鎮佛教固定活動場所念佛堂財務制度：

一、各項開支實行主管領導一支筆審批。重大開支由念佛堂民主管理委員會成員集體決策。

二、嚴格執行國家制定的財經紀律，如有違反，按財經紀律法規處罰。

三、實行出納、記帳、審批核銷分開正規化管理。

四、民主理財、帳目公開，每季度向管委會成員和佛友彙報收支情況，年終以財務報表形式向民宗局彙報。

五、大項財務開支要立會研究決定。

六、財會人員對現金管理要做到日清月結，帳目清楚。

七、各項開支本著節省的原則，勤儉節約，杜絕浪費。

二〇〇六年十二月二十七日

灤平縣張百灣鎮佛教固定活動場所念佛堂學習制度：

一、學習時間：每季度週末星期六為念佛堂民主管理委員會成員學習民族宗教政策、法規及時事政治活動日。

二、學習方式：以集中學習為輔，以自學為主。

三、學習內容：

1. 黨和國家制定的民族宗教政策法規。

2.「十五大」以來的文獻。

3. 時事政治和《宗教事務條例》。

4. 民族宗教雜誌及中國宗教刊物等內容。

四、要求：學習要有記錄；個人要有筆記；做到學用結合、引導宗教與社會主義社會相適應。

二〇〇六年十二月二十七日

從以上這些制度條款中，可以發現，清靜寺在納入政府管理範圍後，其組織化、制度化程度逐漸完善。為應對民宗局及政府相關部門的要求，清靜寺在制度層面形成了一整套的制度體系。但很顯然，這只是一種應對策略，不過是迎合政府的表面之舉，在實際工作之間並沒有真正實行過。由於制度工作與實際工作之間存在著較大的差異，清靜寺主要日常事務仍是由主任負責。否則，也不會出現後來的群眾上訪之事。

由於在二〇一一年底清靜寺念佛堂被撤銷了宗教場所證明，以上關於宗教場所的相關制度也因此作廢。但作為文物保護單位，也有相關的制度安排。

張百灣清靜寺管理規章制度

為了更好的管理好清靜寺的各項工作，保護好清靜寺的古建和文化遺產，按照國家《文物保護法》做好保護工作，接受地、縣文物監督部門的指導。經清靜寺管委會商議，凡進入本寺人員必須遵守以下規章制度。

一、不准任何人或團夥以任何形式在本寺內宣傳或開展各種封建迷信活動。

二、因本寺建築以乾松木為主要材料，加以大量的油漆彩繪，耐火等級極低。香燭、紙張都是易燃可燃物，大大增加了火災發生率，為了保護好我寺，避免不必要的損失，防火首當其衝。

三、凡來本寺上香者一律不得在寺內焚燒黃表、元寶等帶明火的物品，上香者一律在室外香爐內點燃，不得進入室內燒香。

四、本寺按照國家治安，消防條例安排人員定期對寺內水源、電源、火源定期檢查。寺內燃燈、點燭等用火配有固定燭臺，以防傾倒，發生意外，必須由專人負責。

五、清靜寺是莊嚴的佛教聖地，不准進入本寺人員在本寺內出穢言髒語，打架鬥毆，為了保持本寺衛生，不准在本寺內亂扔果皮紙屑，亂扔垃圾。

六、清靜寺管理人員必須對香客和游人提供熱情服務，耐心解說，禮貌待人。不准做與香客和游人嘲罵、打架等有損本寺聲譽的行為。

七、本寺一切收入，均由本寺所有和支配，收入和支出由本寺會計定期公布，接受社會監督。

八、為了本寺更好的發展，為眾香客與佛結緣，望社會各界人士遵守本規章制度，謝謝合作。

張百灣清靜寺管理委員會

村廟負責人之所以能夠主動引用法律法規、規章制度，除了借此證明自身的合法性外，也確實想將制度規則確立起來，使這一地方文化和建築遺產能夠延續下去。同時，村委會和各級部門也想在保證民間活動受到政府監管外，以此增加當地的歷史文化特色，從而實現地方治理的部分職能。國家與民間社會面對著現代社會的眾生百態，各自利用自身的資源，互相合作，達成了實際目標的互惠。

## （三）空間轉換

當前，發展主義帶來的社會生活變遷，不斷地衝擊著人們的思想

意識，向「城裡」看齊成為當下「農村人」約定俗成的觀念。在發展道德的話語表述下，人們對「幸福」生活的期待，轉移到對未來的美好想像中，並逐漸形成了一種支配性力量。二〇〇五年十月，「新農村建設」開始實施，象徵國家權威的基層村委會必然要積極響應這一政策號召。在「生產發展、生活富裕、鄉風文明、村容整潔、管理民主」的指導下，改善村容村貌的方式更容易讓村民覺察到國家政策給張灣村帶來的發展變化，因此村委會於二〇一二年在原址上進行了翻建，修建了村廣場與二層辦公樓。同期，侵占戲樓的糧食收購站被縣城的商品房開發商所購，蓋起商業小區樓房。這兩地的擴張將清靜寺的原有空間壓縮至僅有原來的三分之一，由此引發了關於村廟空間的爭奪。

　　二〇一八年春節，村中富戶集資請縣劇團來為清靜寺和張灣村民唱戲表演，由於戲樓早已被占，戲臺搭建成為了矛盾的焦點。清靜寺與村廣場坐北朝南並列排布，門前是與樓房小區共用的行車道。戲臺搭建講究朝向廟門、朝向廟裡神像，若朝向西，一般對戲團運勢不利。而若將戲臺搭在道路上只能給廟中神靈的側面看戲，且阻擋了行人、車輛通行；若朝東搭建則神靈不能「看戲」。因此，村委會與廟管委會產生了爭執。廟裡人認為這是給神唱戲，「怎麼也不能把屁股讓給神看，這是對神的不敬。」[13]最後，村主任仍然堅持主見，朝東搭建了戲臺。不僅如此，清靜寺前殿的採光被對面的樓盤遮擋，致使前殿始終見不到陽光。這早已在私下裡被村民們詬病，一些人將村裡人遇到的生活「橫禍」歸咎於此。

　　村廟構成了張灣地方的公共生活空間。當村廟定期舉行祭祀等節慶活動時，除了人際之間的往來，還有鄉村集市中的小商品交換、物質與信息流動等。與之形成鮮明對比的是，鄰近的村廣場卻少有人聚

---

13 被訪談者：曹爺爺，廟管委會副主任，訪談時間：2018年正月初九，地點：張灣村廣場。

集從事社區內的公共活動。只有每年「火神聖會」排練、集合時會在村廣場進行，有時唱戲的戲臺也不得不搭建在廣場上。

在這裡，可以看到，無論是在城市，還是在鄉村，年輕人與村幹部對現代建築景觀都有一種心照不宣的看法，即廣場代表著向更美好的城市生活和公共空間靠近的現代心態。廣場所體現的現代生活方式、所隱喻的城市生活，符合國家大力倡導的「社會主義新農村」景象。當然，村民對「文明」生活的追求不僅體現在建築景觀層面，也試圖在生活方式上也有所體現。被歸入城市休閒生活的「廣場舞」也在村裡興起，它被視為現代社會通過集體空間從身體動作、移動距離上來規訓人們生活的具體體現之一。這種晚間鍛煉身體、兼有人際交往的生活方式，正在悄無聲息地廣泛流行於村民生活中。但與城市居民「廣場舞」不同，張灣村民把「火神聖會」才會出現的舞龍表演、扭秧歌等操練起來，當作晚間活動，給人一種「傳統」與「現代」有機結合的印象。

寺廟與公共建築的空間爭奪，實則是現代文明價值與傳統社會價值之間的緊張。現代化與發展的道德話語，讓村民享受到如同城市人一樣的「文明」生活，在觀念上建構起社會發展帶給他們的切身感受。而村民對「文明」生活的解釋顯然不願捨棄以往生活的樣式和更多元的內容，在「現代與發展」意識形態的基本前提下，他們用智慧填充著自身的道德語境，書寫著更為實質的日常生活。

二十一世紀以來，那些過去被視為「封建迷信」的傳統廟宇和信仰儀式得到了重新定位，有些成為非物質文化遺產，有些成為各級文物保護單位。「這意味著國家對『傳統』的價值判斷標準從單一的『政治為本』逐漸走向了大眾社會及其文化的多元視角。」[14]實際上，在

---

14 陳映婕、張虎生：《城市化進程中村落寺廟的復興——浙中H村將軍廟的個案研究》，《三峽論壇》2011年第4期。

調查中得知，村廟的翻建並未得到縣文物部門的允許，甚至縣文物部門還以「修舊如舊」的文物保護原則反對全部推翻、重建。村民、基層幹部、縣主管部門之間達成了一個默認的「共識」。這種民眾與官員、村落與國家的互相妥協實則是地方治理的智慧。因此，國家不僅是村廟信仰的管理者，更是民間信仰復興的參與者和道德主體。在調查中，副廟主曹爺爺多次強調「村廟是按原址、原樣翻建的」，這種態度更多地反映著村民內心的矛盾。面對破敗的村廟，他們既有意保護生活在自身周邊的文化和建築遺產，又擔憂違反國家文物「依舊修舊」的規定而被取締。因而，他們竭力使外人相信他們是在「保護」，而非「破壞」。

總之，清靜寺的重修與翻建歷程，是國家在場、文物知識與地方力量多向互動的共同結果。

## 三　重啟後的聖會

張灣的「火神聖會」在附近村鎮中是十分知名的。直到現在，每年的正月十五、十六日夜裡，包括周邊村鎮、縣裡，乃至市裡的人都會驅車前往「湊熱鬧」。特別是在城市（包括縣城）禁止燃放煙花爆竹後，「年味兒的變淡」使越來越多的人願意到鄉間，尋找這種流傳下來的集體性娛樂活動。調查中，現存的一張照片顯示了在康德元年（1934年），「火神聖會」慶祝偽政權警察第二署一分所在張灣成立的商民聯歡場景，說明在偽政權前期，該項活動仍活躍、興盛。

**圖十八　偽滿洲國時期「清靜寺」與「火神聖會」**

據縣志記載：

> 民國二十九年，日偽統治者為加強防範，嚴令取消廟會及群眾文化娛樂活動，解放戰爭時期，由於環境所迫，多處於停滯狀態。新中國建立初期，被視為迷信活動而取締。花會活動由村業餘話劇團或俱樂部組織實施。一九五六年，在「雙百方針」指引下，文化部門對花會進行挖掘、整理、改革，於一九五八年舉辦花會調演。「文革」中，除縣城及少數鄉鎮為慶祝「九大」召開，舉辦以工農兵和樣板戲人物為中心的花會外，多處於停頓狀態。

一九六九年中國共產黨第九次代表大會召開，時任黨的領袖為大造聲勢，號召全國大搞慶祝活動。張灣以扮成工農兵和「樣板戲」[15]

---

15 「樣板戲」是指：《紅燈記》、《沙家浜》、《智取威虎山》、《紅色娘子軍》、《奇襲白虎團》、《海港》、《白毛女》、《龍江頌》八個戲劇，形成於一九六〇年代。

人物的花會形式進行慶祝表演。一九七○至一九八一年,「聖會」處於中斷時期。一九八二年春節,在政府部門的號召下,張灣「聖會」重新興辦,延續至今。一九八五年春節,「聖會」赴灤平縣城演出一天。二○○三年,為慶祝「避暑山莊肇建三百周年」,承德市政府特邀張灣「火神聖會」的部分檔數赴市參加慶典表演。二○○七年,「火神聖會」被列入第一批市級非物質文化遺產名錄。二○○九年,「聖會」中吹奏的十番樂被列為省級非物質文化遺產名錄。目前,這一活動仍受到各級政府的支持。在張灣村民家中,我看到電視機上不時滾播著「保護非物質文化遺產,傳承中華文明,讓民眾親近文化遺產,共同構建和諧民間文化」的標語。

現在,火神聖會的資金由村委會號召、村民集資而得。訪談中,村主任表示:

> 資金來源是大夥兒湊得。有錢的湊唄,每年王恆誠、張秋清、李興亞、張秋雪都得掏,各機關單位,各人家這些年……都是村裡出頭斂錢,村裡斂錢給他們買東西,他們去也斂不上,也沒人給……一年得兩、三萬塊錢,一年給他們拿一萬塊錢衣服錢,連演出,化妝品,亂七八糟的這些。[16]

二○一八年一月三十一日(農曆臘月十五),我跟隨兩位會首赴北京採購「聖會」的用品,連同車費大致花銷在六千五百元左右。崔姓副會首掌管著錢財,提供來回的花費。剩餘資金作為酬勞最後要分攤給表演人員。二○一五年是四十元、二○一六年是八十元、二○一七、二○一八年均是一百元。二○一八年辦會,公布的捐款是一四一○○元,每個人捐款的數額與物品都寫在一張紅紙上,公布在村委會

---

16 訪談對象:村委會主任;訪談時間:2017年1月19日;訪談地點:張灣村委會。

左側的玻璃窗內。玻璃窗也是村委會公布村務的地方，在這裡每個人都可以駐足查看。每年的採購都要有一名村幹部跟隨，以避免村民們對會首產生亂花錢的誤解。資金的使用始終是民間組織的一個敏感點，村幹部的參與能夠在一定程度上緩解這種緊張，這也是對民間組織尋求正式組織合法性的一種手段。

據老人回憶，接送「火神」的儀式在六○至七○年代的嚴禁期間也未曾停止，只是公開的表演行為被禁，儀式轉為私底下秘密進行。送「地藏王」儀式由送荷燈、送瘟神演變而來，過去每當正月十六日晚，村民都會點散燈花（即穀糠拌麻油盛於紙盒內，意為「怨鬼屈魂」抱花燈而走）。人們將燈放在門後、牆根等火光照不到的地方，意為不使孤魂遊魂藏匿，引導他們出來。隨之，村民持燈送到村最東側的河道裡，燈順河流走，野鬼也跟燈而去。現在的「送荷燈」則是送「地藏王」至村東頭的田野地中，這與河水的流向相同。一輩子都參與聖會並擔任丑角，年近八十歲的趙姓老人說：「正月十六晚送的是『地髒王』，現在都寫成了『地藏王』。」在傳統文藝表演、神話故事中，「地藏王」掌管著地獄世界的鬼魂。「髒」字與「潔淨」對立，反映的正是對處於日常生活秩序之外的鬼魂的處理，非正常死亡的遊魂野鬼被人們視為不潔淨的、髒的，因而，需要地獄的掌權者將其「帶走」，以使人間世界重新「潔淨」。民眾不同觀點的演繹各有其主觀性，但無論是「地髒王」，還是「地藏王」，它所表達的含義均是對村莊內孤魂野鬼的管理。

在政治環境的不斷變更中，「火神聖會」的展演內容與形式隨時間推移不斷發生變化。有些內容或存留，或取締，或宣揚，但其總體結構仍得以延續。新的國家權力進入村莊後，各種現實的制度規定使「火神聖會」頗具官方色彩，更加深了該活動的神聖性、現實性。隨著現代社會轉型，政治－文化因素進入「聖會」又開始了新的意義疊寫，並以非物質文化遺產的形式重獲生命力。「聖會」在解放前，慶

祝「偽政權」；解放後，宣傳共產黨、毛主席；在「文化大革命」期間則或被停止，或被改造加入「樣板戲」人物；改革開放後，又宣傳改革政策、計劃生育等，同時也加入了愛國歌曲表演。近年來，有的「政策積極分子」[17]在「火神聖會」上懸掛宣傳有線廣播電視的綬帶，借文化符號「搭便車」。

　　除了二〇一九至二〇二二年「聖會」因新冠疫情原因暫停展演，二〇二三年以後，「火神聖會」出現了一些新的變化，比如接火神的小廟建了起來（2024年）；原來取消的小秧歌、寸子等表演檔因學齡兒童、年輕人的加入而新建起來（2025年）；技藝性較強的「二貴（鬼）摔跤」也重新出現（2025年）；人們用手機、相機記錄也變得更加頻繁，抖音、快手、微信朋友圈等自媒體都在播放著這些隨手記錄的民俗視頻。有一位當地年輕村民的朋友圈這樣記錄道，「煙花總能點燃年輕人心中的熱情，讓原本陌生的人在煙花綻放的瞬間，一同感受美好，不分你我，匯聚成一股溫暖而特別的力量」。其中，最讓人驚訝的是學齡少年、年輕學生們的參與，他們給「火神聖會」的活力、傳承與更新提供了極大助力和鼓舞。這些新現象都揭示著傳統民間習俗本身的強大生命力，雖然在特定的轉型時期，人們會根據自身的境遇而放棄或轉變民俗樣態，但一旦轉型稍加穩定，那些傳統倫理、習俗便會繼續生長、再現出來，繼續吸引諸多年輕後輩參與其中。人們也會在娛樂性表演與神聖性祭祀的結合中，潛移默化地感染後繼之輩，從而使這項活動延續下去。

　　二〇一八年，與縣文化廣播電影電視局的工作人員訪談時，「非遺」工作的負責人跟我說了一些申報時的細節。他說，在申報「非遺」的時候，由於有一項程序是影像記錄，縣裡就派人去拍攝一部宣傳用的片子。為了避免與封建迷信扯上關係，在拍攝過程中，他就勸

---

17 這些人大多是村內公共事務的活躍分子，他們積極參與政府支持的政策宣傳並大多具有黨員身份。

誠人們盡量不要有燒香燒紙、集體下跪、請神磕頭的場景。但事與願違，人們燒香磕頭的行為並沒有因攝像機的「在場」與「非遺」的國家敘事，而有絲毫迴避。因此，在評選時，張灣的「火神聖會」被評為市一級「非遺」，沒有得到省一級的待遇。由此可以發現，地方知識與現代標準之間的差異與緊張，對地方有意義的事情不一定符合現代社會的遺產標準。畢竟，下跪、磕頭、燒香迎神這些看似「荒誕不經」的地方觀念，很難納入現代理性和文明敘事的話語體系中。但就是這些看似「非文明」的行為維繫著人們與歷史、地方、區域之間的感性關聯，抵抗著現代性的文化規約。

二十世紀五〇年代以來的社會變遷中，起作用的仍是張灣人的信仰觀。雖然文化系統內容發生了變化，但是它的結構變化微乎其微。從這個意義來說，文化會將自身作為歷史，再生產出來。它的趨向是將外來的文化要素融入自身建構的系統之中，從而將情景作為結構加以整合，將事件視為它自身的一個版本。[18]通行於北方鄉村的社火活動的重要生成語境，是移民社區生成過程中的文化交流與融合。[19]在這種語境下，張灣「火神聖會」被視為一種流動性與整合性並存的文化現象。在現代社會變遷中，探討其背後的深層結構與象徵意義，揭示了民間儀式展演中的社會結構特徵。

隨著「火神聖會」的不斷變遷，不同權力類型通過選擇不同的歷史來選擇文化，對傳統的切割也成為為權力服務的基本手段。但無論這些權力如何「疊加」文化內涵，其借助的符號結構始終如一。從張灣可知，文化傳承與發展依賴的一個基點就是本土符號結構，「聖會」的符號結構注定了這項展演儀式的可塑性生命歷程。民間文化因非物

---

18 〔美〕馬歇爾・薩林斯著，藍達居譯：《歷史之島》（上海：上海人民出版社，2003年），頁301。
19 李巍：《移民社會的文化記憶——朝陽社火文化的象徵意義闡釋》，《西北民族研究》2009年第1期。

質文化遺產的保護運動而具有政治合法性,但在實踐過程中,民間信仰的核心祭祀對象雖被遮蔽,卻依舊存在。正如黃劍波所言,國家力量在不同的政治環境下可以成為民間信仰與儀式興衰存亡的決定性力量,它既可以利用暴力工具摧毀民間的儀式場所和道具,或通過特定知識和規範的灌輸促使民眾自動放棄這些儀式,也可能處於經濟目的或政治治理(governance)的考慮而徵用民間儀式及其象徵符號。[20] 接送「火神」、送「地藏王」儀式作為表演的核心內涵是該項活動得以保留至今的最重要實質,也可以說這樣的儀式象徵具有可被重塑的價值,能夠與歷史意義的過去建立起連續性。神聖性的儀式展演與現實性的實踐形式二者雜糅,使這一民間信仰呈現出傳統復興的態勢。

## 第二節　私人的顯現

### 一　倫理化的神、仙

　　一般來說,「私」的概念是與「公」相對應的。在田野中,我發現村民個體的背後是家庭這個實體,因此「私」領域並非僅指單一的個人,而應擴展至家庭層面,與社區的「公」領域相對應。私領域的民間信仰因其個體性、特殊性而不易被人捕捉,並且受社會環境的影響,私領域的信仰不易顯現。因此,我通過描述一位年長者的生活經歷,試圖從個人生活史來洞察民間信仰私領域的變遷狀況。

　　王奶奶是我在張灣最重要的報導人,她的祖輩是從口裡遷到口外的。她身材瘦小,滿頭白髮中還摻雜著些許未褪盡的青絲,臉頰的皺紋正映襯著她飽經風霜的生活經歷。一九四〇年,王奶奶出生在張灣以西的一個名叫大屯的村裡。她是家裡七個孩子中最大的,有兩個妹

---

[20] 黃劍波:《鄉村社區的信仰、政治與權力——吳莊基督教的人類學研究》(香港:香港中文大學出版社,2012年),頁167。

妹、一個弟弟、兩個同母異父的妹妹和一個同母異父的弟弟。她的祖父和兩個父親都是農民，他的親生父親以靠給戲班敲小鼓掙錢，那個時代的生活一直處在為生存而掙扎的水平上。在她五歲的時候，剛剛能夠記得一些事情，沒想到留下的記憶卻是親生父親的過世，而最具傳奇色彩的是她彷彿能夠看到一些其他人不能看到的靈異現象。

據她回憶：

> 我是正月初六出生的，在我家，我媽玩小條胡（類似於麻將），就一年花銷的錢，都能掙回來了。給我穿的小衣服很多，那個月她的手氣就是好，贏的錢也多。要不說我家怎麼偏疼我，我媽說我有福。人家那裡死了人，我這眼睛就能看見，送葬的人在哇哇大哭，哭了好半天了。我說你們別哭了，那人不騎毛驢走了麼，騎毛驢走的，就在那呢。他們嚇得上一邊躲著去。[21]

說著的時候王奶奶笑了，接著說：

> 那時候歲數小，不懂得，就知道看見啥說啥。我家我爸爸死了，地下有挺多小貓在那兒來回走，有長得很高的一個人，在我爸爸前邊站著，我還說媽，你瞅這個人在我爸前邊站著呢。我媽說，要死的你，你胡說什麼呢。把她嚇得啊，上炕旮旯用被蒙著去。那你說我看著了，歲數小，不懂得這些事，就知道說出來，要在現在就不說了。[22]

---

21 訪談對象：王奶奶，普通村民，曾參與修廟；訪談時間：2018年1月3日，訪談地點：王奶奶家中。
22 訪談對象：王奶奶，普通村民，曾參與修廟；訪談時間：2018年1月3日，訪談地點：王奶奶家中。

鄉土中國的個人信仰總是與個人生活經歷有著密不可分的關係。正是人們親身經歷了，才會相信這些，並將之內化為自己的行動規範，或是指導，或是禁止。王奶奶一直認為婚姻是影響一個女人一生最重要的事，婚姻的不幸會使人一輩子都難逃劫難，特別是在女性地位極其低下的傳統社會。由於家境貧苦，母親改嫁所帶的以前丈夫的兒女也會一同進入新組建的家庭，由此給後繼父親帶來了沉重的壓力。王奶奶回憶，她和二妹在正月初一還要被繼父要求去地裡刨扎子（玉米根），用來燒火。她在一九五七年從村裡嫁到張灣村時才十七歲，結婚的時候，是丈夫家的一個侄子，駕著一輛馬車去接的親，這家窮的馬車上都沒有搭棚。在她出門子（女方出嫁）時，她的繼父還詛咒她：一輩子也好不了。因此，老人說自己這一輩子的爛事（坎坷）這麼多，都是跟出嫁的時候被親人咒罵有關。王奶奶還提及，當時她嫁過來主要有三點原因：一是張灣的地方好，街大還有廟會，也能看到火車；二是她的婆婆人憨厚、實幹；三是丈夫家同意她去縣裡學習。但嫁過來之後，原先答應的條件都「變了卦」。結婚時的家具都是現從供銷社賒的，婚禮完畢後還要送回去，而婚禮之後，一貧如洗的家裡剩不下幾件家具。因此，只好求助於娘家對她的支持與互助，而這對老人來說也是不易的。

　　她在年輕時，生育了四個孩子，第一個便是女孩。在那個時代「重男輕女」的思想主導下，她忍受著公婆對她的歧視，比如不給她坐月子的糧食。所幸，她的第二胎是一個男孩，在這個孩子長到四歲時，因為得了痢疾，沒了。那時，她剛剛生下第二個兒子第六天，她瘋癲到想去跳河，被村裡人勸了回來。之後，她又生了第三個兒子，就是現在在市裡上班的章江。第二個兒子在他二十六歲那年離了婚，而離婚兩個月後，他就因為觸電而死。她丈夫把此事歸結於兒媳婦的「耍性子」，說她受娘家媽的挑唆，要把兩個老人攆出去，目的是要獨占家裡這處院子。而作為一家之主，王奶奶丈夫才不同意這個事。王奶奶說，他倆離婚的時候高高興興地就去辦手續了嗎，尋思還能回

復（復婚），沒想到後來。二兒子留下了一個男孩，大兒媳還在丈夫出事後回來哇哇大哭，要看兒子，但被王奶奶丈夫關在門外，不被他原諒，也不讓她接走自己兒子。二兒子出事後，王奶奶丈夫自作主張把小兒子的房子賣了，讓小兒子與兒媳搬來跟老人一起住。現在，她的小兒子和大女兒都在離村莊四五十公里的城市生活，兒子一家三口已在市裡買房定居，他們多次勸說老人與他們一同居住，但老人仍是不肯離開張灣。老人的丈夫在一九九九年得了腦血栓導致「半身不遂」（半身癱瘓），並於二〇〇二年去世，自此以後王奶奶在張灣帶著孫子生活，過年過節兒子與兒媳會回來。二〇〇六年，孫子初中輟學，托了她妹妹的關係去市裡的修電機門市當學徒工。後來聽人說才知道，王奶奶的丈夫讓村裡人在火神爺前打了，當天晚上，就得了病。

王奶奶說，她五十多歲那年，得了一場重病，當時連說話都沒聲了，醫院已經不治療了，說是尿毒癥（醫學稱腎功能衰竭）。其實她覺得不是那個病，而且態度決絕。隔壁鄰居家的曹爺爺和他的老伴兒會氣功，說要給王奶奶治治，但她沒有同意，她知道他們也是為了自己好。後來，村裡的赤腳醫生周大夫來了，摸了摸脈，說我大嬸是虛病多、實病少，沒大事，你們家「長仙太」在跟前保著呢。周大夫給老人開了四副湯藥，就走了。王奶奶丈夫跟兒子又去找周老婆兒看香，周老婆兒給擺弄了一下，說「拉黑屎，尿黑尿，你這人間飯才吃」。按照她說的，王奶奶喝了三碗水之後，她的病漸漸地好了。王奶奶說：

> 我為什麼歸到廟裡不出來呢，如果沒有親身經歷這些，誰也不能信這些事。打那以後天天忙著去修廟，張張嘍嘍，直到今天。我跟李奶奶（村民），我倆出去為了修廟斂錢去，我拿著一個包，到處斂錢。[23]

---

23 訪談對象：王奶奶，普通村民，曾參與修廟；訪談時間：2018年1月3日，訪談地點：王奶奶家中。

說到這裡，勾起了她的回憶，讓她開心不已。王奶奶笑得很開心，說：

> 你像那個，信這些東西，我體格好了，辦啥事順當，這不是先頭我走道都沒勁兒，不利索，身體賴著呢。接這兒往後，我覺得這體格好了，這不是。實際上，關老爺挺有靈氣的。[24]

二〇一五年初，她患上了帶狀疱疹，當地人稱之為蛇盤瘡，認為這種病症從前心部位到後背相連時，能夠致人死亡。疾病治癒後，在她身體上留下了後遺症，經常折磨得她疼痛難忍。王奶奶在廟裡奔波的十多年（1999-2014）恰恰是她身體最好的時候，自從二〇一四年底得了病之後，她就逐漸從廟中退了出來，她自己也說，把阻礙我工作的這些人（兒女、丈夫、親戚）都支走了，家裡就剩我了，她覺得這是她的任務。而得病時，也正是廟裡上訪、換屆風波之後，她認為這都是「上方」（神界）安排好的，「上方」讓你怎麼做已經安置好了，現在是退的時候了。二〇一六年春節，得病的王奶奶去了新修的廟裡上香，但是在上完香後在廟裡就走不動道了，他的孫子將她攙到了離廟不遠處的衛生所。衛生所能看虛病的「赤腳醫生」周大夫把過脈後說，你不能再來廟裡了，你是老人，體格（身體）又不好，這些神靈都來看你，你就「受不了」。回家之後，王奶奶緩了緩，就沒事。她認為，村廟是充滿了神力的空間，因為這種力的存在，一般人不能隨意靠近，特別是小孩、老人以及得病的人。神力既可以保佑人，又會衝撞人。

在私人領域，民間信仰復興與公共領域呈現出不同的狀況，與其說是復興不如說是由隱性轉為顯性，其權威在於個人感知經驗的真實

---

24 訪談對象：王奶奶，普通村民，曾參與修廟；訪談時間：2018年1月3日，訪談地點：王奶奶家中。

性。「保家仙」信仰與祖先崇拜的公開祭拜使這種祭祀儀式更加生活化，增強了人們在現實生活中的家庭歸屬感，其所編制的一套倫理網絡也連接著村民的彼此關係。

在詢問「保家仙」信仰時，王奶奶回憶起當時的情況，說：

> 我公公家在土改期間被劃為富農，當時紅小隊就追著我們家的（指丈夫），就要抓他、打他、批鬥他。他跑到一邊，拿出三根金色條賬，雙手一合，紅小隊的人跑過去，其實看腳也能看見。他就在裡頭蹲著，人家就沒看著，這事就是「長仙爺」用的障眼法。我們家就特信，我們家的「保家仙」有能力著呢！我家的狐仙，就在我婆婆在的那時候就有。[25]

王奶奶年輕的時候也是不信這些「仙」的，用她的話說，這也看不見、摸不著的，誰信啊！有一回，她就不信了，心想，我今天出趟門，有人接有人送就服你們了。果然，她一到大道上就有一個親戚開車順道把她接走了，等她到了娘家，她二妹子和二妹夫正好出門碰見了。她說，還真就有人送有人接。那她也不信。還有一回，王奶奶跟丈夫生氣，預備了兩包耗子藥，準備吃了。都倒好水了，因水熱，就尋思等會兒。這個時候正好二妹子跟妹夫來看她，說著話，就把吃藥的事忘了。王奶奶說，這都是仙家派人看著呢。等她丈夫出殯的時候，因時辰不對，王奶奶總是昏昏沉沉的，她二妹夫見了，請來了周老婆兒，說是出殯時間不對，早了十分鐘，她給侍弄侍弄，之後就好了。

隨著生活的日積月累，「保家仙」的供奉活動成了王奶奶定期要做的事。回想起當初，王奶奶說：

---

25 訪談對象：王奶奶，普通村民，曾參與修廟；訪談時間：2018年1月3日，訪談地點：王奶奶家中。

有一年，我在家躺著，身上就沒有勁兒，睜不開眼睛，等會兒我上街了，碰見那個道口的四嬸（香頭），她說丫頭你上我這來，我說幹啥啊，她說你來得了。說你們家有仙位，我說啥叫仙位啊。她說那個，長仙、狐仙、黃仙，你放個香爐碗，燒燒香你就好了。我不信這些事這個。就這麼著，就放了個香爐碗，後來慢慢就好了……那功夫，家裡的日子老是不太平，總有這事那事的，我家老頭兒就上下南溝村看香去了。回來在小屋供奉了一排香爐碗，供著一排也不管用。有一天我上大隊部，常公（香頭）也在那裡，他說我上你們家，我說上我們家幹啥去。那會我家在小屋供了一排，有六、七個香爐碗，下南溝村的香頭讓供的。他來了，還沒進屋門，就到小屋把那幾個香爐碗都給扣翻了，就上裡屋說話去了。我心想，這怎麼弄啊，他給扣翻的啊，這肯定有啥事。等傍晚，那我得去問問去，我買了一條菸，我怕他不要，先打開一包，抽一顆。他說你幹啥呢，我說咱們抽菸，我問問，你把我們家香爐碗都扣翻了，那我們家往後有啥事咋辦呢。他到下南溝，人家看的香，讓這麼供。他說你知道今天，為啥上你們家扣碗去嗎？你們家長仙爺來找我了。他不也會看香麼，我說那怎麼辦啊，他說你就上你們外屋，就放兩個碗，保家仙一個，菩薩一個，就這兩個碗，放到外屋，趕三碗麵條，上三炷香，就行了。我還想還省事了。就這樣，日子慢慢平靜下來了。[26]

在張灣，人們對「保家仙」的稱呼有時與佛教的稱呼是混合使用的，對一些神靈，均用「菩薩」一詞來泛稱。這與佛教中，菩薩普度眾生、不計較小事的代表形象相吻合。

---

26 訪談對象：王奶奶，普通村民，曾參與修廟；訪談時間：2018年1月4日，訪談地點：王奶奶家中。

在王奶奶的話語裡，我們可以得知，人們的實際生活是與親屬關係密不可分的，每次個人的「危機」關頭，大都是她的血緣直系親屬幫助化解的。王奶奶也將親屬與信仰關聯起來，看似「保家仙」在護佑，實則是親屬的幫襯。而且「保家仙」並非萬事萬能，它只保佑家庭成員平安順利、逢事化吉。在給人治病方面，其實這兩者是有些相通的，家人在遇到疾病的時候，為了使家裡人快點好起來了，而求助於「保家仙」。這裡並不是說，神靈能夠直接保護家裡人不做任何治療措施就能使疾病好轉，而是祈求在求醫的過程中，保佑這個行為能夠成功，做到「藥到病除」。比如你可以問問香頭這個病到哪個方位去治；如果有人總是結不上婚，問問香頭，媳婦是在哪個方位的，等等。而且在看這種「香」時，可以發現，香頭總是指出一個大致的方位，而非精確的地點。也就是說，「看香」之前，任何事情都是先按著正常程序進行的，求神、看香只是幫助人在生活變化過程中獲得一些心理安慰。當然，如果正常程序無法滿足人的要求時，人們也會求助於神靈與香頭，此時，與上一種情況一樣，大多數也只是為了心理安定，不會完全沒有作為。

　　因此，就存在著這樣一個邏輯，**人們信奉神靈，但不會向神靈直接求得結果，而是保佑人們在求得結果的過程順利**。其實人們祈求的是自己的努力能夠獲得相應的回報，如果高於回報預期，人們就會更加信奉；如果低於回報預期，人們就會尋找其它心理安慰。這與純粹的「不勞而獲」是迥然相異的。總的來看，人們有著自己的信仰觀念和實踐邏輯，這是基於他們自身的生存環境而形成的知識系統使然，不會因為外來者的片面報導與標籤化想像而改變原意。

　　近代以來，「保家仙」信仰因未得到國家層面的正式認可而不具有合法性，這一信仰形式也被明令禁止。但它在民間並未徹底消失，而是以淫祀或雜祀的狀態通行於民間社會中，特別是在東北鄉村地區。目前，「仙家」的供奉在張灣村民的實際生活中，主要在婆媳代

際之間傳承。全村人幾乎全部供奉「保家仙」，供奉「保家仙」的仙堂在每家都有固定的地方。一般都會在陰暗無光、內屋、側房等處安放，或寫牌位、或不寫牌位，坐北朝南或坐西朝東，並且都會放一或幾只香爐碗，以供上香。這些牌位主要是由紅紙書寫，名叫堂單，貼於牆上，臨過年時更換。「一般來說，堂子分為上方仙堂子和地仙堂子，地仙堂子是把仙家名字寫在紅布或者紅紙上，而上方仙堂子是寫在黃布或黃紙上。另外，保家仙的堂單有的用紅色，有的用黃色，據說是因為紅色堂單有招兵買馬之意。」[27]我在張灣，並未見到有用黃紙貼的堂單，且一般人家不會說自己家的仙家是上方的。而懂一些仙家的老人卻會說自己家的仙家是「上方」的，以示能力高於其他人家。由此推測，普通人家的仙兒均屬家庭供奉，而上方仙則是保家仙的上級。有的人家在仙堂中也同時供奉財神爺、觀音菩薩等。在近幾年臨近春節的集市中，賣年畫、對聯的攤販也會販賣寫有「狐仙、長／常仙、黃仙」等字樣的「仙位」堂單。這種堂單的公開販賣意味著該地區村民對其需求的逐漸旺盛。

「保家仙」的祭拜儀式以上香為主，祭祀只能在自家屋內。村民的供奉主要有兩類：一是逢年過節的周期行為；一是求事解厄於「仙家」。每當節慶日子，村民往往會在家上香、擺供品，保佑家宅平安、家人身體健康等。家中有事時，比如孩子升學、家人得病、結婚生子等，人們會上香、燒錢求「順」。上香、燒紙錢視事情輕重緩急而定，一般只燒一把小香[28]，二十至三十個紙質「金元寶」；當有大事、急事時，就會以特別的香火方式尋求「仙家」保佑，比如一根香是緊急香，一般在生死救命關頭使用；三根香是平安香。供品主要是饅頭、糕點、果品和菸、酒，另外，每當過年、過節時候，做好的飯

---

[27] 王偉：《佛教神通與四大門——近代以來我國東北地區的仙佛信仰》，《世界宗教文化》2018年第5期。
[28] 一封香分為五籽小香。

食要取出一小部分先給「保家仙」上供。在張灣，人們對「保家仙」的稱呼，一般包括：「狐仙爺、狐仙太」、「長仙爺、長仙太」、「黃仙爺、黃仙太」等。同時，也會與佛教的稱呼混合使用，對一些在家裡「神顯」的神靈，也用「菩薩」一詞來代替。因此，我們可以看到，這一地區「神、佛、仙」共存的現象，其特點就是多神雜糅、仙佛並存，呈現出四大門信仰與薩滿教、佛教、道教的整合樣態。

近十年來，「保家仙」信仰的表徵形式出現了諸多變遷。

首先，人們上香用的元寶不再有銀紙品，而全部改用金紙品，元寶的數量及樣式也呈逐漸增多、增大的趨勢，以至出現了「墩寶」[29]、「蓮花寶」、「金條」等。村民認為，這些東西是國家允許的，否則為什麼不禁止金銀紙的生產與銷售。但在當地的商店中，由縣市場監督管理局下發的《不進不銷不存封建迷信殯葬用品保證責任書》貼在不那麼明顯的櫃檯前面，店主的名字簽在責任人的簽字處，但這並不妨礙人們購買消費、商鋪進貨買賣。

其次，現代建築類型的引入，使傳統「仙家堂」逐漸從主房退至廂房、偏房安置。祭堂位置的空間轉變，表明這一信仰正在隨著觀念的轉化而退居次要位置。莊孔韶也認為「現代建築的改變使得『四大門』信仰中的動物形象正在相繼消失」。[30] 在調查中，我發現除了傳統對三種動物的供奉之外，還多了對「鹿仙」、「虎仙」等的供奉。從對「保家仙」稱呼、更改祭堂位置，到對其供奉物品的轉換，人們均試圖在人仙之間建立起一對一的、供奉與護佑的關係，表明了人們對這一信仰的公開信奉。這些現象可以將物質資源的豐富與商品經濟的發展視為民間信仰復興的一個重要原因。

---

29 由一張金紙折疊而成，外形如王冠狀，村民的換算比例為十個元寶等於一個墩寶。
30 莊孔韶：《宗教人類學研究的兩個整體性原理》，《青海民族研究》2015年第1期。

## 二　佛教化的家仙

「上方仙位頂佛大」，王奶奶如是說。在張灣，有一些供奉家仙者也稱自己是修佛的人，並以佛家弟子自稱，王奶奶就是其中一位。他們往往在承德大佛寺拜一位僧人為師傅，定期在家進行念經、持戒、朝聖等活動，不過這些都帶有個體性，並非集體行為。其中，定期朝聖成為部分村民的必要活動。他們在那裡取得出家師傅的話語教導、物質饋贈、精神滿足。王奶奶有三個皈依證，分別是二〇〇五年、二〇〇七年和二〇一二年頒發的，上面寫的師傅都是羅桑斯成。但王奶奶的法名有三個，分別是慈維（2005）、妙音（2007）、羅桑卓瑪（2012）。皈依的寺院都是承德普寧寺。我在村裡時（2018年），經常來王奶奶家串門的小姚（超過70歲）說，她在普寧寺與王奶奶的師傅是同一個人，而且，她還在興州村的觀音廟拜了一位名叫巴特的蒙古族佛教師傅，且定期要去這位師傅那裡朝拜、聽課。每次去，她都會給師傅帶一些茶葉、生活用品等。由此可窺，這一區域的信仰形態、村民的信仰觀念與區域中心（承德）乃至國家的漢傳佛教與藏傳佛教的並存、轉換與文化傳播，有著密切關係。

王奶奶在閒聊的時候還跟我說過她的一個神顯事蹟：

> 她女兒與女婿搞對象的時候，去玩套圈，套回來一個菩薩像，王奶奶就把它放在小屋裡好好地供了起來。修廟的時候，修廟的人都認了認，我問他們這是誰啊，誰都不知道。有一天在仙家位上就說話了，他說你就管我叫王英武吧，在你們家好幾年了。我說這麼著吧，我就管你叫菩薩，也省事，它說行。就這麼著，也給它上了香……還有一回，我在廟裡幹活兒時間長了，有一個菩薩老母就跟我說話了，要認她當乾女兒，她也是仙界的。我說我就管你叫菩薩老母吧，她說我最小的女兒都比

你大,行,我就收了你這個小女兒。[31]

這些在家供奉保家仙的村民會將供奉的仙家用「菩薩」之類的佛教用語稱謂,且他們大多熱心清靜寺的諸多事務。他們會將家裡供奉的一些偶然得到的佛像主動送入清靜寺,乃至普寧寺中,並認為一般家裡的香火根本供養不起這類神佛,反而會招致禍端。王奶奶跟一位鄰居譚家媳婦聊天時,說:「多做點善事,神佛自然就保佑了⋯⋯那些當香主的要錢多,早晚得下地獄,它是為大夥兒救苦救難來了,如果你收錢多了,違反了天條。學佛的人呢,更省心,省得惹事,沒有這些歪門邪道,也沒人說閒話。」譚家媳婦也經常跟串門的人說:「嘴不是一個好東西,說啥是啥,說壞人好、說好人賴,嘴是一業。」在村裡,這樣的佛教信徒與非佛教信徒沒有明確的界線,民間對佛教的尊崇也不是以佛經來判斷,誰都可以說自己是信佛、修佛的,並從中獲得自我安慰與神聖意義。一般,如果誰家有了「出仙根卻出不來」的人,人們就會勸他去學佛,以此來壓制仙家的「搗亂」,讓生活回歸正規。因而,我在村中的一個直觀感受是:鬧騰的人家常有頂仙的,不鬧的人家多有學佛的。

除了家庭層面的仙佛雜糅,從清靜寺內的總管「長仙」也可發現,家仙與佛教之間保持著相當程度的雜合關係。

該地區的佛教觀來自於區域中心的神聖力量,並將其與地方實踐相互糅合在一起。承德自康熙年間,開始作為清朝中央政府的夏都,興建了一系列滿足中央政府職能的宮廷寺院、樓臺觀榭。除了避暑山莊作為皇帝處理政務的宮廷住所外,朝廷還修建了懷柔蒙古、新疆、西藏等封臣的藏傳佛教「外八廟」。[32]其中,普寧寺是承德藏傳佛教的

---

31 訪談對象:王奶奶,普通村民,曾參與修廟;訪談時間:2018年1月4日,訪談地點:王奶奶家中。

32 「外八廟」是承德避暑山莊東北部八座藏傳佛教寺廟的總稱,受清理藩院管理,與

中心,因寺內擁有世界上最大的金漆木佛「千手千眼」觀世音菩薩,也被承德人及其外縣人稱之為大佛寺,並稱住寺僧人為喇嘛。大佛寺現有眾多住寺喇嘛,其中不乏來自西藏、青海、甘肅等藏區的僧人前來住寺修行。每年過年都有各色人等來到這裡進香朝聖。這些周邊鄉村地區的在家信眾通過與社區外的區域中心的正統力量建立聯繫,而充實自身的神聖感。由此形成的一套與域外相聯繫的行為倫理使他們相信外部的力量更具有神力,個人可以從外部充實自身而獲得力量。一般的外來物,個人不可輕易獲得,更告誡著人們不可貪心過多,招致禍端。在域外獲得的神聖力量必定會對自身的能力提升起到重要的作用,因而承德的宗教管理、文物保護部門也成為村廟重建獲得合法性的文獻資料來源,無論是否能夠從這些地方找到真實的相關資料。

## 三 市場化的喪葬

在喪葬方面,喪葬儀式、周期上墳等公開活動在村中已成為自然之事,喪禮之間的隨「禮」、幫工還會進行,但參與程度卻逐漸下降。目前,商業性的喪葬隊伍發展較為迅速。據我的報導人說,現在有人去世,會直接找喪葬隊,為的是省時省力。一般村子裡都會有專門從事這一業務的商鋪,他們會提供專業化的喪葬知識,而且也不局限於鄉村土葬。如果有人在醫院去世,他們也會按照一套火葬的方式進行。喪葬隊伍的分工十分精細,有的負責勘察墓穴、時間;有的負責上山挖穴;有的負責將棺材運送至墓穴,還有的負責下葬、填墳等一系列工作。而孝子只是象徵性地做一些開始動作,比如挖第一銑

---

北京喇嘛印務處註冊,因其地處古北口外而得名,即口外八廟。該寺廟群興建於清康熙五十二年(1713年)至乾隆四十五年(1780年),包括普寧寺、普陀宗乘之廟、須彌福壽之廟、安遠廟、殊像寺、溥仁寺、溥善寺、廣緣寺。參見傅清遠、楊立平:《承德外八廟》(北京:中國建築工業出版社,2015年)。

土、第一下填墳等。墓穴的選擇即使是祖墳，也會找風水先生先行查驗確定，以求順利、平安。

在過去，喪事都由親戚、鄰居幫忙進行，現在只要支付給喪葬隊費用即可。喪禮結束後，「隨禮」的親朋好友會在一起吃一頓飯，過去在家舉行的「流水席」現在也轉移到了大一點的飯店，一層即可滿足所有人的共同用餐。在觥籌交錯間，人們彼此交流情感，相互熟絡閒聊，甚至建立關係，喪親送葬的感覺已然掩蓋在人群的酒席交流之下。而且敬酒的順序也定為逆時針，意為追憶逝者，時光倒轉。逝者的孝子在司儀的引領下，會向參與的親屬、鄰里、朋友一一敬酒，表達謝意。司儀一般是由村裡能說會道的人擔任，也有村幹部、親屬擔任的情況。近幾年，墳前立碑已成為一種趨向，人們會將先輩夫妻的名字、立碑時間、誰立的碑刻於墓碑上。同時，在購買祭祀用品時，人們也隨意交流，不會遮掩。

殯葬服務的專業化、市場化確實在處理相關事務上給人們帶來了諸多便利。這一趨向表明，市場經濟已與傳統喪葬習俗進行了相互融合，喪葬儀式逐漸理性化、程序化，也意味著其所蘊藏的行為意義逐漸淡化。雖然如此，但誰家也不會不舉行這樣的禮儀。近年來，村民們尋根溯源、修族譜的風潮也在微微興起，人們希望找到同一血緣的親屬並按輩分排列，找到個人自身的歸屬，集體祭祖行為也隨之出現。

# 第三節 意義的「疊寫」

## 一 村廟意義的疊加

村廟復建過程中，清靜寺被認定為「念佛堂」、村廟建築被定性為「古建築」文物遺產，這兩項現代名稱表明村廟信仰的意義已「疊加」上了現代國家的話語，其存在價值正面臨著轉型，而傳統的儒釋

道價值在官方認可的「文化遺產保護」中被覆蓋。在國家重建「宏大歷史文化」的過程中，基層鄉村同樣需承擔為歷史敘事的參與職能。其中，村廟所具有的超越性價值，正是在民族國家的話語體系中成為「被選中的遺產」，雖然從表面上看，它只在某些具有儀式性的相關領域起著作用，僅在一些特殊的時間節點顯示出自身的價值，但正是這種周期性和節奏感的不斷重複，更使得信仰群體不斷「回歸」到儀式關係中。從「特殊時刻」衍生而出的「日常生活」具備更廣闊的情境，歷史的「民間書寫」也在其中得以延續性地展開。社區的集體活動不僅是規範著人們身體實踐的價值標準，也是在互相分離的村落、鄉鎮中控制人們群體關係的政治工具。這兩種標準構成了整體社會生活的不同維度。王銘銘指出，「神堂重建，不但是『歷史記憶』之類的『社會事實』，它更意味著社會重建。」[33]翻建之後的功德碑記載：

> 清靜古寺，歷史悠悠，幾經興廢，歷經滄桑。改革開放，國泰民康，原址複貌，寺院重張，揚慈善之衷腸，燃佛燈以弘揚。承佛教之優良，八方信徒，慷慨解囊，立功德榜……

這些內容與歷史上的祠堂、廟宇、橋梁等公共性建築修碑立傳極為相似，宣傳著「家國興盛、天地人和」的時代景象，也意在說明地方「物質遺產」及所代表的信仰內涵對地方認同的象徵意義。同時，與公共建築的廟碑一樣，結尾處會附列上貢獻較大的地方精英名單。「國運昌盛」的時代畫面、地方信仰認同的表達以及地方精英在重建認同過程中的主導地位，共同構建了村廟活動的核心內涵。

這一事實與另一事實是相對存在的，即重建過程中，不同群體和利益代表者之間的不同觀點。

---

[33] 王銘銘：《「道德環境」與文明——涂爾幹之學的啟發》，《學海》2018年第2期。

在實際活動中，原來復建的負責人章樹會搞一些民眾認可的「看香」、「算命」等活動，卻對保護村廟建築不太上心。隨著清靜寺的建築出現牆體滲漏、歪塌現象，在群眾舉報中，他被縣民族宗教局「拿下」。民宗局也因宗教活動場所的違規、危房等現狀而收回了宗教活動場所證明，縣民宗局副局長表示不會再授予清靜寺宗教活動場所的證明，因為它不屬於正式宗教，而強調其「民間信仰」身份。現在的廟管委會成員既視其為文物單位，悉心保護，又努力爭取獲得宗教活動場所證明，而村委會則徘徊在「上級」與「下級」的搖擺之中。由此可見，國家主流話語與民間社會的地方意識和民眾實踐產生了誤差，不同的意義闡釋又在不斷地「試錯」中加以彌合。最終，民間話語逐漸被掌握權威的官方話語壓制、理順。

　　除了向官方尋求認可外，廟管委會成員和熱心廟事的村民還會以「神顯」的方式來為清靜寺尋求神聖合法性。我在調查中，先後有好幾位村民向我聲行並茂地訴說著「佛光降臨」的事蹟。「佛光」是由一位不知從哪裡來的和尚帶來的，那是在二○一五年十一月清靜寺竣工之後。當時他雙手一合，「佛光」就出現在天空中，在場的村民都感覺到無比的舒適，甚至還有人痛哭流涕、下跪叩拜；而村民也說，在剛開始重啟村廟的時候，天上的雲就呈現出兩條龍耍一個紅球的樣態。這些話語固然與清靜寺規模擴大的重建有關，卻代表著當時人們的心境。

　　在話語與實踐方面，村廟內部也在不斷建構著自身的話語體系，村民帶來的「金銀紙製品」只能用「升錢」來表述，還有「錢庫」（剛開始是燒紙的鐵桶，二○二三年築起了一個印有「金銀庫」的大泥爐）的存在、燃香不能在別人的香火上「借火」等。這些實踐行為和話語規範，均彰顯著村廟信仰的觀念復興與變遷。在「火神聖會」中，縣志記載村民對於「火神」的威懾力與現任會首對祭祀「火神」的闡釋具有一定差異。傳統社會為避免火災而祭祀火神，而在會首表

達中,村民對莊稼收成的關心則成為祭祀的主因。二者的話語具有意義同向性,無論是縣志記載,還是會首闡釋,均是將保護財產歸之於對神靈的祭祀。而會首的意義闡釋更具有一定的普世性,將「火神」的神聖威力巧妙地隱藏入村民生產過程,以便於與官方宣傳的農業豐收相契合,使「火神」崇拜由民間信仰變為民俗,從而增強相對合法性。「火神聖會」的送地藏王儀式,則是由以往的送荷燈儀式演變而來,以往的荷燈被現在的煙花爆竹取代。該儀式的功能與鄉村聚落的和諧生活願景相一致,表達著村民對「潔淨無染」的美好生活的希冀。同時,「非遺」項目的出現也使「火神聖會」具備了國家層面的合法性支持,國家以此作為文明古國、民族精神的歷史起源象徵,強化、凝聚著民族認同,也客觀上為「火神聖會」的現代意義添加了新的文化元素。

圖十九　清靜寺「金銀庫」

由此來看，民間信仰的功能往往要以兩種方式呈現，一方面是公共秩序的正統化，另一方面是地方信仰的神顯或靈性。就前者來說，向國家宗教教化靠攏的地方村廟在顯現層面規範了民間社會的倫理秩序和道德教化；相對於前者，屬於隱性力量的靈性因素的獲得則需要民間信仰進行填補。這也是奉為正統村廟何以要保家仙參與其中的根本原因。因而，正是這兩種顯性、隱性力量的共在確保了，不管世俗化或信仰化的任何一方如何努力，民間信仰都不會消失。

## 二　族譜的修訂

近年來，張灣的一些人家開始了修族譜事宜。我在調查中發現，這些人家以前並沒有族譜流傳下來，是在近幾年興盛起來的。張姓可算是移民到張灣較早的一個姓氏，雖然據傳最初管理張灣的莊頭姓張，但其傳承下來的一脈已無從考證。新修的縣志雖然將姜姓六世祖寫作張灣有史以來的第一戶[34]，但卻被村民們普遍否定，曹爺爺認為，這是因為姜家有人在縣裡工作，所以那年編縣志的時候把他們姜家認作第一戶，但是為啥不叫姜灣，而叫張灣啊！

張灣的張姓也不是同一支家族傳承下來的。在已經修訂了族譜的張家一支中，我們可以發現，修訂族譜的一些特徵。從目錄部分可知，族譜分為八個部分。首先是序言，簡要交代修族譜的緣由、倡議者、執筆者及經過。其次是族譜內容的大致簡介，包括氏族的歷史起源、氏族內著名人物、宗室分布情況。再次是族規，主要內容包括遵守黨紀國法、嚴守職業道德、家庭倫理、個人修身、宗族認同以及其他時代名詞，如開拓創新等。接著是家族分支世系情況，從一世族至當前最小一輩的孩子，分支中部分世系有女性、妻室。再接著是所居

---

[34]《灤平縣志（新石器時代－1990）》（北京：九州出版社，2013年），頁156。

住較大地域的歷史沿革以及宗氏在該地域的簡要分布。隨後是人物志，詳盡介紹了一些典型人物的光榮事蹟，這些內容大多是發揚主流價值的話語表述，以備後代瞻仰。最後是一些通訊信息和補充話語。

　　正如林耀華在福建義序的宗族研究中指出，「概括言之，那些尊祖敬宗，光前裕後，孝悌忠信，睦里收族，是一套千篇的句子，然而，就因這種千篇一律、反覆重複的名詞，造成了中國宗族社會中尊重名教的特殊文化。」[35]莊孔韶也指出，設祭產、寫族譜、宗族形式與組織，乃至倫理教化都是強化宗族血緣團體的措施，其根本原理是理念而非功利。[36]修訂族譜意味著當地的宗族觀念正在日漸顯現，同時，族譜中的國家主流價值與傳統儒家教化相結合，共同發揮著倫理規範功能。家族內部認同、地域認同、象徵認同與國家認同互相協調，共同形成了一個層級性的認同結構，在制度層面共同規約人們的行為與觀念。即便如此，觀念層面的倫理規範與實際生活的實踐行為存在顯著的差異。雖然價值在實踐中具有自身的行動趨向，但在豐富複雜的社會場景中，人們的實踐行為很大程度上還是受到情境性因素的影響。儘管如此，宗族觀念也是村落內部權威組成、決策干預、行為規範的來源之一。

　　族譜的修訂雖然具有明顯的私化色彩，實際上卻表達著家庭的公共面向。個體與社區之間橫亙著家庭這一實體，以家庭倫理為核心的社會結構是中國宗族社會的一個特性。這種觀念同樣表現在城市社會，畢竟絕大部分人在走向社會之前都是在家庭中接受的文化教化。以此類推，走出家庭之外所面臨的第一個單位就是村落或社區，無論是城市社區，還是鄉村社區，個體在家庭層面的倫理規範在社區的人

---

35 林耀華：《義序的宗族研究》（北京：生活・讀書・新知三聯書店，2000年），頁29。

36 莊孔韶：《銀翅：中國地方社會與文化變遷》（北京：生活・讀書・新知三聯書店，2000年），頁4。

與人交往中表現出來。因此,族譜所確定的血緣、地緣認同與當前的國家認同重新「疊寫」為一個統一整體,成為現代社會意義展現的一個重要組成部分。

但也應看到,族譜雖已修訂,其所表達的家族觀念遠沒有達到濃厚的地步。很大程度上,這是一種歷史意念在現代社會中的表達。在家族倫理的規範中,有兩點具有根本意義:一是組織性,同一血緣的家族成員有沒有或隱或顯的組織起來;二是超越性,這些家族規範應是超越一般家庭邊界的。[37]從這兩點來看,在張灣,家族文化的歷史顯現顯然不會使其再度返回到類似傳統社會的家族制度中。就家族所發揮的部分功能來看,家族的一些功能早已為市場、社會、國家等相應機構所代替,例如後代年幼子女的養育,人們都會送到幼兒園。而且在張灣,我沒有見過,也沒有聽說過,家族祭祖、上墳的集體活動。雖然在婚禮上,一般會有家族成員的到場幫助與祝賀,但是姻親、朋友的數量並不比父系家族成員的人少。而超越性的規範制度更是無從談起,各個家庭並不受到家族的理念約束。家族文化已然讓位於家庭文化。前文已提及張灣社會的移民性,使其並未形成宗族村落,因此,家族文化只是人們生活過程的心靈歸屬之一。

## 本章小結

社區層面的信仰實踐因其具有公共性,在傳播主流價值上功能顯著,因之國家對社區神的價值改造也較為規範、嚴格,村民的闡釋也力圖與官方的主流價值相適應、調和。而家庭領域的信仰觀念私密性強,不易更改其意義,從而保留的較為完整。觀念層面的意義「疊寫」在原有基礎上也並非毫無限制地變遷,官方闡釋在脫離民眾生活

---

37 王滬寧:《當代中國村落家族文化——對中國社會現代化的一項探索》(上海:上海人民出版社,1999年),頁13。

實踐時，往往會產生彼此的張力，而意義總會圍繞著核心內涵而疊加。但無論疊加的層級如何，其本質的核心仍未變化，這也是民間信仰不可讓渡的重要方面。

民間信仰復興的歷程大致描繪了這樣的一幅圖景，即集體時代阻礙了村民履行對血緣祖先、廟神家仙的基本道德義務，以往為神靈舉行的集體儀式也以另一種形態而存在；改革開放進入市場經濟時代，村民又恢復了對傳統信仰與儀式的安排。民間信仰夾雜在國家與民間的每一次變遷中，以頑強的適應力進行著文化的再生產。當前，地方文化已經成為身份特質的競技場，每一種地方文化都試圖以呈現的方式參與到市場的廣泛交流中。期間，信仰的範疇在與國家、區域倡導的文化並接與人們實踐中不斷調整，以生產出新的功能價值。人們現實社會生活的文化需求推動著地方文化事物的不斷「疊寫」，進而使文化範疇之間的結構關係不斷調整。

通過對張灣民間信仰復興歷程的描述，我們可以看到，村廟信仰、「火神聖會」、「保家仙」信仰、祖先崇拜的共存過程。由此，本書需要分析的下一個問題也浮現而出：人們的日常生活是如何與這些信仰事實協調一致的？在接下來的幾部分，描述性的事實告一段落，我將把事實穿插進分析中進行敘述。

# 第四章
# 日常生活中的信仰互惠

> 農民們總是認為：人不下工夫，自然界當然是不會給人以回報的；但是光下工夫而不懂得敬重自然界，那麼自然界給的回報也就會少得可憐了。所以種地就得實打實地幹，不但要實打實，而且在實幹的過程中還要充滿著宗教的激情。
> 〔美〕羅伯特・雷德菲爾德：《農民社會與文化》

在張灣的村落與家庭中，村民的日常生活看似遠離了信仰，實則信仰生活與世俗生活已然「混融」於日常之中。在特定的信仰時間中，人們圍繞著人、物與神的整體關係而展開，三者互相交叉構成一個「人－物－神」有序的關係體系。個人通過香、紙錢、食物、神像等物與神溝通、尋求神護，以此祈求家庭的和諧、家庭成員的「順當」、病症消除或事業升級等。雖然這些祈求是由個體表達，卻不僅具有個人色彩，還具有維繫家庭的意義。從這些祈禱中，可以看到，張灣的個人並非西方個體意義上的人，而是帶有家庭在場的集體性質[1]。個人承擔著一定的家庭責任與義務，家庭整體寓於個體之內，這不同於現代個體主義的表現形式。後者將個體權利、平等、法制、自由塑造成現代人的普遍意識。這一觀念引發了一種新的認識，即在推進現代化的過程中，個體性是以改變當地原有的集體性而開始的。

在張灣，神既指村落內的廟神，即集體認同的象徵；又指村落外

---

[1] 〔法〕馬塞爾・莫斯著，楊渝東等譯：《巫術的一般理論》（桂林：廣西師範大學出版社，2007年），頁78。

的遊神,即神聖他者力量的象徵。與神的功能相近的還有仙家、祖先等。他們在不同層面建構起村民的道德規範和生活秩序。物則是人們用來表達文化意義的符號系統,使人們圍繞著物的實體形成觀念上的象徵認同。人與人之間的互惠既有實踐層面的鄰里互助溝通,又有觀念層面的家鄉村落對人的精神慰藉、情感歸屬。因此,從這種層級交換中,可以看到,縱向(人與神)等級式的傳遞與橫向(人與人)互惠式的交換,建構了人們的日常生活秩序,使人神與人人的道義互惠成為維繫共同體運行的動力機制。

## 第一節　人神之間:象徵互惠

人對神的供奉是建立在一種理想性的象徵關係上的,這種關係並不因人的死亡而消失,其既在人神關係上具有縱向性,又在人人關係上具有傳遞性。廟神的供奉與家仙不同。村民對廟神的供奉不求即時回報,而是在定期的祭拜日子裡進行。村民在有難事時,會立即向家仙請示;在有喜事時,也會向其通報。通過人、神／仙之間的供奉與護佑關係,以神／仙為象徵的宇宙秩序、道德生活與個人本體和諧共處於某一場域內,共同維持著人們日常生活的彼此關係。

## 一　人、神的社區生活

在最為嚴格的意義上,社會生活存在著一系列無法做出明確區分的總體社會事實,它們以一種集體無意識的方式履行著社會記憶的存續,包括功能、象徵與顯現在生活中的所有文化邏輯。圍繞著村廟進行的神聖崇拜與祭拜儀式,不僅在道德教化和精神慰藉上提供了使人釋然的知識體系與情感歸屬,還具有規範人們生產經營、社會行動與娛樂活動等的生活節奏的功能。從結構－功能視角來看,信仰既是維

持一個結構體系運轉所需的必要條件，也是保證自由個體在秩序規範內主動適應的動力因素。從這個意義來看，宗教的功能主要被理解為人神之間的交換；而信仰是維持宗教表象合法性的重要內涵，必須與外部保持一致。功能、象徵與人的真實生活寓於一體，相互交織。因而，信仰的功能性、象徵性與現象性實則是對其本體的多重化、差異化的理解。

## （一）功能性表達

寺廟興建、神聖崇拜與漢人傳統的農業經濟生活聯繫密切。雖然在現代社會，農業收益並非張灣村民的主要收入來源，但村民對農耕生活方式始終不離不棄，認為那才是人的「根本」。傳統社會，破壞農耕的自然災害始終是村民保持一定警惕的重要原因。村民們通過對掌管各種自然災害的神靈進行供奉、控制，來保障農業生產的豐收、規避自然風險的發生。同時，這也側面彰顯了，歷史上該地生態環境的變化多端以及人所處該地的生活艱難。這種生態環境使過去的人們必須實行一種複合型的生產生活方式，以彌補不同災害下人們生活的物質供應。而且這種複合經濟也為生態環境的平衡提供了必要條件。

環境條件規劃了當地社區的經濟活動。過去，張灣以種植業為主的農業生產規模要高於其他的生產活動，且作物種植在村民的價值序列中處於基礎地位。因此，與作物種植相關的神靈祭祀也就更多、神力也更強。

首先，農業生產要祈求神靈保佑風調雨順、作物豐產，需要村廟中的農業神、火神、河神小廟承擔起這樣的職責、功能。包括土地公、龍王、蟲王、馬王、火神、河神等在內的神靈，是為防止水災、火災、蝗災、旱災等而存在的。其中，龍王專司雨水，若出現農田無水的旱災或者雨水過多的澇災，村民就會向龍王祈求，是為禳解儀式；河神除了專管洪澇災害外，還有送孤魂野鬼到陰曹地府的職能，

它與地藏王共同掌管著「驅鬼」任務。過去,每年的正月十六日,送「地藏王」儀式就在河邊舉行。河道位於土地之下,河流順勢流出村外,預示著河與陰間世界的貫通與聯繫。這也就解釋了河神與地藏王為何會放在一間廟裡,一起供奉。蟲王專管蝗災,同樣發揮著預防與消解的兩種功能。雷公電母、土地爺、土地婆均是人們祈求保境安民、風調雨順的地方神。

從廟會所唱的「神戲」也可看出,廟神對農業社會的保障功能,以及圍繞著農事生產而形成的各種觀念。戲文的流程、唱詞如下:

(唱神戲的演員共有四人,自西到東分別扮演福仙、祿仙、壽仙、善財童子,一人一句,配鑼、鼓、嗩吶聲樂)

福仙:烏雲條條過;

祿仙:遍地黃花開;

壽仙:空中雲霧響;

善財童子:顯出眾神來!

(音樂)

福仙:吾乃福仙;

祿仙:祿仙;

壽仙:壽仙;

善財童子:善財童子;

福仙:看烟霧繚繞,你我不免駕雲前往;

合聲:前往!

(音樂)

福仙:今逢喜事,你我不免降詩一首;

合聲:降詩一首;

福仙:高高山上一清泉;

祿仙:把它觀來萬丈高;

壽仙：若人飲了清泉水；

善財童子：不成佛來便成仙！

福仙：求起雨來雨不降；

祿仙：行而不誤撒金錢；

壽仙：有人若從此橋過；

善財童子：五穀田苗往上升！

福仙：高高山上一清泉；

祿仙：行而不誤撒金錢；

壽仙：金錢撒在貴寶地；

善財童子：勝似王母與蟠桃！

福仙：高高山上一清泉；

祿仙：行而坐臥撒金錢；

壽仙：金錢撒在貴寶地；

善財童子：五穀豐登萬萬年！

福仙：你我就此一拜（拜）；

合聲：一拜（拜）！

（音樂）

　　九神殿裡還有馬王爺信仰。馬的信仰自古有之，其始自對此種動物的功能崇拜。由於北方草原民族十分重視馬及其日常管理，他們在草原及山地生活時，十分依賴馬、騾、驢、駱駝等的綜合運輸能力。因而，從對馬的崇拜到對馬神的信仰始終延續，並經歷了一個動物神人格化、倫理化的過程。明中葉，朝廷實行馬政，鼓勵民間飼馬，以備邊防戰事，同時政府予以補貼。[2]期間，國家主祭馬神，實行官

---

2　趙世瑜：《狂歡與日常——明清以來的廟會與民間社會》（北京：北京大學出版社，2017年），頁78。

祀。飼馬成為人們日常生活一項重要事務，但飼馬的風險相較於其他家畜要大得多，人們因馬瘟而使馬匹損失，造成累本無收的情況變多，因此，對馬神的能力要求與官方的意義附加，使馬神崇拜更加強盛，對馬神能力的期望也較其他農事神靈更為厲害。馬神在張灣被稱為馬王爺，「馬王爺有三隻眼，厲害著呢！」是當地村民對馬神的評價。到了清代，騾馬作為交通工具被廣泛使用，祭祀馬神的主體也由國家轉入民間。

過去，保佑生育也是修廟的重要功能之一。傳統社會雖然生育率高，但死亡率同樣也高。加上，傳統漢人社會的重男輕女觀念，使人們對「送子」的急切渴望通過向神靈祈求來表達。後殿佛殿所供奉的「送子觀音菩薩」表達著民眾的呼求。這裡的「子」有時也會超越對男孩的執著，對那些無法懷孕的人們而言，「子」包含了對無論男女的後代期許。類似的還有閻王、判官等地府神靈，主管著人們的死亡大事，進而對人們的陽世生活產生影響。

## （二）象徵性表達

傳統社會，村廟以象徵性的禮治方式規範著社區的道德秩序，如同現代法制下的社會秩序。社區舉行的神聖活動（即廟裡的慶典、「火神聖會」），提供了一種超越不同利益群體、政治地位和社會階層的集體方式，將各色人等整合為一個共同體。[3]這種象徵力量經過歷史沉澱形成，在人們心底留下不可磨滅的印跡，或許它不是人們自發的主動選擇，卻奠定了民間信仰的基礎。

在特殊時期的政治力量和文明社會的話語下，村廟被迫關閉，甚至遭到破壞，建築被改作他用。但人們並未就此遺忘這一神跡，神聖

---

3 〔美〕詹姆斯・華琛：《神明的標準化——華南沿海天后的推廣，960-1960年》，載劉永華主編：《中國社會文化史讀本》（北京：北京大學出版社，2011年），頁143。

空間與地理方位始終保持著對應，且神靈依舊在人們的觀念世界裡留有一席之地。待社會環境寬鬆，村廟、神像不斷被村民自發重建起來。重建的歸由，除了經濟上的物資支持和文化精英的知識推動外，普通村民對於自身生活的需求，也是重建的關鍵因素。在報導人的訴說中，我可以感受到，當年參與重建的人具有一些相似性，即家裡有從事神性工作的人；家裡普遍不太富裕；家人有治不好的病；家中總會出現「亂七八糟」的事，等。比如曹爺爺兩口子都是會些氣功、能給人看病的「香頭」，一直在二〇〇五年之前，都有人來找，隔壁的章江就說，他家以前來的人可多了，都是來「看事的」；九〇年代時候，王奶奶丈夫原來是「火神聖會」的副會首，他跟當時的村主任聶爺爺一起組織花會。一九九九年的那次辦會，他喝了點酒，在「火神爺」牌位前說了不敬的話，讓一位村民打兩個嘴巴。回家之後，連著喝酒、受氣、後怕，得了腦血栓，經搶救後，落了半身癱瘓，只能拄拐走路。王奶奶照顧了他三年，而後去世了。這些普遍存在的不確定因素，往往成為人們參與以村廟重建為具象表徵的社會重建的基本原因。

　　隨著經濟社會發展與社會開放程度的增強，每個人的生活境域也在發生著變化，長久以來形成的傳統生活秩序，在現代市場觀念入侵後，面臨著「舊秩序解體、新秩序未全」的風險。現代科技的普及又擴展了人們的知識面、認知域，使對傳統知識與權威的認知為科學敘事所解釋。人們從對共同體知識權威、文化精英的信服轉移到對科學知識、國家權威的信服。國家借助科學力量使知識的擁有不再被村落精英所壟斷，每個人都有機會去認識、理解以前那些讓人迷惑的事實。由於傳統權威的消解，村落內部的集體團結與凝聚正在以另一種方式建立。傳統凝聚團結的方式隨著老一代人的逝去而逐漸失去年輕人的支持，原有維持集體生活的儀式、信仰也讓位於其他普遍形式的存在。老一代人感嘆「人心不古」的同時，懷念過去的鄉土情義，使重建村廟成為當地人重建道德的具體方式。這不僅成為重建者尋求心

靈安慰、懷念過去人際關係、留戀傳統溫情的方式，也成為傳統價值教育的民間自發行為。這樣的現實情境下，集體的供奉對象會讓同鄉親屬情結得以溫存；個別村民的「神秘體驗」又會加深人們對神靈的信服，等等，集體性、個體性的生活現象雜糅於以村廟信仰為核心的村落生活中。

　　同樣，過去的「火神聖會」展演因技術上的要求極為嚴格，對於普通民眾來說，參與其中是極為困難的。這也塑造了普通村民對「火神聖會」儀式的神聖感知，且認為神靈賦予表演者以神力。同時，也有一些村民家中出現生活危機，向「火神爺」許願，為其上會三年。「火神聖會」將神靈與會首、表演者與觀眾、社區與人們聯為一個整體，形成一種溝通人與神（鬼）、人與社區的縱向層面的村落生活。村民通過「迎神送鬼」儀式淨化村落空間，重建共同體生活秩序。「巡境遊神」又將村民在村落空間的橫向層面聯繫起來，搭建起一個完整意義上的集體社區。在橫向與縱向的秩序中，村莊的整體秩序得以在儀式中運轉起來，成為人們真實的生活場所。在經年累月的聖會參與中，人們在心底形成了對社區集體活動的認同情感。每當節慶來臨時，隱藏在心底的集體情感與參與欲望就會被激發出來，使平時受到壓制的集體情感得以宣洩。權威本身是抽象的，人們只能通過象徵和儀式來設想誰擁有權威、誰沒有權威。[4]每年村主任都會在活動現場幫助組織人員、維持秩序，這樣的行為有助於建構一種公共形象，即他們是公共利益的維護者與代理人。而就交換來說，人們對神靈的供奉與對村幹部的送「禮」行為是一致的，均是禮物的單向流動，且不求即時回報。這裡的送「禮」既包括有事時的正式送禮，也包括平時的「小恩惠」（比如買一盒菸、送點東西等），而且「小恩惠」的次數要明顯多於正式送禮，且與人際日常交往無異。

---

4　Abner Cohen, *Two-Dimensional Man.* Berkeley: University of California Press, 1974, p. 78.

「聖會」的巡境散福將社區不同階層、不同方位的村民統合起來，通過表演的相互搭配、相互合作搭建彼此之間的認同意識，打破人際的陌生感、差異感，建構熟絡且配合的暫時印象，以此強調共同體內部的同質性、整體性。「火神聖會」也會在鄰村進行展演，維繫整個地域的「文化網絡」。二〇一八年正月，「聖會」在村莊北邊和東邊兩個村莊進行展演。鄰村在「請會」時要付一定的資金，北邊的村莊支付了兩千元，東邊的周村較富裕支付了五五〇〇元。資金的多寡既體現了不同村莊的發展水平，也夾雜著村莊的不同需求。東邊的周村村委會在二〇一七年年底突發大火，張灣村民認為他們請「火神爺」有消災、祈福的意圖。此後幾年則沒有再邀請「火神聖會」前往。因此，我們看到這樣的地域聯繫受到文化網絡的影響，並借助經濟手段得以實現，最終達成了區域內的溝通關係。這其中既有村落間的文化－權力因素，又有超越性的「人神」互惠機制。

同時，傳統中國社會的司法實踐具有悠久的「禮治」習俗，其背後所秉持的一套儒家倫理規範由來已久，並與官方主流倫理體系互相溝通。神靈的司法性功能便在同一種倫理規範中應運而生，傳統村廟、宗祠作為一個村落的道德空間，發揮著日常斷事的功能，神靈及其塑像也分別成為正義與懲戒的客體化象徵。

正如沃爾夫所說，「在鄉民社區中人與人必須經常互相依賴，至少因為生活必須有常軌、有意義。所以我們在鄉民社區中發現各種儀式，這些儀式將人視為社區的一員，也支持社區的共同社會秩序，掃除混亂，並恢復社區整合。」[5]基於功能性的邏輯表述實則與象徵性的文化表徵共同通過人與神、個體與社區之間的溝通關係而總體呈獻。

---

5 〔美〕埃里克・R・沃爾夫著，張恭啟譯：《鄉民社會》（臺北：巨流圖書公司，1983年），頁126-127。

## 二　人、仙的家庭生活

供奉「保家仙」的村民一般有兩個特徵：一是家裡的年長者；二是家裡的女性。「保家仙」的傳遞是在潛移默化中完成的，兩代戶主之間是較為常見的，而婆婆一般會讓兒媳接替她的職責。

在一次聊天中我開玩笑說，如果男的娶不到媳婦，就去看香，這不迷信麼，也沒用啊，也不科學啊。王奶奶卻說道：

> 你有不順的事了，找人（指香頭）看看，這不是迷信啊。有因果關係，這不算科學算啥呢？是這個道理不。要不咱們說，娶個媳婦，找人瞅瞅（指看香），為了啥啊，這不是為了「順當」麼，這不就是科學的事麼。[6]

「科學就是使人生活順利」。老人對「科學」的看法，代表著一種知識體系和價值取向，這種觀念與生活在現代社會的人不一定存在著本質上的差異。在老人看來，一切以生活節奏為本、為生活「順當」而做的事就是正確的、「科學的」，生活的合法性並不以他者的態度來決定。現代人的「科學」觀念偏向工具理性、技術權威等，他們認為一切無實際效果的行為都不值得提倡。但在村民看來，理性的實際效果要超出現世，要涉及到非人世界。人的行為自有非人世界的神靈監管與回報，關鍵是看現世的人如何去做。在這裡，當地人們熟練地調整著「科學」與「信仰」兩類不同話語，使二者融合於日常生活中。章枝也說，「天底下人多了，神佛哪能都管得過來啊，大災星沒有就不賴。」

---

[6] 訪談對象：王奶奶，普通村民，曾參與修廟；訪談時間：2018年2月7日，訪談地點：王奶奶家中。

王奶奶對「科學」的解釋並非孤立的個案。梁永佳研究印度社會的宗教與科學關係時就指出，印度社會中科學與宗教之間的關係非常和諧，印度諺語「人生是在宗教與科學之間的一條溪流，左岸是吠陀，右岸是現代社會，兩岸都堅實，河水就會平穩」是關於印度社會宗教與科學關係的最好描述。[7]中印兩地不同地域的「科學」思維關聯恐怕難以逃脫佛教起源與後世傳播的文化採借現象。這種現象實際上超越了現代科學理性及其實踐的一廂情願的主導性，人們思考的不僅是它的效能，更是這一事蹟提供的一個社會發展的多樣化包容路徑。

在談論「保家仙」信仰時，王奶奶自豪地說道：

> 我們家是狐仙、長仙、長仙太，還有黃仙，家裡的黃仙回到上方（仙界），都帶倆杠（指品階較高）。家裡的仙位要軟一軟，說實在的（哼），家裡也不太平。[8]

在張灣，村民之間的關係還牽涉著「仙家」道行之間的高、低級劃分。常公是一九五幾年出生，年齡相對較小，但因他家的「保家仙」道行較高，他本人在面對村內其他年長者時，會表現出高人一等的心態。他時常在直呼年近八旬的王奶奶的名字時，都要加上一個「小」字，以顯示自身級別的高階。王奶奶也是默認這種「仙家級別差序」的。他在年輕的時候，還曾擔任過「火神聖會」的副會首，獲得了村民的一致認可。現在，他們村民小組家裡有孩子婚喪嫁娶，都會請他做「辦事經理」。

夢境也被解釋為與人、靈相關。人們認為，夢是一種徵兆。夢分

---

7 梁永佳：《在科學與宗教之間：印度占星術視野中的海嘯》，《西南民族大學學報》（人文社會科學版）2013年第1期。

8 訪談對象：王奶奶，普通村民，曾參與修廟；訪談時間：2018年2月7日，訪談地點：王奶奶家中。

為托夢與解夢，且有各自的方法，在夢中個人也會對自己的行為負責。在二〇〇六年，王奶奶的兒子章江買彩票中了三千元，從當時的經濟來看那可是一個大數。在前一天晚上，他做夢夢到他和妻子去買魚，他問妻子是要鯉魚，還是要金魚。妻子說，金魚沒法吃啊，要鯉魚。第二天早上，彩票開獎因為只差一位數，結果只得到三等獎。此事被他稱為笑談，經常與人閒聊時說出。王奶奶卻說：「這都是保家仙的功勞，過年的時候，她讓他在上香的時候作了揖，不知是哪位路過，抬舉了一下，這才有了這事。」在村裡，人們認為，夢到魚意為財運；夢到大紅太陽諸事順利；夢到唱戲會有打架出現，等等。王奶奶對此總是說：「人家說是夢，其實是給的預感，按理說，都是告訴事兒呢。」這些夢境的預示會直接影響人們之後生活的行事，甚至直接影響著第二天的心情與行為，而人們的釋夢也或多或少地與保家仙有些聯繫。

　　祖先崇拜同樣也是預示一個家庭興旺發達或禍患相連的解釋系統，喪禮事務、墳墓選址、定期上墳等諸多侍奉祖先的事宜關乎著家庭及其成員的「順當」與否。祖先崇拜，還包括著與之相關的「重男輕女、兒子繼承」的觀念意識與事實存在，生男孩被認為是後繼有人、延續香火的象徵。村裡有這樣的俗語「十個靈巧女，不如一個墊腳兒」。有兒子的家庭，家長的生活會顯得更加向上與勤奮。同時，兒子對家長也是一種鼓舞。這種價值是檢驗一個人是否「行好事」的標準，若誰家一直生不出男孩，就會被認為是「斷了香火、絕了戶」，原因是上輩人做的惡事過多的「報應」。

　　在家庭生活領域，「保家仙」信仰和祖先崇拜是家庭內部成員之間互惠關係的代際表徵，婆媳相傳、父子上墳與「人靈」互惠同構，凝聚著家庭整體。當地人觀念中，存在著與人間世界並行的神異世界，人是由神異世界中的各種存在物、靈投胎而生。神異世界又分為「上方與下方」，「上方仙位的地位與能力要高於下方仙位，辦的事也

不一樣」。神異世界內的各種存在都是有生命的，包括一切自然物體，人間世界就像是神異世界的另一種存在表達。神異世界是極其模糊的、籠統的、玄幻的，有時現世界是它的延伸，而有時它又模仿現世界。王奶奶說，「人一下生就帶著不同的人胚，你就是幹這個的，你要是不幹就有人找你、折騰你。」譚家媳婦也說：「靈魂是永遠免不了的，消失不了。」而且神異世界的神、仙、靈會在生活中通過觀念和實踐的形式顯現出來，神、仙、靈是不能隨便跟人打招呼的，一旦打了照呼就會使人身體不適。我在村裡聽到的「投胎轉世」的來源就包括：歷史書籍和戲劇小說裡的道教神、佛教佛以及自然事物等。這種源自佛教的靈魂轉世與不滅說在民間早已深入人心。在民眾觀念中，人自身並非是今生這一世，還包括上一世與來世。

　　王奶奶經常說，「人有三世因果，並不是就有這一世。」因此，人的生命厚度是通過縱向的靈魂象徵來表達的，這種層級表述與薩滿宇宙體系極為相近。在薩滿教宇宙觀中，世界是被分為上、中、下三層的，即天界、人界和靈界，其中，天界存在著至上神與各種神聖的日月星辰、動物等神靈；中層是人類所居住的世界，但也存在著一些靈魂；下層世界存在著修行動物和怪物，一般它們會威脅到人類生存。而薩滿文明中的三界是可以互通的，三層世界存在著一根貫通三層世界的中央之柱（或世界之軸），薩滿就通過這個軸往來於三界。而靈魂在這三層世界中可以轉世為各種物，因而人們對萬物的敬仰，特別是對小動物（如四大仙）的敬仰，表達著他們對「肉身雖異，靈魂平等」生命觀的踐行。

　　在家庭生活層面，可以發現，佛教思想與薩滿思想、靈魂觀的相互影響與融合，呈現著宗教與民間信仰之間的關係結構。這種以「保家仙」、「祖先靈魂」、「自然生命」形成的文化現象群，實際上是當地人圍繞著生命觀、靈魂觀和宇宙觀形成的信仰生活的一個構成部分。這些敬奉行為始終在人們心中留存，限於社會環境，使村民對它們的

信也就具有隱秘性特徵。宗教信仰自由政策實施以來，村中各家各戶由私下到公開表達這一信仰，證明了村民生活的真實信仰事實。在社會外力強壓下，個人為求生存，其真實情感不易表達，但這並不表示信仰已逝。隨著社會環境相對寬鬆，人們心底的真情實感會逐漸在社會生活中顯現，形成社會事實層面的信仰復興。

## 三　人－仙－神的家社生活

前文涉及了「神」、「仙」的區分與級序，「仙兒」本無權，看起來比「神」的地位要低。到清靜寺幫忙的人表面上都是普通村民，但在他們眼中，每個人都是帶著自家「保家仙」來的，身體除了自己「事神」外，也在代「仙」奉「神」。這些村民一般都比較年長，在家中享有威望，且以女性為多，關鍵是家庭內部的「仙、神」祭祀均是由她們進行的。這些人之間有的也有親戚關係。即使有些村民不來，他們也對「廟神」十分敬重。村民有了「家仙兒」，為什麼還要到清靜寺去侍奉「神」（包括打掃衛生、定期上香等）呢？王奶奶的話解答了這一疑問。她說，「保家仙」要讓一家的老人或主人去廟堂收拾雜物、打掃衛生，以此侍奉「神」；如果主人不遵從「仙家」的意思，「仙家」就會在人身上製造麻煩或病痛。她認為，到了廟裡，有了能說話、能互相理解的群體，心情大不一樣，甚至身體的不適也會大大緩解。從另一個角度來看，這些「事神者」都是有一定聲望的，不管是在家中，還是在村裡。很顯然，通過「事神」，他們共享了神的部分力量，進而被家裡人或外邊人「高看」。

除了普通人，一些關鍵人物是有更強烈反映的。廟主賀大爺就遭受過「廟總管」（即「長仙」）的暗示。修廟時的一天，他不知怎麼回事就渾身無力、難受，晚上睡覺時，「長仙」托夢給他，讓他在廟中建個小龕，享受供奉。他說，長仙的神龕修好後，這種不適之感果然

就消失了。副廟主曹爺爺說：「修完廟的時候，一條長蟲（指『蛇』）就在韋陀護法神的供桌前，待了半天，然後就跑到了後殿西邊。」他認為是廟中「長仙」在劃地盤。對此事，不同的人有不同的看法，出納青嬸私下跟我說，清靜寺是佛門之地怎麼能供奉「散仙」呢。王奶奶說，「這位『長仙』原先在舊廟址的一棵松樹下，沒有它的神位。現在清靜寺裡的『神、仙、佛』太雜亂，沒有安置好，所以它也敢出來要香火。」她說原因在於佛像、神像不合格，買的塑像是瓷的，也沒有「心」，太矮、太小、偏瘦，沒有泥塑的塑像敦實、大氣。而且以前的泥質塑像都在胸口有一個放金子的地方，而瓷質神像沒有這個地方，就放在了神像的屁股底下，因此，神像沒有「心」，神靈不滿意就不願落位。而且，修廟之人並非神靈指定之人；那些捐款的富戶（出資買的塑像）也不懂規矩，只按自己的意思辦事，買啥樣的神像也不跟廟裡負責人商量，等人家掏錢買回來了，廟裡人也沒法再說什麼。

總的來說，她認為，歸根到柢是人不懂得如何敬神、正位的原因，致使村廟神靈不落位。她因年齡大了、身體不適，進廟總是得病就不再從事廟中事務。章枝是專門侍奉「關老爺」的人，她進廟幹活兒也是因為家裡的事。章枝的大兒子在火神會中一直表演著「二鼓摔跤」，有一次，他把「摔跤」的道具背回家放在窗臺下，下雨了，道具被雨水淋了，而且他還在給火神爺上香的時候「告狀」，埋怨「火神」不管事，沒有管好他的家。結果不久，他抽菸被煤氣引起的火追燒，連燒帶嚇，得了病，之後媳婦也離婚了，這場病折騰了他好幾年。二〇一七年，他去世了。得病時他還說幸虧有他媽保佑著他，要不然自己早走了。近年來，章枝年紀也大了，身體也不好，也逐漸退出廟中了。

這裡既強調了人、仙對神的義務關係，也強調了人、仙作為集體成員對更高級序的認同。「仙家」不僅起到了溝通人與人的家庭功能，也發揮著溝通人與物、神的社區功能。我們可以看到，「仙」要

借人的在場事「神」,借機成為清靜寺的部分,實現自身的「獻祭」或「贖」。這是「仙」獲得正統的一種方式,因為「仙」可以借「神」提高能力,就如同普通村民如果有親屬當官而變得有面子一般。同時,在移民村落,「神」要「設道」,以教化民眾,使其認同更高權威、接受秩序治理。因而,「神」要納入、「仙」要升級,二者的共同需求通過人的行為彰顯出來,實則是世俗之人實現了「神」、「仙」間的互動與共謀,進而解決了「神」的地方化困境與「仙」的正統化困境。這種由需求開啟的互惠,正如阿蘭・迦耶在彌補莫斯禮物互惠時所提出的第四種義務形式——需求,彌補了對最初贈予行為的解釋。村民對「神、仙、靈」的關切,與自身強烈的不安全感、不確定感相關。人按著神、仙的意志安排自身的生活,一方面是將這些神、仙視為一種標準,他們都可以代表弗洛伊德(Sigmund Freud)意義上的「超我」,以至將人格結構與社會結構整合起來;另一方面,也會有脅迫性的因素,人在與家庭、村落,乃至自然世界、超自然世界的多重關係中,進行跨越與交換。

　　社區神與保家仙之間的結構體系,與人們在現實生活中的等級秩序一致。廟中諸神代表著「有權力的官」,而「保家仙」代表著無權的普通百姓。民眾借助超越普通「保家仙」地位的「總管長仙」,實現官民等級之間的溝通。「仙」作為縱向「人神」、橫向「人人」關係的一種中介,在廟:家:人的「社會性隱喻結構」中,成為溝通「人神」的轉喻之一。在村廟結構中,這一轉喻性的存在由既是百姓、又是「半仙」的廟主或香主擔任。從「神」與「仙」、「廟主」與「人」的權力關係中,其實直接涉及到了村民的權利與義務關係,也決定了誰擁有鄉村公共資源的分配權與話語權。如同,杜贊奇以「權力的文化網絡」(culture of nexus power)的概念來統稱的這種權力關係。[9]這

---

9 〔美〕杜贊奇著,王福明譯:《文化、權力與國家——1900-1942年的華北農村》(南京:江蘇人民出版社,2010年),頁5。

種網絡除了具有福柯意義上的「權力關係」外,也具有當地人通過相互饋贈而建立的「人情」之網的特徵。那些拒絕或者被排斥在「人情」網絡之外的人,會被視為「不近人情」,從而被「邊緣化」看待。因此,物的象徵與人的分類是一個較為封閉的社區內部進行自我建構的過程,而不同場景下,物的象徵意義的轉變,表達著陌生人的社會身份與當地人之間的互為他者的彼此關係。

莫斯認為,神靈等超自然力量「才是世界上事物與財富的真正所有者」,「人神」交換不過是人對神的回禮。[10]在這裡,莫斯試圖證明現代社會的集體團結有其自身的集體或神聖起源,原始與古式社會中運行的道德與經濟秩序在現代社會中依舊發揮著深刻而持久的功能,因而,集體團結的研究應與社會的道德和現實關懷密切相關。而在村民傳統生活中,親屬關係是社會結構與社會關係的核心,且那些基於血緣的親屬組織就是社會組織。「人」作為親屬組織的成員而存在,其所象徵的是集體性個體;而「神」則具有更多地爭議性,依照涂爾幹的說法,它象徵著集體社會;「廟主」則是介於二者之間的力量,他既有一部分處理村廟事務的權力,又必須聽從正式村幹部與「神」的指令,這讓他的身份具有明顯的「混融性」。在這裡,「神」對「仙」的依賴,其實與「仙」對「神」依賴是同樣的,同時,這種依賴關係也具有超越性,它不僅描述著人際之間的關係往來,還觸及到人與非人之間的關係,彰顯著一種文化的歷史厚度。他揭示了公共資源的分配是由這種等級性的結構關係產生的,權力也由此產生。二者之間的交換邏輯在象徵之下實現正常運轉,這種模式與西方基於社會契約的交換互惠有著本質的不同。

「神」、「仙」對自身形象、寺廟和供奉情況表現出極大的關心,若是得不到滿足就以「不顯靈」的方式做出回應。「神意」承受者根

---

10 〔法〕馬塞爾・莫斯著,汲喆譯:《禮物:古式社會中交換的形式與理由》(上海:上海人民出版社,2005年),頁27。

據令人困惑的「神顯」對神的行為編造出使人信服的解釋，一經說出便具有公共性，使這套口耳相傳的「地方知識」在村民之間流傳。實際上，這些均與人的承認密切相關，失去供奉者，「神、仙、佛」都會失去靈性。從這個意義上說，人、仙、神是互存的，民間信仰的實質就是這種互存互惠的象徵。功能神是社會的符號，象徵著人與社會秩序的有效運轉；動物仙是家庭的符號，預示人與家庭秩序的和諧運轉；神、仙又與社會權力、自然權力具有隱喻性關係。但也要知道，神、仙不參與所有的禮物交換，它們不會做到對所有民眾「有求必應」。神、仙的權威來自於人所獻給的禮物，他們通過「禮物」來接受人的敬意，通過豐產、順利等來「回饋」並參與人事。而「人－仙－神」的互惠關係殘留著早期社會的「原始交換」到國家社會的「再分配交換」行為，並作為一套國家社會時期的禮制，又被「人人」互惠關係所效仿。就歷史地理來說，這也是當地從「中間圈」變為「核心圈」[11]後的文化遺留。因此，就可以理解，在一個村廟信仰、「火神崇拜」和祖先祭祀如此興盛的地方，「保家仙」信仰何以作為一種單獨的信仰形式而存在。

## 第二節　人人之間：倫理互惠

　　人人之間的關係是以倫理互惠的理想形式呈現的，具體指人與人、群體與群體、階層與階層之間的互通關係。在討論生活倫理時，我們有必要先界定「倫理」是什麼。社會學家葉法無對「倫理學」的界定或許對此有啟發意義，他指出，倫理學是研究人類生活問題的科學，是一種人類生活的理論；目的是想尋出一種生活的規範，來做生

---

11　王銘銘：《所謂「天下」，所謂「世界觀」》，載王銘銘：《沒有後門的教室——人類學隨談錄》（北京：中國人民大學出版社，2006年），頁127-140。

活的原則，或生活的理想，以指導許多特殊的與普遍的種種生活。[12]從中，我們可以看到「倫理」既指社會生活運行的實證原則，也指向抽象的哲學理論，其根本觀點認為人類生活的意義是時時含有目的的。這種主張分別從生活的外部世界與生活的內在意向進行思考，前者包括風俗、習慣、制度等，後者則指心理活動、思維意識等。現實生活中，毫無疑問，兩種主張常常是並行不悖的，人的行為是在社會環境與日常生活的要求下調和內外而達成實踐的。法土拉・葛蘭（Fethullah Gulen, 1938-）指出，「如果我們想要準確地分析宗教、民主或者任何其它系統或哲學，我們應該把注意力集中在人和人的生活上……宗教首要關注的是生命與存在的永恆方面，而政治的、社會的和經濟的系統或意識形態關注的，則只是我們世俗生活特定的、可變的、社會的面向。」[13]依此來看，對於信仰生活的理解應更為關注人與人之間的生命互動與存在意義。

傳統社會裡，家庭是一個人全部生活的核心。甚至，它已經成為村落內評價一個人的首要標準。能夠成家、有人願意嫁給你，遠比人們口頭上的表揚更能說明一個人的品質與能力。反之，那些沒有「結婚生子」的人，就會被貼上「光棍」的標籤，受到人們的質疑，也代表著他們沒有後代支撐，缺乏家庭責任心，沒有生命厚度。不僅如此，他們會被認為是社區內、家庭外的「游蕩者」，隨時隨地可能破壞已婚家庭的安定。實際上，這也是對村落非主流群體的排斥性表達，背後涉及集體的道德意識。同時，村落內外的人際交往也是以家庭為核心展開的，只不過在傳統社會，村落集體層面的溝通通常是在同姓家族的名義下進行的。因此，「過家庭生活」是生活倫理的規則與宗旨。在張灣，無論是家內的「男女」，介於家內外的「姻親」，還

---

12 葉法無：《倫理問題ABC》（上海：世界書局，1929年），頁2。

13 Fethullah Gulen. "A Comparative Approach to Islam and Democracy," *SAIS Review*, Vol.21, No. 29, 2001, p. 138.

是家外的「鄰里」，都是在彼此的互動中努力實現互惠式的生活的。

## 一　性別分工

　　在日常生活研究中，無視婦女的能動者角色，或者說無視性別分工，將是一個重大失誤。以往關於中國鄉村現存模型的許多討論都產生於對中國早期鄉村的民族志研究中，這些研究多是一個基於無性別差異的文化假設，但卻遮掩不了社會生活中性別在場的基本事實。分工制度是差序體系的構成要素之一，而互惠可能是理解這種差序化分工制度的最佳途徑。性別與家庭內外的關聯始終存在著固定結構，即男性對家戶外、院落整體的關注與女性對家戶內、屋內裝飾的決定，這也對應著公與私的領域，也是兩性對家庭生活空間主導力的表達。

　　在村裡，總體而言，男性負責村廟組織與祭祀活動、火神聖會組織與活動的人數和意願要高於女性，而女性從事「保家仙」祭拜活動、廟內勤雜事務的人數和意願要高於男性。這一事實似乎表明，男性更熱衷於社區公共事務，而女性熱衷於家庭生活事務。同時，在私人信仰領域，「保家仙」信仰的婆媳相傳與祖先崇拜的男性上墳，意味著男女之間圍繞「家」的範疇存在有計劃的信仰分工。表徵在社區與家庭、屋外與屋內的性別分工，是傳統倫理社會「男女有別」、「男主外，女主內」觀念在現實生活中的反映。在這種性別分工中，女性對家庭的歸屬與貢獻更為重視，這與女性長期從事家庭勞動生活的現實狀況密不可分。男性從事社區活動的目的除了要維繫村落整體的秩序外，也會為了家庭的和諧美滿、富裕順利而努力，二者統合為同一期待，並形成了結構上的「男涵蓋女」的結構關係。

　　這種性別分工看似充滿差異化因素，實際上是自然而然的相互默契行為，其與傳統文化的觀念遺留不無關係。除此之外，這也與社區內部生計方式相關。一般來說，平常時間，男性基本外出務工，是家

庭經濟財富的主要來源,而女性則居家操持家務、務農活兒或就近做散活。基本上,女性在家時間要長於男性。每當過年時,男性回家與女性共同居「家」,才使之成為一個同時在場的兩性合作之家。這一基於經濟生活的日常節奏,與村內的社會節奏相匹配。列維-斯特勞斯曾對男女兩性結構進行過反思,他認為,「房屋」本身就是一個包容並超越二元對立關係的文化範疇,它把社會生活中諸如父系與母系、親緣與住處、升級婚與降級婚和近婚與遠婚等不相容的原則加以統合,並表現出一種對矛盾的超越,屋的建築結構將內在的二元對立轉化為外在的一元。[14]他的研究從「家屋」的建築學與宇宙學意義對男女兩性的二元對立結構進行了整合,其與鄉村中家庭生活對男女分工的分配與整合同理。

一般來說,在傳統時代,因對家庭固定秩序(主要是父子關係)破壞的恐懼、功能性對待女性,甚至男性對女性生育力的不可控、對經血的恐懼(被認為是部落社會的看法)等因素,女性承受著生活倫理製造的一系列苦難。傳統禮制要求「女主內」,甚至不能隨便出門,使她們要對家庭生活的「常」與「順」負責。事實上,婦女在農業生產、鄉村手工業、商品生產以及熟人社會關係網絡中起著舉足輕重的作用。特別是在非宗族鄉村,女性對家庭生活的貢獻要更大,但由於一種固定的傳統文化觀念,她們在精神上承受著更大的壓力。這也促使她們通過其他非正式渠道參與社區公共生活,排解心理壓抑。

在這種情況下,民間信仰有助於打破正統禮制的「男外女內」觀,贏得了有外向意識的女性的青睞,特別是中老年婦女。在村裡,年過七旬的李奶奶的性格就是如此,她說話向來是一個大嗓門,而且以給人保媒拉纖獲取小恩小惠而留名鄉里。她會抽菸,也會喝酒,修廟時經常與王奶奶一起參與上外村「找錢」的事務。她這樣的性格自

---

14 Claude Levi-Strauss, *The Way of the Mask*, University of Washington Press, 1982, pp. 163-187.

然不甘心只在家做家務。現在,她平時參與指導村裡文化宣傳隊的日常排練;火神聖會期間,又組織村裡中老年婦女扭秧歌。

人類學家謝里・奧特納(Sherry Ortner)就指出,原始社會,女性因家務勞動而長期在家,男性因狩獵而長期在外,男女對立其實是文化與自然對立的象徵,同時也暗含著社區與家庭領域的對立,從而形成人類社會的普遍象徵。波特(Jack M. Potter)在研究廣東薩滿信仰時也指出,「女性成為薩滿的比例要高於男性。由於被宗族和家庭系統壓在底層,故婦女除通過被丈夫、兒子代理外,自身並不會參與到權力、財富和聲望的競爭中。」[15]在彭慕蘭(Kenneth Pomeranz)看來,碧霞元君未被國家正式化的原因在於清朝時期人口繁盛、經濟發展,產婆、媒婆、巫醫等角色的興起,引起了文人、士紳等對女性參與、主導社會生活的排斥與貶壓,因而對女性的倫理規制也更加嚴厲。[16]碧霞元君作為民間祭祀的一種女神(後又晉升為母神),被普通百姓混融了「正/淫」之分,為現有秩序提供了寬容的輔助力量。民間道教之一的弘陽教,以「真空家鄉,無生老母」的八字真言為教義,揭示的正是母性形象的崇拜偶像,並將宗教情感的基礎歸咎於因人類生存的苦感與宿命感,而產生的欲重返生命故鄉、母體懷抱的願望。

總的來看,天然的一種想像就是,男人看上去是理性的,總是與文明或文化相關聯;而女性則被認定為感性的、非理性的,因而與自然或野性相關。實際上,在移民村落的社會生活中,女性作為家庭生活的主導者,往往更能將親屬之間的個人互動發展成為家庭層面的家庭互動,進而在非宗親的社會關係範圍內,搭建、維繫起與整個村落的熟人關係。

---

15 〔美〕波特:《廣東的薩滿信仰》,載〔美〕武雅士編,彭澤安等譯:《中國社會中的宗教與儀式》(南京:江蘇人民出版社,2014年),頁234。

16 〔美〕彭慕蘭:《泰山女神信仰中的權力、性別與多元文化》,載〔美〕韋思諦編,陳仲丹譯:《中國大眾宗教》(南京:江蘇人民出版社,2006年),頁117。

## 二　姻親來往

　　經由婚姻建立關係的兩個家庭往往會在責任和權利上，形成介於血緣與地緣之間的親屬情感，並通過稱謂系統進一步明確責任、權利與身份的對應。比如一對夫妻中，婆家同輩的親、堂或表兄弟姐妹會稱呼娘家的父母為親（讀 qin，四聲）娘、親（讀 qin，四聲）爹，同理，娘家同輩的親、堂或表兄弟姐妹也會稱呼婆家的父母這個稱謂，而孫子女輩的則相應稱呼為親（讀 qin，四聲）奶奶、親（讀 qin，四聲）爺爺。這一稱謂本身象徵著兩家之間結成了準一家的親屬關係，父母、爺奶可以互相稱呼，並承擔起稱謂對應的部分親屬責任與權利。

　　一般來說，「姻親」關係的紐帶是以家裡的女性為主。包括女性的兄弟姐妹、侄子女、外甥／外甥女，乃至再下一輩或幾輩，都會圍繞著出嫁的女性，與她的夫家長輩、子女建立密切聯繫。人們往往認為，表親被賦予的責任與權利沒有堂親的多，因而總是帶有一些疏離感。當地村裡有「姑舅親，輩輩親，打斷骨頭連著筋；姨表親，不算親，沒了姨娘斷了親」的順口溜。但實際情況更為複雜，姻親聯繫實則以空間距離的遠近、家庭富裕的程度、親屬性格等因素相關。居住距離近的、家裡富裕的、家裡人性格開朗大方的親戚，兩家交往會更為密切。比如王奶奶的兩個妹妹是幫助她家最多的，王奶奶家庭不富裕，而兩個妹妹家一個在縣城、一個在市裡，而且妹夫都是有固定單位的人，家庭相對寬裕。因而，她的兩個孩子都在市裡的小姨家身邊。除了過年過節，他們平時也會到姨家「串門閒聊」、「吃飯打牌」等，一年時間比與自己在村裡的父母的來往還多。

　　在這裡，由於不同親屬所在地域、所事職業、所具性格不同，他們的發展前景也就有高低之分。那些生活在相對發達地方的人或有正當職業的人或性格強勢的人，總會吸引身邊較不富裕的表親、堂親來此依附。一般來說，堂親應該比表親關係更親，畢竟傳統觀念認為同

一個父系血緣的連接要比母系血緣更重要。但也正是如此，堂親有時候會認為我與你有親戚關係，如此行事是應該的，從而失去對堂親及長輩的尊敬、感恩等心態。而表親則會因為有一個「能掙錢」或生活成長的機會不容易而十分珍惜，也會尊敬、感恩給予機會的親屬，甚至大事小情都與親屬長輩商議。因此，「姻親」之間的來往互惠與個人因血緣親疏產生的距離和心態，以及社會對表親／堂親的一般看法密切相關，充滿複雜性、情境性。

　　建立起婚姻關係的家庭需要保持常態性的禮物交換關係。在每年過節過年、長輩壽辰、子女結婚、親屬生病或亡故等，姻親都會來往互贈禮品。親屬之間贈送的禮金數額，基本視事情的重要與否而定。一般家庭來說，直系親屬的事情會隨禮更多，有些事甚至還要出人工。比如兄弟姐妹或其子女結婚屬於大項開支，如果是一個孩子基本會隨兩千至四千元；如果是兩個孩子，則每個孩子會隨一千至兩千元，使其基本保持平衡。而家裡老人去世、親戚生病、壽辰等，一般會隨禮兩百至三百元。而每年過節過年一般就是兩百元左右的酒水飲料、雞蛋食品等物品的互相贈送。這一親屬間的禮金數額已在經過十餘年的快速上漲後，於近幾年趨於穩定。村裡的一些年輕人還記得，二〇〇〇年以前，長輩給的壓歲錢就幾塊錢，當時錢也值錢；二〇〇〇年初的時候，就有二十、三十元這樣的情況，慢慢就是五十元、一百元，最高就是兩百元。這些隨份子的錢還會根據家庭每年富裕程度而小幅增減，但一個事情兩百元基本已成定例。

　　姻親之間來往也會看一方的姻親的家庭、社會資源會不會對己身有所幫助。如果一方家庭較為困難，姻親之間的關係就會鬆散，甚至斷聯。章江的姐姐章麗在公社高中結束後，就去了市區的姨家，借著住在姨家，找了工作。她與一位住在自己附近的、家是圍場的男子相戀、結婚。他家的生活算是富裕的，家裡人也多，有六個兄弟、二個姐妹。他家裡的大哥在圍場開了一家紡織廠，家裡的親屬基本就圍繞

著這個廠子工作，他在市裡給他哥哥的店鋪幫忙。婚後，兩人在市裡姨家附近做起了日雜用品的買賣。隨著市場經濟的放開，章麗家的買賣做得好、生意持續上升，積累了一筆錢，慢慢地轉行去開飯店。在他姐姐的幫助下，章江與妻子於一九九六年前後，也到市裡做起了同樣的買賣。這個時期，章麗的丈夫逐漸迷上了去舞廳跳舞，並開始與舞廳的一個當地女子形成固定的舞伴關係。那個時候，普通人看到這種情況，天然地會與男女不正當關係聯繫在一起。但她丈夫還不承認有這種事情，堅持認為自己要從事舞蹈這個行業，做舞蹈老師、辦培訓班。隨著二人矛盾的持續與擴大，二〇〇六年，章麗在家人的支持下離了婚，兩個子女也分別被判了一邊一個。章麗與丈夫離婚近二十年，依舊沒有再婚。問起原因時，她會說，有兩個孩子呢，守著孩子過唄；自己更自由，這麼多年也習慣了；年齡不小了，也沒有合適的了。但二〇二三年底，一直以舞蹈為業的前夫在廣州因深夜參加酒局出了意外，在醫院重症監護室待了一週多，才得以倖存。住院期間，他精神還不太好，吵著要回家。他閨女就把他接回了承德，租住在市區，並由閨女出面勸前妻章麗來給他做飯，臨時照看，並支付相關費用。當章麗前大姑姐（前夫姐姐）在她閨女、侄子面前提起，想讓他倆復婚時，他侄子立馬反對。此事，他侄子跟章江說了之後，章江也很生氣，說他家根本不會辦事。這種事就不能跟兩個孩子說，還有章麗長輩和他這個弟弟在呢。如果會辦事的人家，會把相關直系親屬請在一起，共同說一下，畢竟「犯錯誤」的是男方。大半輩子都過來了，誰還會阻攔。這就是根本沒把她娘家人放在眼裡，他背後的意思是女方的家裡「窮」，沒啥有本事的人，也幫不到啥忙，自然就不會按照對等的態度來往。

章江妻子家那邊有一個哥哥、兩個弟弟，一個哥哥和弟弟住在張灣，一個在縣裡打工。由於章麗和姨家、章江等住得不遠，他們經常互幫互助，來往親密。而章江一家相對來說比較穩定，早先在市裡做

日雜用品的買賣，二〇〇七年買了房子後，就在市區隨便找點活、打工。以前，每年年底出攤做買賣，特別忙碌時，妻子娘家的兄弟都會到市區幫一週忙。章江姐姐家的閨女在結婚時，隨了兩千元，而在他兒子結婚時，他姐姐隨了三千元，他侄女隨了一千元。然而，他姐姐家還有一個兒子還沒有結婚，假如結婚時，章江肯定還要再隨份子，而且還要與他侄女隨的份子金額一致，因此大致上，他不會產生虧空。在他妻子的侄女（二弟家的閨女、大哥家的閨女）結婚時，他家因為只有一個兒子，而哥哥、弟弟家都是兩個孩子，每家就只隨了一千元。而他家兒子結婚時，兩家卻各自隨了兩千元。因為他妻子的哥哥、弟弟都知道，自家還有一個孩子沒有結婚，到時候，還會再隨份子。

　　總的來看，「姻親」關係之間的互惠充滿動態性。基於利益與情感的計算充斥其中，使姻親在這種彼此來往中保持一種微妙的和諧關係，達成交換互惠的表象效果。在一個村落，「姻親」也以超出單一家庭的關聯形式，進入社區層面的互動秩序中。不同村落之間也會因同村人的婚姻關係，而拉近兩個村落之間的陌生人關係。兩個不認識的人通過彼此「盤親戚」關係，找到共同關係的人，確立起血緣與地緣交織的遠距離親屬關係，從而為原本同一個地域的地緣關係再增添一道擬親屬性的情感關聯。

## 三　鄰里互動

　　一個村落內的「鄰里」關係，既有地緣上的附近性，也有血緣上的親近性，是兩種關係的雜糅。一個村落多多少少都可以通過龐大的人際網絡建立起帶有親緣性質的鄰里關係，並以親屬稱謂維繫、鞏固彼此的權利與義務。也因著這樣的「臨近」關係，人際之間呈現出「溫暖與冷面」相間的複雜性。人際之間的互惠特徵也呈現出多樣性，如分工互惠等。

## (一) 溫暖互惠

　　從張灣人的信仰生活透視日常生活，往往會聚焦到人際交往的事實上。無論是傳統生活，還是現代生活，村落內人與人之間的往來均以贈予金錢、實物的方式表達彼此情感。村民的常規性互助場合雖然變少，但在涉及人生重要節點時均會有所體現。章江家的房子是在二〇一五年間翻蓋的，當時蓋房子需要幫工，他的鄰居家每家都會出一位過去幫忙。雖然近年來專業建築隊已解決房子的主架部分，但在房梁立架、細碎工作上仍需靠幫工完成。房屋上梁的前一天，章江要找好親戚、朋友、鄰里前來相助，這些人必須要能夠按時前來。王奶奶在事後還說了一段帶有神秘色彩的故事。上梁當天剛開始的時候，左側的房梁上不去，是保家仙請了兩位上方仙家，才托舉上去的。這種帶有神秘性的表達看似不可思議，實際上恰恰表達了村民對村落集體互惠的神聖化記憶。當鄰居家二〇一六年建小房時，章江家的兒子又會去還他家的幫工情分。在他家蓋房子時，因菜園被占，鄰居經常將自家種的菜送過來。他家老人生病時，同在村廟幫忙的人也會送禮品或現金來看望。在廟管委會會計陽雲女兒婚禮回門慶典中，同在村廟幹活的章枝隨了比普通份子更多的錢；原來的村支書也應邀到婚禮儀式現場進行主持、致辭。在張灣，類似這種「鄰里」之間的互助來往十分頻繁，而且地緣、親屬關係將彼此之間的距離拉近。

　　據我觀察，類似日常生活的互惠互助普遍存在於村中，而且這樣的互惠也直接表現在村莊生活的「神聖」活動中。已過六十歲的小秋家有兩個兒子，全因打架而入獄服刑過，她通過參與村廟活動、供奉神靈來緩解家庭危機、生活不順帶來的焦慮心情。她走上這條「道」是在王奶奶的引導下進入的，她倆現在是非常要好的朋友，兩家隔著一條胡同。她倆相差有十五歲，但並不妨礙二人以姐妹相稱，小秋更是經常來王奶奶家裡幹活兒。有一次王奶奶的腰受風了，不敢走路，

她沒有告訴遠在城裡兒女,而是小秋在她家住了七天,照護她,直到痊癒。小秋在一次祭「保家仙」之前,忘記了家裡沒有「金寶」,而且需要準備上百的數量,她就會買金紙到王奶奶家一起疊。還有一次,小秋的二姐給了她五百塊錢,不小心讓她弄丟了,她就去找王奶奶,讓她幫忙算算,結果是找不回來的預示,小秋也就此作罷。

用現代人來看這些十分荒唐的故事,實際上,卻是張灣人溫情互惠的活生生寫照,這些日常瑣事為張灣民間信仰的歷史書寫增添了許多可以感知和觸碰的內容,也讓我們能夠從日常生活中更接近民間信仰在村民間的某種滲入與開放。與物物交換一樣,人的生命意義與存在價值是在村民日常的交流互動中彼此關照、彼此依賴的。這種互照既體現在「世俗」生活中,又體現在「神聖」活動上。「聖俗」已然交織在一起,會隨著神靈祭拜的節律和需求的變化呈現出不同的互惠場景。

## (二)冷面互惠

改革開放以來,強調經濟理性的生活邏輯重塑了鄉村的社會生活,也造成了村落內部家庭經濟地位的巨大差異,同時在心理層面,也造成了人人關係「陌生化」的事實。在張灣生活中,儘管人人之間存在著利益糾紛,但人們不會當面戳破,最常見的辦法就是不去理他,不參與他家的生活過程。章江提到,他知道幾年前姑表哥黎慶將他家新買的鐵門搬走至今未還,甚至都不提了,令他心存不滿,但他從未當面戳破。在火神會上,兩人見面依舊打招呼,但在他女兒婚禮的回門慶典上,章江隨了與其親屬位置不相對應的禮錢,以此表達自己依舊糾葛舊事。

在村廟節慶、「火神聖會」的集體活動中,人們之間的區隔會被弱化,心底的情感會再被喚起。村民心裡雖會記對方的「欠帳」,但當涉及集體活動、家庭婚喪嫁娶等事時,仍會進行往來隨禮。村民通

過數額與位置的不對稱來表達對之前事件的不滿，以此伸張自己的正義。在這一過程中，收禮者又欠了送禮者一份人情。當送禮者舉行人生禮儀時，之前的收禮者會再還回這份人情。在彼此的給情、還情之間，人與人的情感關係維持著表面的義務，而以金錢價格、物質禮品為媒介的經濟行為成為了表達同鄉、親屬之情的工具手段，也就是說，當情義交換先於經濟交換時，經濟就變為一種手段，內在於社會關係之中。在互惠交換中，送禮者與收禮者道義級序間的互相轉化，建構了村民互相支持的關係網絡和社會生活的綿延秩序。這種基於人情的互惠交換，充分表達了民間交換形態的社會性與道德性。

在集體符號的活動中，村廟負責人和社火組織者作為文化精英，與普通群眾形成了一種等級涵蓋關係。這些擁有民間知識的人與一般村民之間形成了組織者與普通參與者的身份位置。組織者負責活動的全部安排，是民間知識的代理人。這些精英既是村民，又是村集體的代理人。他們通過對「涉神」活動的組織，搭建起「村」集體與「民」個體之間的互動橋梁，在尋求家庭和順的同時，又承擔著集體責任。這些人彰顯了村落集體的秩序在場和情感緣起。在活動期間，一些普通村民作為小會首也有機會掌握儀式的部分權力，從而形成儀式的集體負責制，保障村莊秩序的動態平衡和村民之間的共享情誼。

在那些看似平淡而普通的鄉村生活中，禮物以一種藝術的動態方式貫穿在村民的日常生活中。這些禮物不僅是冰冷的物質，更是人們不可缺少的情感媒介，維繫著不斷變換的社會關係。梁漱溟指出，中國社會的倫理本位特徵有其義務性的存在，彼此之間互相負有相當的義務關係，從而無形中成為一種組織。個體本位或團體本位的社會因其各自占據兩「極」，使人無所適從。[17]在他眼裡，中國社會呈現的是倫理本位的同質特徵。這種儒家想像儘管有些絕對，卻為我們提供了

---

17 梁漱溟：《中國文化及其要義》（第2版）（上海：上海人民出版社，2011年），頁89-91。

一個標準化的參照體。韋伯在論述儒教與道教的關係時也指出，儒教所具有的互惠主義實質。[18] 以人人之間的倫理關係維繫社會，是傳統社會的根本邏輯，這一邏輯與禮物交換中強調的義務性一致。而現代市場經濟邏輯下，強調人們彼此之間的主體或權利而忽視義務，必定導致人的欲望無限擴大。忽視彼此、重視自我會使維繫社會運轉的道德因素相對化至個人領域，從而失去集體意義。張灣民間信仰的實踐邏輯則為人們呈現了社會生活的不同場景，在「熟人社會」不斷消逝的今天更顯彌足珍貴。

### （三）分工互惠

互惠作為民間法意義上的制度安排，有其一套自成體系的權利、義務系統及運作機制，最有代表性的是北方農村的「幫工搭套」式農耕互助；南方農村的「協助水利」式勞作互助。這些形式在現代鄉村社會雖已不太常見，但仍以其他形式遺留在生活中。我在村裡時，參加了一次打棒子（玉米剝粒）的農活幫助，從中看到了村內一般的分工互惠情況。這次打棒子像是一個村莊內部普通人家生產、生活的「縮影」，映射著普通人家的生活秩序。正如馬林諾斯基所說，法律規則是「由建立在互賴基礎上和互惠服務的同等安排的認同上的特定社會約束力機制所強制執行的，並將這些權利主張融入錯綜複雜的關係網絡中才能得以實現。配合了必需的公共控制和批評的禮儀形式在絕大多數的交易中被完整地執行，從而更增強了它們的約束力。」[19]

曹爺爺家的孩子有兩男、兩女，大兒子、兒媳與女兒、女婿都在外上班，無法及時回家照看。而在最近的兩年，他的老伴兒（2018年

---

18 〔德〕馬克斯・韋伯著，康樂、簡惠美譯：《中國的宗教：儒教與道教》（桂林：廣西師範大學出版社，1995年），頁268。

19 〔英〕馬林諾夫斯基著，原江譯：《原始社會的犯罪與習俗》（昆明：雲南人民出版社，2002年），頁35。

4月)和小兒子(2019年12月)相繼因病去世,老伴兒是得了急性腦出血,而小兒子則是得了肝部疾病,這個病至今說不上是什麼名字。小兒子的病折騰了家人三年,他定期要到醫院給肝部抽水,厲害時肚子腫脹得特別大。因而,現在的家裡只剩下曹爺爺一個人。這次打棒子,他找了左鄰右舍進行幫工,也叫上了我。幫工的一共有十一人,其中,二位女性。打棒子從上午八點半開始,到十點五十結束。人員如下:四人裝棒粒、兩人往打棒機裡裝棒子、一人摟棒穰、三人垛棒穰、一人做飯。棒子是為了賣掉,而棒穰是用來燒火的。收棒子的糧店還在價格上每斤多算了一分錢,給別人八毛五,給曹爺爺八毛六,這次的棒子共賣了四一九六元,而糧店的老闆給了四二〇〇元,以示幫助曹爺爺家的生活。打完後,幫工人在曹爺爺家聚了一頓飯。

這次幹活可以看到以下的分工秩序。首先,男性是農活兒的主要勞動力,年輕人、中年人都是平時在外務工的,而女性和不善活計(被說是沒勁兒)的人(一般是未成年人)則負責收拾較輕且需要規整的棒穰;其次,機器、挖掀、車等的使用牢牢地掌握在男性手中,這些工具節省力氣,而女性則需要彎腰、蹲著以及用雙手進行;再次,男性的工作直接與買賣的商家和生產關聯,裝好的棒子直接拉去賣掉,而女性的工作則與家庭消費關聯,棒穰用來平日生火、做飯。最後,做飯的是一位有正式工作的退休人——村廟的賀大爺,農活兒的髒、累與做飯的輕快兒、乾淨形成了對比。男女合作共同完成了這次農活兒,共同幫助了曹爺爺的家庭生活。曹爺爺還說:「幸虧有這些人,要是過幾天下雨,就完蛋了。」

家庭生產與財物交換是由不同性別來完成的,女性的工作被規定為圍繞著家庭生活進行,而男性則與支撐家庭生活的經濟行為相關聯。有權威者始終占據著日常生產、生活中的優勢地位,不受體力活計的苦和累。更為關鍵的是,這樣的分工秩序沒有人指揮,活計是自己找的,是這些人自覺、自發形成的。這樣的分工結構已經烙印在村

民的生活實踐與深層思維中了。在這樣的結構秩序下，男女、有權者與平民集體協作，共同完成了一次社區內部的互惠行為。

圖二十　農活「打棒子」中的分工互惠

## 四　贈予姿態

　　禮物交換中，對他人給予的人情除了表達在禮物這一物質實體上，還表現在人的姿態上。送禮時，不接受他人的禮物看起來是一種最為合適的姿態，彷彿接受了禮物，就會產生更大的麻煩。不過也確實如此，莫斯在談到「禮物之靈」時就說過，"hau" 起雙重作用，一方面將人與物融通起來，在精神上使物與人不可分離；另一方面，恰是融通，迫使物在離開人之後，對接受者造成威脅。人際的送禮行為是與人所表達的「熱情」緊密相關的，這也是人情的另一種含義。那些展現人的熱情的姿態，更能表達他們對他人的尊敬。

人際交往的姿態表達著禮物與商品之間的屬性差異。我在村中能明顯地感受到,如果有人拎著禮物進另一個人的家門,被送禮者會表現出不好意思的臉色,「欲拒還迎」始終是二者之間的儀式性受禮程序。當然,在大多數情況下,贈禮者都會達成目的。在理想狀況下,送禮的結果也會隨著關係程度的不同而產生變化:如果雙方是親屬關係,那麼禮物的推揉就不會過於激烈;倘若是一般鄰里關係則會表面上推揉,而後接受禮物。此時,禮物的送出以接受者不必回報為送禮者的姿態,送禮者往往會說「帶得不多,是個心意;這些東西,不用在乎;給你點,能咋地」之類的話語。若是親屬、鄰里有事相求,接受者會根據事情能否辦到,或接受,或拒絕。陌生人之間的送禮行為變數最大,結果往往不一,且這種行為表達著強烈的功利性動機。這時,禮物實際上是半商品的性質,意在交換出等價的「事」的解決。送禮者以「辦事」為名,受禮者以禮物價值的大小、事情的解決難易度為標準。

這些送禮行為並不簡單是物質交換這一點,更是對受禮者的敬意。這些敬意既在血緣關係、地緣關係、業緣關係中流通,也有經濟、權威和聲望層面的意涵。

在禮物交換的姿態中,莫斯曾描述過這樣一個場景,「贈予所採取的形式及其莊嚴,接受贈予的一方對禮物假裝表示出輕視和懷疑,直至它被丟在腳邊以後才收下;而贈送的一方卻表現出誇張的謙卑;在螺號聲中,他恭謹地獻出他的贈禮,並為只能奉上自己所餘的東西而表示歉意,然後把要送的東西扔在對手(亦是搭檔)的腳邊。」[20]而北美「誇富宴」則描述了富有者通過「捨棄」物質財富而換取「精神」聲望的過程,其成為一種確認社會等級的常用手段,其中,給予者(而非接受者)獲得了更高的社會級序。這些或慷慨、或謙卑的姿

---

[20] 〔法〕馬塞爾・莫斯著,汲喆譯:《禮物——古式社會中交換的形式與理由》(上海:商務印書館,2016年),頁48。

態除了出於與其建立庫拉關係外，也出於與其他對手的競爭、追逐富貴、貪圖利益、炫耀等行為動機。[21]二者都在表明這是一種義務性的行為。

在中國儒家社會，低一級的晚輩、下屬等要向長輩、師長、上級領導贈送禮物，以表達自己的「心意」。這時，贈予者通過贈禮的行為表達了對收禮者的更高地位的承認。閻雲翔認為，這是一種單向的禮物流動，在表示「心意」的過程中，常常會有「孝敬」的意涵。在儒家社會，孝與敬是家族內的小輩義務，贈禮者與受禮者之間是成員化的親屬關係，禮物維繫著家族內部的秩序認同。晚輩通過贈禮為自己鞏固舊的親屬關係，並創造新的親屬網絡，以此擴大家族範圍，因此，孝敬饋贈是父子關係的具體象徵。[22]饋贈還象徵著家庭倫理，其行為的一個特點是家庭成員之間的差序結構。這個「等級」以家庭為基礎，可擴展至社會層面，比如行政等級；也可以收縮至某一特定社會情境中的個體位置級序。儒家社會成員的倫理秩序通過以家庭為節點、以個體為動力，形成了一個往來互動的關係網絡，關係網的邊界正是倫理規範的標準，網絡連接著個體，也規範著秩序。

人在禮物交換中的姿態是禮儀與交換的一種綜合，人的姿態表達著禮物交換中人的心態。在儀式性的送禮中，送禮者要考慮與被送禮者身份相符的禮物，不能過低或過高，以免造成對贈予者身份的禮儀失位。姿態在不同社會地位的明確上，表達著人與人之間有差別的互惠往來與相互尊敬。姿態中展現出來的人的情感，與這種姿態所表達的功利性需求同等重要，有時其與廣泛的、無緣由的「敬」（敬神、敬人）密切相關。

---

21 〔法〕馬塞爾・莫斯著，汲喆譯：《禮物──古式社會中交換的形式與理由》（上海：商務印書館，2016年），頁56。

22 〔美〕閻雲翔著，李放春、劉瑜譯：《禮物的流動》（上海：上海人民出版社，2000年），頁240-244。

總之，從信仰空間來看，社區包含家庭、家庭構成社區；從性別空間來看，男性從事公共事務，女性從事家庭事務；從性別象徵來看，男性通常與嚴肅正直的理性人或權威者相聯繫，代表著社會規範的不可逾越，而女性則具有一種「慈悲」形象，象徵對凡人苦難的同情與憐憫。社區與家庭、性別之間的等級含括結構，使這種分工明確的兩性關係，統合於個人對家庭順遂、闔家幸福、富裕安康的美好期待中，而村落的社會生活得以互惠共生。「保家仙」信仰的存在就相當於一種載體，生動地展演社會生活的文化信仰體系。從正到雜到淫，形成了一條漸變的譜系。從中可以看到，性別分工代表著不同的社會再生產領域，即男性更加傾向於社區再生產，而女性則傾向於家庭再生產。性別差異、男女分工差異使這些歷時已久的分工內化為社區具體的文化形式和關係，當地村民已經將這種自己所偏愛的性別分工賦予人生意義，並成為他們日常生活的一部分。家庭對男女的涵蓋，使其成為儀式轉換的空間場域，家庭內部進行著從一種狀態到另一種狀態的儀式過渡，從某種意義上講，家庭承擔著如特納所說的產生持久性的社會交融的功能。

## 第三節　人物之間：符號互惠

　　英國考古學家伊恩‧霍德（Ian Hodder, 1948-）從「糾纏」（entangled）的理論視角，系統闡述了人與物之間的依賴關係與依附關係的辯證性。他指出，人與物質實物是糾纏在一起的相互共存、相互作用（interaction）的、具有矛盾性、混雜性和生成性的多重關係。[23]我在村中能感受到由物質喚起的兩種敘事，即對物質習俗的敘事和生活物質的敘事。人與社會的關係一方面通過人與物的關係表達，另一方

---

23 Ian Hodder, *Entangled: An Archaeology of the Relationships between Humansand Things*, A John Wiley &Sons, Ltd., Publication, 2012.pp.9-11.

面又需在人、物相處的時間、空間中表達。無論何時，對物的占有始終維繫著社會、情感和精神的連續性。物的重要性在於其所承載的知識和意義，特別是對偏離中央的地方的記載，物本身包含著對沒有文字的地方歷史的理解。物的能動性既使人的存在與認同成為可能，又使人與自然之間的聯繫成為現實，而物的客體性在時間與空間的表達中，也塑造著作為地方的人。

交換物的性質對交換過程有著不同影響，從生物層面的有生命機體，到物理層面的無生命實體；從每天所需的日常之物，如食物，到神靈所需的表達之物，如紙錢。若僅將它們放在世俗、功能的視角上進行考察是不合適的。況且，整體的符號體系所表達的生活意義與該地時間、空間、人的關聯密不可分，從神聖之物到日常之物轉喻了人與他者之間的彼此互惠，因而，人與物的互動既表現出符號性、媒介性，也是實在性的，還是現象性的。這裡所說的「符號性」（semiotic），是為了區分人與神之間的「象性」（iconic），前者外在於物，後者內在於心。最終，「人與物」之間形成了一種理想性的基於符號系統的精神互惠。

## 一　神聖之物

作為物質文化遺產，張灣清靜寺建築的存在是人們對神聖之物最典型的文化理解，這種理解基於信仰觀念和儀式行為表現出來。歷史上，清靜寺是張灣村民進行儀式活動的主要場所，人們通過重啟、翻修、整理寺廟建築、神像來表達對神靈的敬意、對地方文化秩序的認同。這種物質意識既要與官方態度相適應，也要與市場發展相適應。一方面，政府有責任通過文化遺產來維繫一種地方文化的傳承與延續，由此得到縣文物部門、宗教部門的認可是村民們的普遍期盼；另一方面，文物的建築材料、神像、香火、香爐、金銀紙錢等都已變為

商品，人們不得不在市場中獲得。在地方話境中，村民們也存在著不同的意見表達。在與廟管委會人員交談中，曹爺爺總會把縣文物部門頒發的證書拿出來，展示的時候，其自豪感油然而生。而王奶奶卻認為得到神靈的認可才算功德無量，現世政府的獎狀不能代表他的功業。[24]由此來看，國家通過物質遺產的方式彰顯民族文化的背後，其實也是在用普遍性的文化遺產知識來認定地方遺產及其知識，其所受到的必然是基於地方觀念的理解與回應。因此，爭取官方嘉獎與地方認可同時出現就不足為奇了。同時，當市場上的商品不能滿足村民的心理期待時，人們也會用另一種態度來表達。比如神像形態、材質不合格，導致神位不落；寺廟牌位位置不對，導致神靈混亂等，這些因素也使一些老人不再去廟裡上香、供奉。

社區層面的寺廟、神像、牌位，家庭層面的保家仙堂單、香爐碗、塑像，均是凝聚人們認同、表達文化歸屬、豐富精神生活的象徵符號，塑造著當地社會的倫理秩序與道德準則。寺廟、塑像、牌位等是集中表達村民對不可見神靈的可視化呈現，其以神格的道德代理身份在村落中存在。這種人格化的表達是地方世界獨特的秩序建構與意義呈現方式。其中，「保家仙」不會塑像，只有正神才可塑像；經過翻修和重塑，不同塑像代表不同功能神靈，而不同功能的神靈又代表著不同的保護領域，本質上是人們對神靈功能的安排。這形成了村廟信仰的轉喻性表達。這種意義傳達方式是當地村民潛移默化、上行下效繼承的歷史傳統，即使在現代社會仍保持著鮮活生命力。

不僅如此，從二〇一八年的「總管長仙」神龕、二〇二三年的「金銀庫」、二〇二四年「火神聖會」的新建小廟、神像，可以看出，被識別為文化遺產的傳統文化對其自身的物質性、具象性的要求越來越強調。也就是說，民間集體性文化的存在必須要通過物質形式

---

24 根據二〇一七年一月，對曹爺爺、王奶奶訪談整理而得。

以自證。這既可被視作一種無形文化的實體化建設行為，也可被看為一種應對傳統文化消散的必然之舉。同時，結合目前，文旅融合中的「寺廟熱」、「非遺熱」等文化展演現象，這些行為表達了民眾的一種文化態度，即當傳統文化不能通過共同體成員的共同記憶維繫時，「物質化」文化就成為傳統文化生存與傳遞的必然方式。

在家庭層面，喪禮要有一整套的給逝者準備的物品，包括從紙糊品、壽衣、棺材等到子孫所持的招魂幡、哭喪棒、倒頭飯等。這些物品表達著生者對紀念逝者離去的儀式的規範意義。子孫準備好逝去先人在陰間所需之物，以防止先人對後代有所不滿，引發厄運。在逢年過節的祭拜中，村民會按時間節律給祖先送些紙幣財物、菸酒等，以求慰祖先安穩，不要回家。人們也會在「上墳」期間，回憶逝者的形象與事蹟，藉以達到懷念和傳遞的目的。而且，村民也會根據日常所生的夢境，來緬懷逝者，比如經常夢見已逝祖先，就要及時「上墳」，補充物品，念叨「不要回來」等。物品在祭祀過程中被「激活」，獲得溝通人與祖先的力量，而人們通過消費這些祭祖物品獲得祖先護佑。

「保家仙」、墳墓及家庭層面的信仰實物，包括紙質的手寫「仙位」牌、實體的財神爺、觀音菩薩像、墓碑等，這些廣泛存在於各家戶之中的信仰實體，在個人層面上凝聚著人、物、神之間的關係。其中，最為特殊的是文字的存在。文字作為一種書寫符號，是人們傳遞信息、記錄歷史、掌握知識的象徵。每當重要節日「上香」時，人們要寫好請求、金銀紙錢數量或寄送的地址等內容，隨同金銀紙錢一同焚化，以示敬告神靈。雖然張灣已經沒有了「敬惜字紙」的傳統，但其仍是人與神溝通的重要「交通」工具。

神聖之物除了包括表達神靈、祖先存在的實物之外，廣義上還包括自然的山川河流、五穀莊稼等。關於本地山名，村裡亦存在諸多傳法。村西北山名曰九梁頂，當地民眾稱之為肋巴山，也有九龍山的稱

謂。因從村內看去，山坡處有多條山脊呈東北、西南走向平行排列，形如肋骨，故得此名。東北山名曰西炮臺山，傳言該山是在王朝征戰中，炮架子立於山上而得名。該山以北，村民稱為王帽山，因該山頂處有一凸起平頂，如同皇帝的帽子而得名。再向北望去，是老公山（或稱雲盤山）。相傳，清乾隆二十二年（1757年），有一位叫劉文奎的「老公」（指宮廷宦官）看破紅塵，來此山出家，並葬於此山。他化緣集資還在山上修建了「天仙殿」以供奉玉皇大帝、王母娘娘等神位。同時，當地人經常見到空中的白雲盤繞在該山頂，也稱之為雲盤山。該村南側的山名曰南梁，也有人稱鳳凰山。村民以村落中心所在地為基準，通過方位、形狀、傳說等對所處的自然景觀進行編碼，以適應日常生活的需要，這種建構地方性的象徵手法是移民社區常用的手段。通過將四個方位的自然景觀賦予人文意義，當地人以人格化的方式構建起象徵「中央－四方」的空間觀念，並以倫理化的組織形式表現在當地的日常生活中，是宇宙空間觀的具體化表現。這些構成地域認同的表達方式也是構成「人－物－地方」認同序列的一部分，凝聚著具有認同內涵的地理方位感。

邁克爾・羅蘭（Michael Rowlands）指出，「正是一種超越時間的努力，使本真性凸顯出來，並使神聖處所、藝術、儀式成為本真性的『自然』棲息地。」[25]物質通過人賦予的神聖性而具有特殊意義。人供奉物，使物獲得了人的部分屬性，成為人的本體隱喻。「人物」的相對關係規範著民間生活習俗，從而涵養理性行為，成為集體的內聚性道德。通過實物象徵秩序的表達方式，村民生產了這種規約，也獲得了內部的認同感。

---

25 〔英〕邁克爾・羅蘭著，湯芸、張原譯：《歷史、物質性與遺產》（北京：北京聯合出版社，2015年），頁12。

## 二　生活之物

　　生活之物的交換會在日常集市的貿易活動中，與廟會、聖會等一同展開。現代市場上的豐富物品，是與人們在缺衣少食時代裡的記憶截然相反的存在。廟會不僅為人們之間的交流提供了會面場合，也為人們將各自所產、所採之物帶到固定市場上交換提供了契機。物的競爭買賣與平等交換，成為「人物」互惠的重要內容。同一地域的相似物產交換也會產生區域內對物的認同。這些物表明了一個地方的獨特性質，也在一定程度上建構了地方性。

### （一）集市之物

　　每週六的集市都會有來自本村、鄰村、領鎮的商販或是帶著自產自養的果菜禽畜，或是帶著從山裡採來的菌果野物，或是帶著批發而來的農具衣物，到張灣集市上銷售。在不同的時節，商家主要販賣的物品也是不同的，就我逛集市的直觀感受來看，食品是經久不衰的，包括水果蔬菜、油炸熟食等，無論是在過年過節，還是在平常時間；而到了過年，糖、春聯、衣物、家具、家禽等則會增多；夏季，村民自家種植的瓜果蔬菜較多，冬季的商品則多是批發而來。值得一提的是，沒有村民會在集市上賣玉米、大米等糧食，反而會有一些賣小米、高粱、黏米等粗糧。現在，張灣的莊稼地以玉米種植為主，而那些靠近山坡的緩坡地則會有村民種一些小米、高粱、黏米等。這些非主流作物是集市上頗受歡迎的商品。究其原因，除了鄉村中的自產自銷傳統外，村裡穀物種植的單一性，與人們在飲食上對食物多樣化要求之間存在著張力。日常生活所需的多樣化，反而使那些來自「野外」的食物受到極大重視。這些粗糧成為調節日常大米、白麵之外的重要食物補充。

　　糧食生產實際上與國家和市場把控密切相關，從社會主義集體化

時代的「學大寨」，到目前由村種子站統一提供種子、糧食收購站集中收購糧食，張灣村民種植的糧食實際上最終大部分是要換成貨幣的，只有那些種在「邊緣山地」上的糧食才是自己消費的。也就是說，莊稼地與邊緣山地是一種互補與穩定流通的關係系統，人們從山地中獲得莊稼地欠缺的食物，實現能量與營養的多樣化補充。糧食不過是集市中熟悉（日常所用）與陌生（不經常使用）交換的微小部分。類似的來自於野外之物與日常之物的交換還有很多，比如以前在種水稻的時候，年輕人還會下田抓一些螞蚱和青蛙來吃。

從集市的分布空間可以看出，實際上，集市、村廟與政府是並行重疊的，其交換、祭祀、管轄所輻射範圍是共同疊合的，並沒有因現在的行政區劃而過多改變。施堅雅從經濟地理與集市區系的角度出發，他認為，標準集市（standard market）是一個內生的社會區域，在這裡，人們通過集市尋找配偶，完成聯姻。[26]但杜贊奇提出了「貿易圈」和「聯姻圈」不一定重疊的說法，他認為「即使聯姻圈包含於集市地域內，但我們有理由相信集市中心並不一定是確定婚姻關係的地方」，「市場體系理論只能部分地解釋聯姻現象，集市輻射半徑在限定聯姻圈和其它社會圈方面有著重要作用，但聯姻圈等有著自己獨立的中心，並不一定與集市中心重合」。[27]在這裡，雖然杜贊奇意在擺脫「環形圈」理論對社會關係網絡的束縛，但他們共同強調了村落空間具有的交換場域價值，這種交換不僅局限於物質層面，更是社會關係、情感與精神世界的整體性交換。

不僅如此，那些住在城市裡的親戚每當回張灣，村裡的親戚們就會贈送一些平日裡在城市吃不到的「山貨」，比如松蘑、榛蘑、葫蘆

---

26 〔美〕施堅雅著，史建雲、徐秀麗譯：《中國農村的市場和社會結構》（北京：中國社會科學出版社，1998年），頁45-46。

27 〔美〕杜贊奇著，王福明譯：《文化、權力與國家：1900-1942年的華北農村》（南京：江蘇人民出版社，1996年），頁19。

條、黏餅子、山核桃、野雞等。謝健（Jonathan Schlesinger）闡述了晚清時期，政府、民間對物產的開發及其所象徵的意義。清朝皇帝向滿洲和蒙古地區徵收毛皮、珍珠、蘑菇、人參等珍稀物產，通過對這些實物的控制，朝廷強化了對邊疆地區的治理。這種方物集中是朝廷「朝貢制度」的衍生品。進貢物產不僅象徵著權威歸屬，也代表其產地所具有的純真、豐饒、充滿生機等象徵意義，清政府將東北視為一種永恆的家園，與清朝的民族歸屬有著密切的依存關係。[28]「山貨」背後的交換意義已然不同於晚清時期的政治象徵意涵，但並不代表這種意涵沒有出現存續。無論歷史長短，這些來自鄉野的食物始終帶有一定的禮物意義，成為今天相對單一食物攝入中的新鮮面貌。因而，食物不僅是人的社會關係的重要組成部分，也是人與自然關係的價值源泉。

（二）祭祀之物

我在臘月二十三，農曆小年的那一天，記錄了王奶奶給各路諸神供奉的供品與祭祀，供品包括三摞饅頭、一摞橙子、一摞蘋果、一摞香蕉、三杯酒、三根菸、金元寶六十根、金條十二根。這些水果都有著諧音上的意涵，橙子代表誠心誠意，蘋果代表平平安安，香蕉形似元寶、意為香甜甜蜜。王奶奶在早上七點起床，在大鍋中熱上前一天已經蒸好的饅頭，並在爐子上燙上酒。放在最上邊的饅頭都被點上紅點，五個饅頭放在一盤是為一摞，一共三摞被稱為半堂供，而如果是五摞則被稱為滿堂供。當我問為什麼不擺滿堂供時，王奶奶說家裡沒那麼多人吃不了。橙子、蘋果、香蕉都是五個。祭祀的時間一般在上午八點前後，張灣冬季的早晨十分寒冷，大鍋中升騰的水汽如同雲霧一般。熱好的饅頭和燙酒擺放在院子裡的桌子上都冒起「白煙，裊裊

---

[28]〔美〕謝健著，關康譯：《帝國之裘——清朝的山珍、禁地以及自然邊疆》（北京：北京大學出版社，2019年）。

而上，等其它的供品都擺放完畢，王奶奶開始上香。她打開一籽香，用蠟燭點燃，舉過頭頂拜了三拜，就開始說一些請神的話語，請他們來聚會、喝酒，並說一些保佑身體健康、家庭順利的話語。隨後，家人點火「升錢」，燒著的灰燼隨著熱氣飄上天空就被認為是神、仙收到了錢財，有時還會出現灰燼「打旋」的情況。饅頭、燙酒的熱氣、香的煙氣和紙錢燃燒的灰燼都飄上天際，神仙就此收到了供品。待香燃至四分之三、紙錢已剩灰燼時就可以撤供了，撤供是有講究的。首先，那些供品擺在最上邊的要破壞掉一塊兒，是為破供，意在表示神靈已享用過。饅頭的紅點要取下；橙子、蘋果、香蕉的皮要扣下一塊；酒和點著的香菸不能全扔掉，這些供品撤回屋裡後就可以讓人們食用了。她認為，家裡人吃了這些被神靈用過的食品是有好處的。從中，可以看到，一種屬商業化的物品被整合到本土文化系統中的行為。市場化商品作為民間信仰的符號，在祭祀交換中用來交易；而交換之後，又被視為神性恩惠，被分食。

　　村民們對供奉給神靈、祖先的供品種類，有著明確的界定，包括祭神的物品和食物兩類。祭神用品中，「香」只能是給諸神、仙、佛，不能給祖先上香；黃錢紙、金元寶紙、銀元寶紙及折疊而成的各色紙製品只能給神、仙等道教神靈，不能給佛、菩薩等佛門神靈。供奉食品主要包括饅頭、糕點、水果、酒水等，佛殿不能有肉食、酒類，而九神殿、關老爺殿會有。食品在供奉結束後，會由廟管委會成員和在村廟幫忙的村民分享。供品起到了「人神溝通」的功能，供品是人敬神的禮物，反過來，人通過獲得供品而擁有神的力量，給人帶來益處。同時，供品中屬「靈」的部分被神靈收下，物質部分則由人們分享，以凝聚村民的親密、平等關係。但在村民上香時，人們不會顧及佛殿不准燒金銀財寶的規定，而大肆供奉。對於此事，廟管委會主任也表示無奈，只得設置一個鐵桶供人「升錢」，並賦予鐵桶「錢庫」的稱謂。曹爺爺說：「那些金元寶、紙錢，神、佛不花，都打發

仙家了。」在村民看來，以供品、冥幣的形式供奉神靈，是為了獲得神靈的恩寵，給人們帶來好運。

這與求得神靈的救贖不同。西方學者對祭品的另一種解釋是現世人為求得神靈救贖而通過精神貨幣（祭品）進行表達，這一行為在宋朝商品經濟發達時期就已存在。這種量化罪惡的負擔被認為可以減輕來世的懲罰，宋朝的人們一方面通過功過分類帳賦予邪惡行為特定的道德價值，並規定了善行來贖罪；另一方面又通過貨幣來衡量罪惡，用燃燒的精神貨幣（祭祀品）來購買贖罪。[29]

從當地人的主位視角出發，人們對生活地域的意義建構有著一套自成體系的方式，這一方式始終離不開與物的聯繫。從移民初期的自給自足階段，到適應環境的人、物、神交換，再到現代社會的商品交換，這一系列的環境變遷都圍繞著「物」在塑造記憶。畢竟「記憶依賴社會環境」，「正是在這個意義上，集體記憶和記憶的社會框架才是存在的。」[30]這些實物作為一種工具、商品、符號、標記、行動焦點和意圖，以及作為一種價值轉換的媒介，通過生產、記憶、交換、道德和敬獻等類別，在日常細節中呈現。人們的社會生活隨著物質符號的記憶而固定下來，鮮活的現實轉變為逝去的歷史，名稱符號所包括的創作者和普通百姓心照不宣的豐富內涵，依靠集體記憶而營造著集體認同。

物質作為符號標識，有其自身的價值層級結構，它帶給人們的文化感知要比非物質事物更直接。它會被人按照現世世界的秩序編排進神靈世界的秩序。在獻祭的神聖性籠罩下，人與物的位置是一樣的。物質本身所具有的交換價值不僅呈現著社會不同群體之間的生活秩序

---

29 Richard von Glahn, 'The Song Transformation of Chinese Religious Culture', in *The Sinister Way: The Divine and the Demonic in Chinese Religious Culture,* Berkeley: University of California Press, Chapter V, 2004, pp. 130-179.

30 趙世瑜：《狂歡與日常──明清以來的廟會與民間社會》（北京：北京大學出版社，2017年），頁273。

與交流規則，也整體展現了「人、物、神」三者之間的互惠關係。總體而言，我們不應該理想性地假設中國經濟的日益商品化已經消除了其他形式的交換，反而，它呈現的是在市場交換占據優先地位的情況下，混合了舊有的和新型的交換形式。

## 本章小結

總的來看，交換存在於社會交往的各個層面，無論是在集體象徵上還是在日常互動裡。社會秩序促成了各種交換的穩定發生，同時，交換反過來也確保了社會秩序的穩定運行。由於物品的流動受到社會規範的限制，經濟關係無法避免地嵌入在社會關係中。物質流動與社會關係的聯繫便是互惠。[31]因為禮物流動存在兩個方向：一是群體的「匯集」過程，一是首領的「慷慨」過程（也被認為是「再分配」）。匯合與分散集中於首領一身，不同性質的禮物在首領處獲得了一種象徵意義，波蘭尼稱之為「中心化」。禮物通過象徵轉換，成為符號且有了「部分首領」的意義。這個交換秩序（倫理）因具有意義的載體，使人神關係成為構建人人關係、人物關係的更高級存在。人們對神、仙、祖先的敬仰在大多數情況下不會做出物質性和精神性的區分，神、仙、祖先就是交換的媒介，也是交換的結果。這些統合起來的非自然力量以虛幻的存在方式，完美地將「經濟」、「政治」、「宗教」、「社會」等維度整合為一體，彼此影響，牽一髮而動全身。

同時，三種關係在本質上，並不區分互惠的積極性、中間性還是消極性，各種性質的交換都內在於三種互惠關係中。其中，消極互惠最為多樣，是最個人化的交換，其互惠性由於隱晦，不易被察覺。而且這種商品方式將人從情感債務的束縛中解放出來，使人際之間的交

---

31 〔美〕馬歇爾・薩林斯著，張經緯等譯：《石器時代經濟學》（北京：生活・讀書・新知三聯書店，2009年），頁215。

往方式更能擺脫對情感的依賴與限制，使人不致因過多贈予而傷及自身，從而保持交換的綿延。人神關係具有延展性，一方面神以人為主體，對神的遵從就是對人間秩序的維護，另一方面神以物為客體，物本身的符號屬性承載著神意內涵，並通過物的分享而實在化。無論是祭祀的神聖之物，還是實用的生活之物，都是人藉以表達自身情感的工具，反映著自身的不同需求。人神之間既有日常的供奉，也有等價的瑣碎回饋，還有儀式禳解。其中，儀式禳解因其具有純粹的功利性而被視為消極互惠，儀式中的個人利益是被視為最高目標的。被「靈」折磨的人，要通過巫覡與靈的交換而獲得禳解。人際之間的積極互惠表現在近親親屬中，社會關係中的等價交換更是不勝枚舉，而消極互惠則通過市場進行。在市場的討價還價中，「欺詐」、「偷竊」、「滑頭」各種行為都在進行，目的就是個人利益的最大化。人物之間的積極互惠在於物質本身的符號象徵意義，等價交換則體現在物質的使用價值上，而消極互惠則表現在物質交換的理性計算中。積極互惠使人的一部分納入到物品裡，而到了市場交換時期，凝結在物品裡這部分價值被市場主體所掠奪。因此，消極互惠表現出的理性行為、物化行為，使人與全體交換的社會過程逐漸異化。異化重塑了人在現代社會關係中的存在，使原本借助物來表達的情感逐漸消散。因此，人的個體性越來越凸顯。

在歷史的不同階段，人們的信仰生活方式是不同的，究其原因，與外在強制力不無關係。這種外在強制力在歷史的不同境況中表現出差異性，而無論差異如何，人們總是以與歷史境況相適應的方式去實踐。在早期社會，人與物之間呈現的是情感混融關係，即人的德性與物性是交織在一起的。到了現代社會，一種商品化、私人化的交換行為逐漸取代了以往的人物關係。物很少再被視為承載神之意念、人之情感的東西，特別是忽視了其所代表的那種來自於超自然力量的神聖饋贈。因此，物質環境與人的文化的相互調適必然會集中體現在生活

於現象之中的整體之「人」的集合裡。任何有關文化研究都無法脫離「作為各種社會關係總和的」人的關係視角。若用一種非關係性的整全視角進行研究，往往會掉入理論自證的缺陷中。一個社會文化的形成必有其縱向的歷史沉澱，在沉澱的多層疊壓下，文化之間的複合才得以相互嵌入，呈現出「多元一體、和而不同」的人文面貌。因而，文化本身不會形成一個封閉型的系統。

# 第五章
# 信仰互惠與社會關係

> 鄉民宗教不能僅從自身來解釋。如果它具有支持和平衡鄉民的生態系統和社會組織的功能，那麼它也構成更大意識形態體系的一部分。宗教對來自鄉民社會和更廣泛社會秩序的刺激作出反應，成為農民與這一秩序之間的一個重要紐帶。
>
> 〔美〕埃里克‧R‧沃爾夫：《鄉民社會》

通過對人神、人人、人物之間互惠關係的梳理，可以發現，各種表現形式的民間信仰是以理想性的互惠為基礎呈現出來的。這樣的劃分完全是為了解剖民間信仰文化而設定的，並不足以代表該信仰文化的實體。實際上，民間信仰文化是以一個有機整體的樣態發生作用的，不容加以人為的機械分割。在一定程度上，作為地方道德母題和文化系統的民間信仰，為各種關係提供了一種社會學意義上的參照圖式，而互惠關係則是對這種意義圖式的日常運用和周期性實踐。在信仰與互惠互為表徵的循環往復中，它們的內部一致性日益顯現，成為表達民間信仰復興的文化邏輯。

民間信仰主要傳承的是一種社會倫理觀，其通過各種儀式行為和行動呈現、傳遞與延續。歷史上，在民間社會裡，「子承父業、兄終弟及」的事業場面舉不勝舉。有些以家族為核心的秘密道門、民間宗派更是繁多，韓書瑞指出，「所有教派中聯繫最緊密的是那些在一個家族中以繼承關係傳播其思想的教派」。[1] 民間信仰雖沒有民間宗教那

---

1 〔美〕韓書瑞：《反叛間的聯繫：清代中國的教派家族網》，載〔美〕韋思諦編，陳仲丹譯：《中國大眾宗教》（南京：江蘇人民出版社，2006年），頁93-113。

般規矩嚴謹，但也應看到，諸多民間信仰並不關注「教主是誰」，更多的是對自身需求的關注。如果說鄉村民間信仰中的神靈體系是官方治理投射到基層鄉村的地方投影，何以民主共和制確立近百年後，村民仍投身於各種村廟或教堂之中？

以此觀之，在各種雜糅的信仰和複雜的儀式背後，必定存在著更為穩定的文化邏輯。

## 第一節　義務邏輯：倫理與互惠的同構

這部分要處理的問題是，在互惠交換中，究竟是什麼使交換雙方能夠以等價的形式進行交換？或者說是什麼讓明顯不同的東西等值起來？對於馬克思而言，資本主義時代，等值交換依賴的是凝結在商品中的社會必要勞動時間；而在莫斯看來，是禮物內在的代表著人的情感的"hau"。商品與"hau"縱然被指出是人的（或勞動或精神）一部分，卻沒有看到人也可能是物的一部分。

### 一　民間信仰的倫理

張灣雖是移民後裔形成的村落，但其所塑造的集體認同仍是以儒家文化為主的，且以此形成社會秩序。在傳統儒家社會，人們的日常生活是通過各種周期性的習俗活動調節的。人們以時間節點為運行動力，以帶有神話性、傳說性的歷史記憶為運作準則，通過參與寺廟的儀式安排來表現自身的存在形式。[2]張灣地方就在這種「正式規則」的描述中建立起來，並通過人們的日常信仰實踐而呈現出來。這種民

---

2　〔美〕趙文詞（Richard Madsen）著，劉芳譯：《從社會主義意識形態到文化遺產：中國合法性道德基礎的變遷》，《宗教人類學》2015年第6輯。

間信仰的秩序力量作為道德的合法性基礎，是與社會的歷史過程密切相關的。

## （一）社區秩序的演化

村民李二華就常常感慨，「張灣人心不齊，發展不起來」。有的村民還記得以前有這樣的順口溜：「張灣兩頭尖，王八兔子往裡鑽，河南（上溝）不夠河北（下溝）填」。民間的口頭傳承是民眾集體智慧的結晶，雖然字面上的內容存在一些非積極因素，但其核心含義體現著民眾在歷史過程中的意識態度。我們不能否認，正是這些「否定」的話語恰恰展示了村落生活的多樣性，也為其民間信仰的豐富多彩提供了多樣化的主體表達。這些話語從側面印證了張灣社會的流動色彩與「貌合神離」的現狀，它不僅是對張灣人自我的一種判定，也體現了對流動他者的一種觀念。

在移民型社區中，既有後來者與先來者之間資源競爭造成的社區分裂與重組，也有異鄉人漂泊客地的遠方失落感。從時間與空間來看，長城口外沿線地區的文化總體特徵是遷移文化，且這些移民大多是華北、中原的貧困農民、商販群體以及挖礦採金的投機分子。在移民初始階段，村落中人與人、家庭與家庭之間的各種競爭必然在生存的話語下較為激烈。而且遷入者身處塞外地域，生活於山地、放牧生計方式之間，必定會產生文化間的衝突。地處塞外的承德地區，歷史上就因為漢人移民的進入與當地民眾產生過諸多殺伐爭鬥的衝突事件，有些甚至成為大規模的暴力鬥爭。[3] 同時，作為因政治、軍事和御道沿線興起的城市，承德的形成與發展本具有濃厚的政治決定意味，這也使其周邊的人口聚落同樣具有這樣的特徵。因此，早期民眾

---

3　湯開建、張彧：《1891年熱河金丹道起義中的蒙、漢民族衝突》，《西北民族大學學報》（哲學社會科學版）2005年第6期。

的生活主要是依附在圍繞著政治活動形成的農事、商貿、交通等生產事務中。由於缺乏歷史上的秩序傳統，這也使流入當地的民眾對社會秩序及生活安全感的要求極為迫切，而借鑒傳統的、民間的文化資源進行秩序建構就成為人們普遍的觀念選擇。在持久的接觸中，遷入者與當地人不斷交往，漸漸地主動學習、融入當地文化，並摻入自身的文化理解與表達，由此形成了人們熱衷於從村廟的「人神」互惠來凝聚共識、安排生產生活與抒發人們的情感。

隨著血緣親屬關係、地緣鄰里關係與基於民間神靈的信眾關係的建立，地方的集體道德意識逐漸形成，其中，集體信仰為「張灣共同體」的形成搭建了具有超越性的道德空間。恰如「鄉村地區的民俗傳統所展示出來的跨集團聯繫創造了一種關係的結構、一種互惠的模式，後來的正統『禮制』正是由此轉化而來的。」[4]且這種雜糅性的文化資源也在不斷加入周邊文化的過程中持續地糅合與創新。因而，諸種民間信仰，或農耕文化的，或山地狩獵文化的，或畜牧文化的，競相展現，成為張灣「共同體」建構的一個重要方面，而遺留在張灣本地的民間信仰結構就是歷史形成的諸多元素在現今社會的文化反映。

在官方治理層面，中央政府一方面通過軍事營汛體系，強化對邊疆地區各民族的管制，維繫中央在邊疆地區的統治秩序；另一方面通過「神道設教」的文教方式，強化對邊疆地區的社會治理與道德控制，這兩種手段分別從政治層面（或意識形態）與道德層面鞏固中央統治，也塑造民眾的政治與文化認同。以清靜寺和火神聖會為核心表徵的民間信仰文化，成為張灣適應中央秩序、塑造本地秩序的整體表達，由此，移民遷入造成的地方社會重組及產生的分裂便由文化象徵來加以彌合。

---

4　王銘銘：《走在鄉土上——歷史人類學札記》（北京：中國人民大學出版社，2003年），頁253。

在基層民眾層面，漢人移民的「保家仙」信仰充分發揮著「人與仙」的互惠功能，正如劉正愛指出，「東北地區因滿漢雜居的現實，族群流動頻繁，保家仙代替祖先成為保護家族財產、成員安全、家庭和睦的重要神靈。」[5]社會的流動性使神靈崇拜伴隨著崇拜者而擴散，漢人完整的宗教系統也在不斷吸收來自不同民族的宗教體系，這種信仰世界的整合結構實際上是人間社會整合的縮影。無疑，故鄉神靈、靈魂崇拜都給漂泊異鄉人帶來了極大的心理安慰，而在漂泊過程中，民眾對皇權、政權以及神權的依附也更加強化。

到了民國時期，政府以自治的名義將觸手伸向基層。國家權力在向基層下沉時，傾向於借助地方文化資源，在行政結構上將政治組織嵌入到地方的文化－權力網絡中。新中國成立後，新的社會體制逐漸建立起來，伴隨著土地革命的進行，張灣新型社會組織，如生產隊、公社、村民委員會等，隨之成立。人們不再依據血緣關係中的位置劃分個人身份，而是依據人們在生產關係中的位置劃分個人成分。土地從家族共同體手中集中起來，擁有土地財產成為劃分政治成分的重要標準。在政治重建和經濟體制改革的過程中，鄉村的政治發展和文化發展成為一項日益緊迫的任務。新的政治經濟體制嫁接在鄉村土地上，使以往的農民生活被最大限度地編制在國家現代化建設的軌道上，農民相對獨立的生活秩序得以被改造進入以集體精神為核心的國家秩序中。

這一時期張灣的鄉村文化緊跟國家主流，主張「文化搭台、政治唱戲」，以藝術形式凝聚政治認同。在國家話語的支持下，張灣的首任領導以破四舊為名對一切與民間信仰有關的觀念與事物大肆打壓。隨之而來的社會運動更是改變了張灣社會的民間文化，使張灣的社會秩

---

5　劉正愛：《東北地區地仙信仰的人類學研究》，《廣西民族大學學報》（哲學社會科學版）2007年第2期。

序陷入短暫的迷亂中。但外部手段引發的僅是表面變革，這種變革難以成為人們心靈深處的革命。改革開放後，相對寬鬆的市場秩序逐漸在社會中擴展開來，民間信仰的一些形式也借此得以復興。與此同時，國家需要通過新的政治方式建構自身的合法性，這種方式就是重新建立起與傳統之間的關聯，使傳統文化在新時代找到新的精神內涵。

雖然民間信仰復興是在現代化進程中逐漸顯露的，但其核心內涵始終與現代社會秩序處於不斷調適的過程中。無論是在社區的公共空間，還是家庭的私人領域，亦或是個人心底的思維層面，民間信仰都在潛移默化地影響著個體的生活實踐。

在這種時間線式的歷時表達中，社區秩序的建立是不斷與結構因素聯繫在一起的。在舊有社會秩序斷裂、新的社會秩序形成中，人們會處於一種流動性、不確定性的生活中，社會風險感知與危機意識也會油然心生。正如瑪麗‧道格拉斯（Mary Douglas）指出，「鬼承擔著對幾乎所有個人不幸和社會危機展開結構性說明的重任。」[6]張灣村民通過祭奠活動控制那些能夠給人帶來威脅的、社區外的、流動性力量，以維繫內部秩序。在人們求神問仙的話語中，一般表達著對自身努力所獲得成果的回報，而非不勞而獲、意外致富等。這說明，人們總希望勞動的付出與回報能夠「順利」實現轉化，任何導致這種不順的行為是人們所忌憚的。這種情況下的求神問卜就會成為一種抵抗不確定性的自然選擇，而尋問神意「雖說是在鼓勵人去求得好運，但也將失敗的責任歸於天，使個人接受這個不損傷自尊的挫折」[7]。人們知道，社會發展變遷帶來的問題，並不能單從信仰活動中獲得解

---

6 〔英〕瑪麗‧道格拉斯著，黃劍波等譯：《潔淨與危險》（北京：民族出版社，2008年），頁34。

7 Jin Hsu, "Counseling in the Chinese Temple: Psychological Study of Divination by Chien Drawing," in W. Lebra ed, *Culture and Mental Health Research in Asia and Pacific*, Vol.4. Honolulu: University of Hawai'i Press, 1974.

決。人們通過信仰行為，將危機與異常納入可認知、可理解的範圍內，只不過在個體層面平息了心態的失衡。

總之，張灣村民通過重建村廟、公開祭祀等實踐行為，為村民尋得了心理上的秩序認知和理性解釋。在這套象徵符號體系下，人們之間的社會差距模糊化，使以資本和權力為基礎的支持模式失效，以欠情和還情為基礎的互惠模式得以維繫。信仰行為雖然無法解決社會實在問題，卻可以緩解由社會問題導致的心理－精神、價值與倫理等問題。

## (二) 日常生活的倫理

### 1 倫理的親緣性

張灣人家的社會關係網多數並非從先祖處繼承而來，而是多依靠姻親、鄰里等地緣關係，且村民用以建立和培養這種關係的途徑在很大程度上與親屬關係相關。北方遷移形成的村落多具有非宗族性的特徵。多姓氏、多宗內群體的雜居，在地方社會中，會促使同村男女通婚的出現。閻雲翔指出，在改革開放的二十年中，姻親的重要性有了相當程度的增加。[8]實際上，村落中的姻親關係與父系宗親關係同樣重要，這也使女性成為維繫家庭與社區交往關係的重要人物。張灣人在日常生活中的勞動互助、生產生活、建築房屋以及政治聯盟等方面，均能看到姻親關係的身影。近些年，那些因撤村並鎮而搬遷至張灣的人們要想融入村落，最穩健的途徑就是獲得當地耕種的土地，而租種別人土地最穩健的方式也是通過親屬關係獲得。那些從四面搬遷而來的人也會在居住分布中逐漸聚集在一起。

王奶奶丈夫的老家原來在上南溝中的松樹溝，現在的房子是在

---

8 〔美〕閻雲翔著，李方春、劉瑜譯：《禮物的流動》（上海：上海人民出版社，2017年），頁95-118。

她公公年輕的時候搬到張灣街的。在問到老一輩人的遷移時，王奶奶就說：

> 我老公公跟我們家後院（王奶奶丈夫的親外甥）他奶奶有關係（指不正當男女關係），她對我公公說，你們家兩個小子，那山溝裡也找不著媳婦。我公公這才搬到張灣街來。後來又把我丈夫的二姐嫁給他們家了，就這麼個親戚。要是沒有這層關係，也落戶不到張灣來。[9]

此後，她公公的兩個兒子相繼娶了媳婦，三個閨女也出了嫁。其中，二兒子娶的是本村黃姓人家的女兒，二女兒嫁的是賀姓人家，小女兒嫁的是李姓人家。因此，他家就與賀姓、黃姓、李姓都有了親屬關係，借著這些親屬關係由於村裏其它姓氏建立了聯繫。而王奶奶兒媳婦的父母一家、大哥一家、二弟一家自上南溝梁上搬下來，就種著王奶奶家的地，到現在已有十餘年，而且每年也不用給租地金。他們三家和從上南溝搬下來的人集中住在村西頭兒的兵房。

在遷移村落的整合中，集體性的公共空間便成為凝聚社區內部團結的重要場所。在與其他村民的閑聊中，我得知陽雲可以「看香」。與她交流，她就說道：

> 咱們實話實說，我覺得這個民間信仰不賴。咱們就是一個百姓，雖說是最起碼這個民間信仰讓人們學會善良、孝順老人，這是最基本的。走向這條道，幾乎就是孝順老的，就說是善良、心善。……而是說能夠啟發到這些，下邊的年輕人最起碼

---

[9] 訪談對象：王奶奶，普通村民，曾參與修廟；訪談時間：2018年2月7日，訪談地點：王奶奶家中。

得善良、孝順做人、誠實。反正我覺得是這樣……[10]

  我毫不懷疑廟中人對於村廟道德教化的看法，這些道德話語隱藏在他們的實踐行為中，發揮著個人自律或文化（信仰）自覺的功能。當然，話語意識與實踐行為本身也存在差異，但這裡的話語我們可以將其視為一種有關社會意識的知識，它終將在傳播中捲入社會再生產的過程。同時，這些社會話語與意識正在重塑一個觀念：過去，在民間信仰的教化下，張灣人是善良、淳樸的。這些話語不僅是為了在村落生活中建立秩序，更是從其歷史的角度重塑一個原始美好的、民風淳樸的形象。而這種淳樸的形象與村子裡人際之間的親緣情感密切相關。除了有親屬關係的人家，一般來說，鄉村鄰里之間即便沒有親屬關係的兩家，也會通過「攀親戚」、「口頭稱謂」等方式建立擬親屬關係，並互相稱謂。

  在張灣社會關係中，可以明顯地感受到，村民從對宗親關係的重視遠遠不及對姻親關係、鄰里關係、友誼關係的重視，村落中的倫理秩序逐漸由家庭秩序轉向更為廣闊的群體共享關係。近幾年，村民尋根溯祖的觀念逐漸復興，他們也開始對血緣祖先及其生活境況保持關注。在姻親與血親、地緣與血緣的互相交叉中，保持不變的是倫理本位的在場。儒家價值以其深厚的人文生境基礎，不停地推動著思想對制度的影響，促進上層精英文化與基層民俗文化的互通，從而保持其文化間的關聯性與持續性。前文也曾述及，親屬關係與民間信仰存在著某種程度上的核心關聯。這種關聯不僅表現在實質的功能意義上，更體現在象徵意義上，也就是說，功能與象徵實為一體。只不過，這種關聯因在日常生活而暫時隱卻了神聖性。但當個體的回憶出現時，這種意義就會超過個體而具有集體意義。王奶奶總是說「誰是活佛

---

10 訪談對象：陽雲，廟管委會會計；訪談時間：2017年1月23日，訪談地點：陽雲家中。

（活的佛）啊，你爹你媽是你的活佛，只不過你不識、不破罷了。」

　　由此可知，民間信仰已成為中國倫理觀的象徵符號，其所展演的儀式和信仰內核在地方社會生活中發揮著代際濡化的功能，成為社會再生產的一種途徑。村廟教化涉及著有關知識權力與合法性的人類文化根基，引導著我們理解再生產社會結構和心智結構的機制。[11]

## 2　倫理的地緣性

　　在血緣－姻親系統的基礎上，以村廟為核心的地緣神崇拜超越了宗族社區的組織管理方式，由空間結合而成的地緣組織管理體系成為張灣「政治文明化」進程的一部分。地緣是血緣共同體生存發展的一個根基，特別是在宗族村落中，人與空間的關係通過血緣親疏、遠近而將彼此關聯起來的。有些地域還形成了神話傳說，以此強化宗族對共同地域的認同和情感。但也應看到，共同地域雖然是村落家族的地理基礎，但地緣不是村落家族的核心，而僅是其物理屬性的變形，其內在精神仍是以血緣關係為基礎的宗親關係。正如費孝通指出，地緣不過是血緣的投影，不可分離，「生於斯、長於斯」把人和地的因緣固定下來，血緣和地緣的合一是社區的原始狀態。[12]雖然張灣的現實情況不同於宗族村落的血緣強度，但村民依舊保持著對血緣關係的依賴。村裡流行的「倆爹一媽隔著山，倆媽一爹親兄弟」的說法，便是這種倫理關係的寫照。因此，圍繞著血緣－地緣關係形成的基層制度始終帶有倫理價值。民間信仰則呈現著對家庭倫理與地緣倫理的「人性善」要求，即使在個人落魄時也要保障人性尊嚴。它所傳遞的傳統價值體系與地方關係社會的生活邏輯一致，最終形成了仍以倫理為紐帶的社會關係，並強調成員彼此的互惠互助。

---

11　朱國華：《權力的文化邏輯——布迪厄的社會學詩學》（上海：上海人民出版社，2016年），頁136。
12　費孝通：《鄉土中國》（北京：生活・讀書・新知三聯書店，1985年），頁72-73。

在村中，我發現即使同村人住得再近也有不打招呼的，反倒是住得遠而一起在廟裡共事的人卻很熟悉。也就是說，即使是面對面的小群體也要通過一定的方式將彼此關聯起來，同時，構成人與人之間彼此關聯的並非空間距離，而是與「中心」空間緊密聯繫的文化距離。

原村廟「管委會」負責人的假公濟私行為，使熱心廟務的村民將他「告倒」。在訪談中，我嘗試從側面瞭解人們對這事件的看法，以期能夠映襯出村民對此事的看法，而村民也試圖掩飾自己的看法。賀大爺僅以章樹私心大點的話語而搪塞過去；曹爺爺說，他因章樹改了「三世佛」而退出廟中事務三年，以此表示反對；一起幹活的章枝則閉口不談，她承認章樹做了錯事，但認為都在一條胡同裡住著，不能說開，由此壞了鄰里關係。其中，王奶奶的想法頗有深意，她認為，由於他挪用了村廟公產而蓋起自家房屋，若不是村民的阻攔，政府就會將他家新蓋的房子拆掉以追回廟產，但都是「老街道坊的」，不能把事情做得那麼絕，而且「都是學佛之人，要有慈悲之心」。同時，她認為章樹將清靜寺恢復起來，不應抹殺他的功德。他雖然有罪，但也有功。這種因罪過而不致使人流離失所、無家可歸的明察與寬容，是村民信仰規範與生活相結合的最顯著體現。這種倫理觀念既守衛著個體基本的尊嚴，又是共同體正義、公平的可靠保證。

我無法從村民的敘述中找到章樹因何這樣做的原因，張灣村廟的「換廟主之事」本來就不是那麼脈絡清晰、因果明確、情節完整的一個事件。各方話語之間表達均在有意無意間遮掩著什麼，畢竟村民們都知道凡事太過較真與己無益，「怎麼著，日子還是得過」。我們的閒聊本來就是在回憶過去曾經發生的特定事件，事件必定會在某些方面斬斷彼此連接的信息流，雖在無數信息流的交織下，事件會匯聚，但匯聚後的事件輪廓又以各自的流動方向散去。因而，歷史本身的敘述往往也包含著諸多非規範化、非完整性的結果，但這種敘述體現了敘述主體背後的記憶與價值，而這往往與社會生態緊密相關。

值得一提的是，王奶奶跟我透露，「是有上方的旨意交代要把章樹拿下的，要不然誰能動得了他啊！」如前文所述，此事還與夢境有直接關係，「拿下章樹的時候，做夢說，兩邊有序的棒子地，就中間長出一棵來，讓我拿鐮刀一下就給砍了，這是預告呢，我得『參政』了」，王奶奶如是說。附著在章樹身上的神性身份使他暫時獲得了韋伯所說的「卡里斯瑪」權威，也相應地使他擁有了村廟事務的支配權，但當違背了民意和神意時，他的「神性權威」也就結束了。

根據「承認」理論的表述，人類最需要的承認並非物質、精神的，還有其他社會主體的承認。人們首先從他者和社會中感受到被愛；其次是被尊重，這種尊重既來自集體、國家與制度，也來自同類他者；第三是貢獻，即在社會分工中的作用得以被承認。[13] 普通村民之間的禮物互贈成為村民彼此「承認」的有效途徑，人的尊嚴成為隱藏在互惠邏輯下的核心內涵。在那些特殊事件中，儘管人們對破壞分子的行為表示憤慨，但在現實生活中都會與他們保持良好關係。事件過後，「破壞者」實際上已被臉譜化了，失去了個人的具體性。

這是一種隱藏責任人的、選擇性的生活記憶技術，這種技術在人們彼此的生活互動中逐漸形成，也和具體的社會結構及其表徵系統（神、仙體系）密切相關。現代社會，村民認為，家庭生活的貧窮不再是普遍現象，貧困成為了自己的責任。村裡人特別是親屬之間，會將某家庭貧窮的原因不加緣由地歸於這家人的懶惰，進而在日常接觸中表現出輕視、訓斥的態度。在同一共同體社區內，這樣的冷漠帶來的是人的尊嚴的喪失，久而久之，邊緣化就不可避免。在這裡，我們看到，違背神靈旨意而貪污廟裡財產的行為，是個人利益至上觀念的產物，但也是社會經濟環境誘導而生的心態使然。然而，村民以共同理解與普遍義務，回應著「冤冤相報」、「嫉惡如仇」的心態，展現著民間內在的道德自癒機制和文化秩序。

---

13 〔法〕阿蘭・迦耶：《邁向共生主義的文明政治》，《西北民族研究》2018年第2期。

## 3　倫理的信仰複合性

周作人在一九二六年發表的《鄉村與道教思想》一文中寫道，「所謂道教不是指老子的道家諸流，乃是指有張天師做教王，有道士們做祭司的，太上老君派的拜物教。平常講中國宗教的人，總說有儒釋道三教，其實儒教的綱常早已崩壞，佛教也只剩下輪迴因果幾件和道教同化了的信仰還流行民間，支配國民思想的已經完全是道教的勢力了。」[14]

在周作人的觀點中，中國民間社會已經是被雜糅了儒釋的道教所支配，且民眾的基本生活思想也是道教式的思想觀念。特別是在東南地區的漢人社區中這種道教支配事實與觀念更為突出。王斯福曾在臺灣臺北的一個道觀中研究了一位廖姓小道士。廖某在道觀中具有雙重身份：一是道士身份，且在道教中級別很低；二是乩童身份，能夠降神附體、指點迷津。在生活中，他先是作為道士給儀式中的神像開光，之後又會扮演後者，給前來解惑的顧客提供服務。道士身份的權威來自正統道教，是通過道教學徒的經歷而與道教建立關係的；而乩童身份則是通過一次個人神奇經歷而獲得的：他曾經在臺灣的海軍中服役，在一次沉船事故中，他被「聖王」所救，並受命擔任聖王的代理人，為其在經驗世界中積累功德。道士與乩童的雙重身份顯然是十分矛盾的，特別是乩童是被正統道教與官方儒家所極力排斥的，但在廖某與其顧客看來，兩種身份合一十分順理成章。[15]

在張灣，我發現了不同於道教主張的一套話語體系，而這套話語體系是佛教化的（參見第三章第二節「二　佛教化的家仙」）。這也充分證明了張灣作為遷入村落的身份所在。清朝在口外蒙古地區的統

---

14 周作人：《鄉村與道教思想》，載周作人：《談虎集》（石家莊：河北教育出版社，2002年），頁222。

15 〔英〕王斯福：《學宮與城隍》，載施堅雅主編，葉光庭等譯：《中華帝國晚期的城市》（北京：中華書局，2000年），頁724-726。

治,以藏傳佛教為思想教化工具,因而生活在這一區域的基層民眾所接受的也是佛教化的正統思想。但在漢人移民過程中,帶到這一地區的傳統文化元素卻是民間的以道教核心的三教合一思想。因而,在信仰倫理上,民間道教與佛教互為幫襯,以佛教之名行民間道教之實。同時,在等級秩序上,奉佛教為大。這樣的觀念法則落實在民眾生活間,就是仙的佛教「護法說」。這種信仰倫理實則是社會身份、民族結構的隱喻式表達,是滿蒙漢多民族混融共生的生活實踐與文化結果使然。

由此可知,無論是在東南,還是在東北,民間信仰參與正統宗教信仰的過程始終存在於民間社會中,而且為民眾所信服。這種文化間的「並接結構」在多民族交界地帶更容易出現,這也證明了不同文明之間的接觸可以進行友好互動,並非是衝突的結果。文明接觸最重要的是倫理秩序的調適與延續,從而給當地人以生存的秩序感和安全感。

梁漱溟曾提出中國社會的「倫理本位、職業分途」特徵,他說,「以倫理組織社會,是有眼光的人看出人類真善美的感情。人在情感中,恆只見對方而忘了自己;人在欲望中,卻只知為我而顧不到對方。」[16]倫理本位提供的是一套秩序結構,將以民族、宗教、地域等差別身份納入到其中,進而達成彼此的共生關係。傳統儒家倫理以家庭道德為根本、以「感通」式的彼此關係為機制、以「外推」為基本方向,指向廣泛的「公共」空間。[17]而李安宅也指出,禮儀關鍵是相互之間表達感情(人情),它基於一種設想,即人們之間是相互愛彼此,因而才用禮儀來尊敬對方,這種尊敬是充滿感情和理智道義的。[18]尊重對方的背後是對義務觀念的強調,這是中國社會以禮法為

---

16 梁漱溟:《中國文化要義》(第2版)(上海:上海人民出版社,2011年),頁87。
17 周飛舟:《行動倫理與「關係社會」——社會學中國化的路徑》,《社會學研究》2018年第1期。
18 李安宅:《〈儀禮〉與〈禮記〉之社會學研究》(上海:上海人民出版社,2005年),頁16。

治的重要呈現。「在中國，瀰天漫地是義務觀念者，在西洋世界卻活躍著權利觀念了。」[19]以彼此的義務觀取代主體的權利觀，是倫理社會的准據理念。

民間信仰的復興無論是其實質內涵，還是其實踐形式，均具有承載傳統倫理價值的部分。特別是近年來，國家對傳統文化的強調超越了對儒家思想單純重視。楊美惠也指出，二十一世紀以來，國家借助儒家的主流信仰話語建設「和諧社會」，[20]反映的是對倫理的回歸。在實際生活中，人們的實踐雖與觀念存在差異，但行為的變動始終以觀念調適為主。而且，中國人的社會心理也繼承了以倫理為根基的特徵。有學者指出，「人的存在是通過與他人的關係體現並受這種關係的限定；人際關係呈等級結構；社會團體尊重作用關係的要求，從而保障了社會秩序的穩定……中國社會關係的種種方面都和儒學的精華息息相關。」[21]因而，由儒學奠基的、以三教互融為核心的倫理原則成為一種超越民族、通行社會的獨特事實，並彰顯在地方社會以及個體的心理層面。

## 二 互惠理論的義務

莫斯指出，「首先，不是個體而是集體之間，互設義務、互相交換和互定契約；其次，這些呈獻與回贈根本就是一種嚴格的義務……他們往往透過饋贈禮物這樣的自願形式完成。」[22]他強調，正式基於集體之間的義務，社會約定得以通過義務性的實踐行為表達出來。在

---

19 梁漱溟：《中國文化要義》（第2版）（上海：上海人民出版社，2011年），頁89。
20 Mayfair Yang, Introduction. to her edited, *Chinese Religiosities: Afflictions of Modernity and State Formation.* Berkeley: University of California Press, 2008, p. 28.
21 M. H. Pond, ed., *The Psychology of the Chinese People*, Hong Kong-Oxford, 1986, p. 216.
22 〔法〕馬塞爾・莫斯著，汲喆譯：《禮物——古式社會中交換的形式與理由》（上海：商務印書館，2016年），頁9。

集體展演時，因對慷慨的榮譽競逐，禮物交換又具有競技性。因此，「贈予－接受－回禮」的三個要素既有義務性，又在社會生活中具有儀式性。

雖然義務在維持社會秩序中的功能十分重要，但村民也有一種普遍的觀念，即「背負人情是一件很累的事」、「但分不麻煩別人，就不要麻煩別人」、「人情還不起」，等。在他們看來，別人的贈予是十分危險的，這意味個體必須要實行互惠的義務，從倫理視角來看是社會秩序的體現，但從個體思維來看卻是一種對自由的剝奪、對接受者的奴役。這樣的禮物交換實際上證明了義務結構中的毀壞（destruction）、壓迫與奴役（enslavement），而這也維持了人與人之間交往的結構性。莫斯的「全體呈獻」指出，「那些交換似乎披著自願的外衣……但實際上是一種嚴格的義務[23]，建立在私人或者公開的戰爭創痛上[24]」。也就是說，「拒絕贈予或者錯過邀請，和拒絕接受一樣，是一種宣戰；因為這是拒絕結盟與聯合。」[25]"hua"通過一系列的精神交換一定要回歸贈予者那裡，否則其蘊藏的「破壞」力量將會給收禮者帶來厄運。因此，贈予者給予接受者的靈力就變成了一種接受者自我之中的他性，這種他性要求接受者破壞物的固定性而返回到贈予者手中，遵守義務的流動秩序。

在薩特（Jean-Paul Sartre, 1905-1980）看來，以禮物模式為核心的倫理學是不能提供社會倫理基礎的，禮物模式內在的同一性與他性的混融結構是伴隨著自由與奴役之間的悖論而出現的。[26]倫理性的禮

---

23 〔法〕馬塞爾・莫斯著，汲喆譯：《禮物——古式社會中交換的形式與理由》（上海：商務印書館，2016年），頁151。
24 〔美〕馬歇爾・薩林斯著，張經緯等譯：《石器時代經濟學》（北京：生活・讀書・新知三聯書店，2009年），頁203。
25 〔法〕馬塞爾・莫斯著，汲喆譯：《禮物——古式社會中交換的形式與理由》（上海：商務印書館，2016年），頁151。
26 Jean-Paul Sartre, *Notebooks for an Ethins*, Translated by David Pellauer, Chicago, IL: University of Chicago Press, 1992, pp. 368-371.

物實質含有一種毀滅、強迫的因素,其背後體現著對占有的欲望。正如他所言:「給予,就是占有地享用人們給予的對象,就是一種化歸己有的毀滅的接觸。贈予,是與奴役對等的。」[27]以這種方式,禮物、互惠、交換通過慷慨贈予、交換倫理而變成了一種對自我的異化的表徵。當自我的意志被一種普遍性的知識所阻礙時,由普遍知識構成的社會秩序就會給個體帶來「社會之惡」。正如奧古斯汀所言,上帝把自由意志賦予人類是正當的,但恰恰是人類對自由意志的誤用導致了「惡」,由此產生了西方基督教的「原罪說」。[28]而在儒家主導的社會中,惡的環境則產生於人際關係的倫理秩序中,並且善惡之間的界限也是十分模糊的(類似於義務的善惡價值)。但這並不意味著禮物模式在社會實踐中不可進行,民間社會的實踐行為總是爭取一種平衡,民眾努力使這種社會之惡轉變為人情,並能夠使之傳承下去。這種情況下的人情循環被一種義務感所強制,成為社會道德自律與他律的統一。

　　以倫理本位為特徵的社會,注重義務與責任觀念,但他們也清楚,過度的利他與純粹的利己一樣都是有害的。其實,「道義農民」與「理性農民」都存在於鄉村,只不過其代表的是關於鄉村「公領域」、「私領域」的爭論。對於這方面,傳統鄉土社會,農民重視的私人利益是以家庭為單位的,而道德農民的核心也是基於家庭的社區,因此,「家」與「己」的價值體系是同構的,「家」既是公共領域,也是私人領域。家庭倫理的道義既可以說明「道義農民」,也可以解釋村落內的「理性農民」。張灣的「公」、「私」之分難以用「道義社區」或「理性農民」進行單獨解釋,二者呈現出複合特徵。因之,以

---

27 〔法〕讓-保羅・薩特著,陳宣良等譯:《存在與虛無》(北京:生活・讀書・新知三聯書店,2007年),頁720。

28 Augustine, *On Free Choice of the Will*, translated by Thomas Williams, Indianapolis: Hackett Publishing Company, Inc, 1993.

倫理本位為特徵的秩序，既是「公」的義務性體現，也是「私」的義務性表達。

通過對倫理社會的傳統價值、古式社會的交換原則進行分析，我們發現作為傳統道德傳遞方式的民間信仰與禮物交換的互惠邏輯具有共同的義務性表徵，二者所表達的基本內涵具有一致性。民間信仰所體現的地方共同體的「超越性」，顯然是不同於歐洲基督教基於「信仰」形成共同體的凝聚力，前者來自於「倫理」產生的「禮儀」規範，後者基於「絕對他者」凝視而成的制度法律。儀式性的宴請活動為互惠往來搭建了平臺，使民間信仰、儀式、人情、官方相互關聯。當國家宣傳的社會主義革命理想和集體主義價值體系失去主導地位，普遍性的個體主義（個體是整體的反映）話語體系被誤解，基於社會主義市場與法制觀念的新文化體系尚未完全建成時，傳統倫理秩序的回歸應時應勢而現。民間信仰的倫理實踐與互惠模式的義務實踐共同表徵著一種集體道德，於社會生活中指導著人們的生活實踐。作為道德基礎，傳統倫理規範著人們既不會過分利己，也不會太過利他，無論是古式社會，還是將來社會，這種社會道德的核心動態不變。雖然核心的道德基礎不會變化，但在社會現象的表面，建立於以民間信仰中的友誼之情基礎上的義務性與建立在親屬關係上的義務性之間的差別依舊存在，且其與傳統生活也存在差異。人人交往，實則也是人處於社會之中，這種自古沿襲的情感早已深埋在人的身體、精神之中。理性與情感之間的互相制約，才能使人以和平、平衡的生活取代彼此的競爭、衝突，維繫著共同體的心智與結構再生產。

## 三　義務他性與需求

前文提及，莫斯將「贈予、接受、回禮」視為世俗道德與社會關係的基石。禮物流動的贈予、接受和回禮分別代表著不同的意義：贈

予意味著規避禮物之靈的巫術威脅;接受維持著彼此之間的往來關係;回禮彰顯著自身的威望與權力。實際上,贈予與回禮在形式上都是一種贈予行為,表達的是對內防止巫術懲罰、對外展現聲望的複合意涵,以便使禮物之鏈可以循環下去。莫斯指出,禮物的贈予會使人承受不可消解的、帶有巫術性質的義務壓迫,如同被給予的債務。由於接受的行為,收禮者需承擔一定的回禮義務,接受成為一種「禮」的集中,他所集中的物便要為贈予者服務。正如薩林斯強調的,原始社會的任何交換都必須要有集中性(或者中心性)。[29]從功能主義的視角視之,接受者通過對「集中物」的再分配,保持了社會大範圍內的均衡。在他看來,這一過程揭示了權力關係產生於債務的事實,禮物的債權人與債務人也是領導與被領導的權力支配關係,並通過債務交換產生了更大的統治基礎。[30]在禮物的「上下」流動中,禮物維持著差序化的債務結構與倫理關係。因而,禮物交換也生成了等級(rank),這個等級一方面與特權(privilege)有關,另一方面也意味著責任(responsibility)。[31]掌權者的慷慨與責任並存,掩蓋了民眾處於依附地位的現實。由此,互惠交換也開啟了一種等級性與剝削性。而戈德利埃告訴我們,「可讓渡性」(流動性)是以「不可讓渡性」(固定性)為基礎的。換句話說,最具象徵性的物不動,那些圍繞這些象徵物的工具性或功能性的物才能流動、交換起來。

但阿蘭·迦耶指出,莫斯的分析忽視了贈予物對接受者的意義。因而,他將第四種要素「需求」納入到禮物「贈-受-回」的義務循環中,使禮物流動形成了一個閉環。「需求」這一概念具有典型的現

---

29 〔美〕馬歇爾·薩林斯著,張經緯等譯:《石器時代經濟學》(北京:生活·讀書·新知三聯書店,2009年),頁190。
30 〔美〕馬歇爾·薩林斯著,張經緯等譯:《石器時代經濟學》(北京:生活·讀書·新知三聯書店,2009年),頁151。
31 〔美〕馬歇爾·薩林斯著,張經緯等譯:《石器時代經濟學》(北京:生活·讀書·新知三聯書店,2009年),頁212。

代理性色彩。韋伯在分析理性行為時,將工具理性與價值理性進行並設,並以價值理性彌補工具理性的情感缺失。「需求」本身在實現過程中,因飽含利益的期待而富有情感,使實踐上的「實然」展現出價值使然的意味。

　　在具體的交換關係中,誰有交換需求誰就是弱者。在文明社會中,強者與弱者實際上是互補的關係,強者有資源、權力與聲望等,他的需求在於要取得他者的認可;而弱者的需求在於獲取資源、權力與聲望等,這些需要從強者那裡爭取,因而要付出自身的部分精神。在相互交換中,雙方互為他者,使自我與他者之間往往處於一種來回跳躍的狀態。而且以他性為外部性,「我他」之間開啟義務性互動,滿足了雙方需求。

　　張灣民間信仰的復興確有阿蘭・迦耶所謂的「需求」要素。在現代社會的影響下,地方性的覺醒使張灣對自身的定位需求更加緊迫,也使張灣人的認同塑造更加迫切。這種「需求」其實是對外部統攝自身時的反應,同時,它也預示著一種相對均衡的外部贈予與內部回贈的關係,儘管這種「不多不少」的來往關係在現實中並不存在。值得注意的是,當阿蘭・迦耶用「需求」作為開啟「贈予」的起點時,一種他所反對的「功利主義」的傾向又會顯現出來。正如閻雲翔所關注的禮物的「反向流動」,社會地位較低的人的送禮動機除了「人情」因素,更多地是由生活「現實需求」開啟的,人的工具理性外顯為一種人情的價值行為。無論「需求」選擇何種文化方式,其所指的均是一種「化外而內」的表達手段。

　　禮物贈予過程表達的慷慨和榮譽使回贈要多於贈予,也就不能達到阿蘭・迦耶所強調的需求與贈予的相對「均衡」狀態。因此,要在不同層面上對其「需求」進行界定,並將之視為一種理想類型。所謂理想類型,是將某一現象的基本特徵抽象化為理論上的概括,以便用作概念的分析。在現實生活中,理想的狀況並不真實存在,日常生活

中實際對應的需求與義務可能具有某一標準模型的主要特徵,但也兼有其它類型的成分。在張灣,由於民間信仰表徵的倫理體系的核心是義務,它所象徵的人與人、人與物、人與神之間的整體互惠關係是由對「外部的需求」開啟的,以義務回贈而循環起來。由此,張灣經驗表徵出來的義務互惠與信仰實踐是社會團結與集體道德的基礎。

從這個意義上來看,民間信仰復興也是重建道德倫理、重建集體團結、重建集體的人的表現。這種共同意識來自於地域性的自然聯繫,正如格爾茨所說的「依據某種原生聯繫,指的是一種由『假設』(givens)產生的聯繫」[32]。這種原生性聯繫存在著一種對同族他人的強烈的義務感,這種義務感被認為是天然的、理所應當的,而不是目的性、策劃性的。這些社會聯結(社會關係、義務性)是拒斥制度化、概念化的,難以用語言表述清楚的,但這種社會感知卻是真實存在的,就像是對自己家人那種無可爭議的責任感。

從人敬神的角度來看,雙方互動的義務性恰是不能讓渡的部分,它與禮物所有權一樣不可讓渡。義務一旦讓渡,社會團結的連接紐帶就會斷裂。在家庭中,與家仙、家神溝通的權力屬於交流者,而神的榮耀可以在具體使用中轉移到家庭成員身上。因此,對他者的義務像所有權一樣存在,「權利不一定行使,但義務必須履行」。在這裡,義務取得了社會事實的特點的地位[33],成為社會秩序和道德賴以存在的

---

[32] 〔美〕克利福德・格爾茨著,韓莉譯:《文化的解釋》(南京:譯林出版社,2014年),頁259-260。

[33] 一九〇一年,莫斯在《大百科全書》中,對義務作為社會事實的特點表示了懷疑,但卻沒有置疑,而是強調這種定義的廣泛「機制」。到了一九〇八年,他明確地提出了「義務並不是社會事實的一個特點」。這一觀點證明他已遠離涂爾幹的定義。參見〔法〕路易・杜蒙著,桂裕芳譯:《論個體主義:人類學視野中的現代意識形態》(上海:譯林出版社,2014年),頁154。在一九六〇至七〇年代,美國社會學家古爾德納(Alvin Ward Gouldner)發表了兩篇非常重要的論文:一篇是論社會科學中的對等性,認為對等性其實是所有的社會關係的根源;第二篇則闡述了「無用」之事的重要性,強調為何在付出時並不能期待立即回報,比如對於臨終病人或新生

一個內在基礎。如果說列維-斯特勞斯在人類學的視角中發現結構形成的權威關係具有不可讓渡性，戈德利埃從經濟學的視角中發現所有權具有不可讓渡性，那麼，在宗教行為中我們會發現法學視角中的義務具有不可讓渡性。因此，維繫一個社會的正常運行的基礎不僅在於權利的伸張，更在於義務的履行。

---

嬰兒的付出並不能獲得對等的回報和功用，因為暫時的對等性關係進入到關切關係的範圍。這種純粹善意的社會關係可以被認為是莫斯學說擴展到社會科學的兩種路徑之一：關切理論的雛形。另一個路徑是「無主／無私的饋贈」（donation）理論。在詞源中，"gift"、"donation"不僅有禮物，還有天賦之意。美國藝術家劉易斯·海德（Lewis Hyde）曾在其著作中將天賦視為上帝贈予之物，並將其轉化為藝術成果回饋給大家。除此之外，現象學也存在「贈予」概念，後現代哲學家德里達（Jacques Derrida, 1930-2004）認為，贈禮是不求絲毫回饋的行動，而「禮物」的概念一經出現就消解了饋贈的無條件性，「假如有禮物的話，禮物必然就不會出現，或無法察覺或被接受到。」他主張，禮物應該以忘記為條件，而忘記也應以禮物為條件。因此，他認為，東亞社會的「禮尚往來」根本不是饋贈的真諦，其中暗含著「算計」與「經濟理性」的思考。「算計」是經濟體系裡最重要的因素，這導致人們的倫理道德往往建立在精打細算與合理交易的基礎上，比如「父慈子孝」、「養兒防老」等觀念。他的這種禮物觀念從倫理道德的層面極力反對互換的交易行為，其背後帶有絕對意志性的饋贈意涵，與宗教性的「公益」緊密關聯。德里達的「禮物」觀念是從哲學與宗教的兩個層面論述的，希望超越世俗生活的倫理道德束縛，進升到一種宗教境界。其與莫斯的「禮物」互惠不同，莫斯從社會的角度出發，最終是要回歸到以社會為基礎的現實層面，而這種哲學與宗教的觀點會失去根基進入到「自由意志」的縹緲狀態。德里達認為，要實現「放棄計算」，就要用無限的、絕對的責任取代。正如林鴻信總結道，倫理性的禮物互惠需要宗教性的「無條件饋贈」作為「靈魂標尺」，以避免淪為利害算計與商業交易；而理想性的「無條件饋贈」需要實踐性的「禮尚往來」才能落實人間。參見〔法〕阿蘭·迦耶：《邁向共生主義的文明政治》，《西北民族研究》2018年第2期；Derrida, J. *Given Time: I. Counterfeit Money.* Chicago: The University of Chicago Press, 1992, p. 16; Derrida, J. *The Gift of Death.* Chicago: University of Chicago Press, 1995, p. 67; 林鴻信：《基督宗教與東亞儒學的對話：以信仰與道德分際為中心》（臺北：國立臺灣大學出版中心，2009年），頁1-7。

## 第二節　社會邏輯：現代與地方的共生

　　文化邏輯作為一種價值規範，是在張灣的歷史發展過程中呈現出來的。自十九世紀中期以降，那些被建構為「沒有歷史」的非西方主權國家始終面臨著比「有歷史」的發達國家更為窘迫的局面，一方面他們需要以更為有魄力的手段解決「我／他」之間的關係，並從自身之中生產出一種真實的、沒有時間性的國粹；另一方面還要向著與全球化、現代化一致的方向前進，並同時準備迎接全球資本主義本身的未預結局。這就使得國家的那些政治精英與知識精英，既將地方性及其特殊性作為發展的對象，又將其作為自身認同的對象（民族、地緣），來加以生產。

　　現代化發展使市場價值不斷深入到地方社會的各個角落。這種價值在打破原有秩序基礎的同時，也在建構新的秩序。承載著傳統價值的民間信仰與互惠實踐將這種現代價值與原來的人文價值溝通起來，也將作為象徵著家庭的個體與作為意義結構的人文價值溝通起來，使互惠邏輯作為填補個體與意義結構的中介存在而整合到地方文化邏輯中。對張灣「地方性」需求和認同的分析，展現了民間信仰作為本土文化資源的復興背景。信仰復興是調適自身價值與現代社會價值的結果。在這一過程中，現代社會為信仰復興提供了生存空間；而在信仰彰顯過程中，義務觀念表徵的互惠實踐成為民間信仰復興的核心。

### 一　社區層面的制度邏輯

　　馬林諾夫斯基曾經闡述過非洲社會與西方文明接觸時的變遷形態，他認為文化變遷的情形是「一個較高級的文化對一個較簡單而被

動的文化產生的主動衝擊影響之結果。」[34]他認為，這種文化衝擊不僅有西方文化的主動身影，也應有本土文化形態的相關反應。因此，他用「三項法」（the three column approach）來闡述文化變遷的過程，他在非洲東、南部的田野調查中總結道，「文化變遷的研究將最少是對三項東西的研究：即對非洲人的腹地、歐洲人的腹地以及對文化接觸那一項的研究。如果沒有關涉土著人和白人那兩項，那麼，中間那一項的研究將不可能。」[35]

對於張灣地方空間來說，集體的文化景觀包括三種文化樣態：一是以鎮政府和村委會辦公樓、小區樓、鎮衛生院、學校為象徵的現代文化；二是，以清靜寺、河神廟等建築為象徵的地方文化；三是，介於二者之間的以個人和組織為載體的混融性文化。三者間的文化接觸既有合作，又有衝突，象徵著國家和現代認同的主流文化與地方認同的本地文化存在廣泛的相互滲透關係。在社區層面，張灣身處現代社會轉型的背景下，不僅是社會形態的轉變，更是價值取向的轉型。在傳統的價值體系與現代觀念的文化接觸中，傳統文化面臨著自身結構的調整，從而在現代性視角下呈現出地方性。這種文化接觸的複雜性在不斷地衝突與調和中整合為一種複合性的文化狀態。

## （一）何謂「張灣」：現代性需求

前文述及，自鐵路線改為公路線後，張灣融入現代生活的速率大大增加。道路修建的意義實際上遠遠超越了農村地區本身的經濟活動，歷史上的道路修建與農村發展、全國性市場興起以及國家建設息息相關。歷史學家尤金・韋伯（Eugene Weber）在研究一八七〇至一

---

34 Bronislow Malinowski, *The Dynamics of Cultural Chang*, Yale: Yale University Press, 1945, p.15.

35 Bronislow Malinowski, *The Dynamics of Cultural Chang*, Yale: Yale University Press, 1945, pp.17-18.

九一四年間法國農村變遷的著作中,將道路建設比作國家建設。他指出:「這些公路和鐵路線雖然只是支線,但其實際意義卻是至關重要的,因為它們把那些偏僻的鄉村帶出了文化和經濟上自給自足的狀態,使之融入市場經濟和現代世界。這些連接村莊的公路或鐵路支線的建設事實上成為有關國家整合的速成班,而且在規模和效益上都無與倫比,這些經濟和技術條件使得迅速的文化變遷成為可能。在文化發生明顯轉變之前,物質環境必須改變,而公路和鐵路為這種轉變提供了最為基本的驅動力。」[36]雖然,從歷史視角來看,張灣鐵路的修建是為當時的戰爭需求,而現實結果卻遠遠超出了當時的單一功能思考。這條公共道路連接起了張灣與周邊區域,乃至世界,同時,它也將張灣緊密地納入到更為宏大的政治經濟體系之中。

張灣的農業種植也反映了其進入現代社會的歷程。自七〇年代農業「學大寨」、開墾水稻田以來,城鄉戶籍制度使村裡年輕人維持在村內生計,稻田的精耕細作也基本能夠得到保障。那時的代際、性別與階層之間保持著較為分明的生產生活互助。隨著一九八〇年代張灣逐漸響應改革開放,農村中青年越來越多地向城市遷移,老一輩成為自給農業和市場化農業生產的主要農業勞動力。青壯年勞動力的減少使糧食生產也在發生了變化。從水稻種植到玉米種植,不僅體現了村莊生產方式的改變,也體現了村落與村民融入現代市場的變化。

我在跟曹爺爺閒聊時,他告訴我說:「前幾天開車來了,不知道是哪裡來的幾個人,手裡拿著一個『大藍本』,到這家量量、到那家量量。意思是,從他們兩家前邊的胡同往北,全部要拆掉,一家按宅基地面積補錢。他們在上南溝口蓋樓房,讓被拆的村民去買,不夠的部分自己墊。」他還說:「給拆遷戶的樓房質量『渣』得不行。水泥

---

36 Eugen Joseph Weber, *Peasants into Frenchmen: The Modernization of Rural France, 1870-1914*. Stanford, CA: Stanford University Press, 1976, p. 206.

本來用九號,(施工人)他給你用五號的[37],根本看不出來。這就是村裡未來幾年的規劃。」他悄悄告訴我:「這種事沒地方說理,國家要幹得事,你老百姓算啥啊。」[38]雖然他所說的事並沒有實現,而且村落規劃並非如他所說的那樣如此簡單,但這種政府行為卻給村民帶來了影響。

現代性的文化後果塑造了一種歷史意識,它將歷史和人民的發展理所當然的看成是從過去到未來的單線演化,而傳統觀念本身就是現代性產物與建構的結果[39]。這種歷史意識無可爭辯地為標榜著民族國家理念的政府所支配,使政府把自己看成是一個存在於傳統與現代、等級與平等、王朝與民族國家的對立式獨特共同體。[40]雷德菲爾德研究發現,在現代化過程中,農民社會的現代化相當於「大傳統」對鄉村的「文明化」。在他看來,在一個整體的社會文化中,鄉村與城市屬相互依存的兩個部分,有著彼此依存、彼此互惠的意涵。因此,一方的「文明化」不一定會給另一方帶來「美好生活」的結果。[41]費孝通部分贊成雷氏的觀點,並在現代文明的研究中加入了地方行動者的視角。[42]在西方社會,鄉村由於被塑造成了帶有前文明標記的地域,且在中國社會又被置於次一級的社會地位,因此,鄉村所面臨的發展

---

37 這裡的水泥標號並非一種標準化規格,而是以此打比方,用以說明村民的心態。
38 訪談對象:曹爺爺,廟管委會負責人;訪談時間:2018年1月20日;訪談地點:王奶奶家中。
39 〔英〕安東尼‧吉登斯著,周紅雲譯:《失控的世界——全球化如何重塑我們的生活》(南昌:江西人民出版社,2001年),頁36。
40 〔美〕杜贊奇著,王憲明等譯:《從民族國家拯救歷史——民族主義話語中國現代史研究》(南京:江蘇人民出版社,2010年),頁1。
41 在這裡,雷氏的「文明」概念相當於農民文化的「消散」。〔美〕羅伯特‧雷德菲爾德著,王瑩譯:《農民社會與文化——人類學對文明的一種詮釋》(北京:中國社會科學出版社,2013年),頁144。
42 王銘銘:《費孝通(英文版〈社會理論百科全書〉詞條)》,《西北民族研究》2018年第3期。

實踐,實際上與國家改造鄉村的建設和教化過程並行不悖。費孝通曾描述過二十世紀三〇、四〇年代中國鄉村年輕人的受教育結果,並提出了「社會損蝕」的概念。他的描述同八十年後的現代社會雖有時代表現的差異,但卻有內在思維的相似。他寫道:

> 目前,那些在青年時期曾受到過鄉土社區培育的人已不再回去為其所用。最近有很多畢業生找不到工作,有一位老師勸他們回家鄉去,他們原則上都能接受,但又非常現實地說他們不能再回去了。事實上我也沒聽說有一個人回去的。他們寧可呆在城市裡尋求職位或靠朋友資助維生。他們不能回家,這不僅是因為他們不願,也是因為住在那裡已經很不現實。在沒有離鄉之前,好像有一種力量在推他們出來,他們的父兄也為他們想盡辦法實現離鄉的夢,有的甚至變賣家產。當他們畢業時,他們發現幾年的離鄉生活已把他們同鄉土的關係割斷了。鄉村沒有大學畢業生的工作。他們即使不是因為在學校學到了西方現代科技知識,更因為他們已經適應了那種與鄉村生活截然不同的生活方式和觀念,這些已足以使他自認為有異於鄉村人了。今天的大學生回到鄉村後無人與他講話,沒有人理解他,他自己竟然覺得被家族疏遠了。即使他回到家鄉,也不會找到用武之地,因為中國的大學並不培養去鄉村工作的人,從大學裡學到的東西常常是來自西方的知識。知識不應分國籍,我們正應該快速現代化,要現代化就要引入西方知識。現代知識提供了鄉村傳統制度改革的方案。問題是大學生無法找到一座橋梁能把他學到的東西運用到鄉村中去。沒有這樣的橋,現代知識只能懸在空中。結果是不斷輸出子弟的鄉村同時喪失了金錢和人才。[43]

---

[43] 費孝通著,趙旭東、秦志杰譯:《中國士紳——城鄉關係論集》(北京:生活・讀書・新知三聯書店,2009年),頁105-106。

現代化以來，物質享受和個人欲望廣泛地充斥在現代社會的鄉土上，那些能夠使物質變得有意義的東方或西方傳統文化基礎並沒有得到真正的重視。人們表面上生活在西方文化中，又沒有西方的傳統文化基礎，因而便在東、西方的文化夾擊中努力適應。當前，張灣不可避免地面對現代化的發展浪潮，現代化的「雙刃劍」後果使那些經過歷史沉澱的文化特質，陷入被主流社會逐漸改寫的境況下。這種地方文化的流逝感導致張灣村民對自身「地方性」特徵的敏感認知，因此，何謂「張灣」便成為張灣村民憂慮的焦點。這種焦慮普遍存在於年齡稍大的人群中，那些年齡尚淺的年輕人並沒有激烈的感觸，特別是接受過學校教育的孩子們。那些上了年紀的中老年人經歷過他們本身創造過的「歷史」，他們對自身的「歷史」有一定的感知，現在他們面臨著歷史身份被遺忘的風險。因此，如何將這種「歷史」保存下來就成為他們行動的動力。

在現代性知識不足以論證「張灣」本體時，想像的「張灣共同體」就會向歷史資源傾斜，這一歷史資源往往通過宗教性、民俗性、遺產性因素保留下來。雖然村廟、火神會名義上為國家文化遺產，但它們實際上是社區內擁有的一項共同資源——雖然它們是從更高單位中滲出的。因此，對於保護張灣特徵的需求就在現代性的背景下不斷擴大，這期間，自我認同通過與空間他者的界線劃分而建構起來。村民對村廟、聖會、保家仙等的文化保留既急迫又無奈，彷彿這些信仰活動在這一代就要被滅絕。這一心態也使傳統建築、塑像、物品等不斷地維修、保留，且通過不斷地意義「疊寫」等各種形式延續下去。這也是「鐵打的村廟，流水的官」傳統下，何以要修村廟的原因。前文的瓷質塑像與泥質塑像的不同態度看似是對物質的不滿，實則是對瓷質產品工廠化生產的厭棄與手工泥質品的認同情感。手工泥質神像凝聚著村民集體的勞作與情感。這種情感在現代工業品的身上難以體現。如同禮物自身存在的人的精神，是商品中缺乏的內在本質。而且

這些神像的形貌大致相似，實際上是標準化機器生產與市場化商品流通的表現，與傳統無關。同樣，那些失去人的參與的「遺產」也因失去「人氣」而喪失人與地方的意義。張灣「地方性」就在這種民間信仰及其復興中隱含著人的主體性。

從宏觀層面來看，資本與權力之間進行著交叉複合式的轉化，共同謀劃著一個程序化、技術化的世界體系。這一體系的最大特徵就是同質性、普世性的世界面貌。當這種文化以普遍性姿態傳播至地方時，普遍文化同時也激發了地方意識的增長。亨廷頓（Samuel P. Huntington）指出，「在社會層面，現代性提高了社會的總體政治、經濟實力，人民對自身的文化信心增強，以至伸張自身文化；在個人層面，當傳統紐帶和社會關係斷裂時，現代性便造就了異化感和反常感，促使人們回歸到宗教需求認同。」[44] 從中可以看到，人們自身所能創造出的倫理觀念和社會生活中那些豐富的方面正在保留著一種「地方性」的文化認知。

我在張灣收集到的廟管委會成員關於清靜寺的態度具有一致性，即文化遺產是賦予張灣地方性的集中體現，而且「火神聖會」的組織者、參與者與村幹部也是同一種表述邏輯。然而，在村裡，每個人參與到民間信仰活動中的具身化體驗是不同的，包括代際傳承、神靈顯現、現實需求等因素雜糅期間。訪談中，廟主任賀大爺說道：

> 張灣就這麼一個古蹟，張灣的古蹟遺址……以前的前人都（把村廟）保護下來，咱們作為後人，就更有責任把它保護下來，我就這麼想。這是張灣的風水，是國家的古建築，再一個它也

---

44 〔美〕塞繆爾・亨廷頓著，周琪譯：《文明的衝突與世界秩序的重建》（北京：新華出版社，2010年），頁55。

是古老的文化，一個古文物。[45]

正如高丙中認為的「雙名制」，它表面上要符合國家主流文化，而內在卻是不同主體的自我闡釋。物的符號性不僅能給人提供多樣性的解釋，而且也能帶給人們一種確定感。在現實流動性的生活中，物質塑造了人的歸屬，安撫了人的心靈。村廟提供的「人神」互惠，使人們現實生活表現為一種信仰生活與世俗生活交織的複合狀態。同時，在廟會等活動中，作為國家代理人的村幹部要協助維持秩序。表面上看，這是國家在場的一種形式，實際上是國家的假在場。抽象的國家是看不見的，它的意識必須通過人格化、形象化或象徵化的形式才能顯現。[46]代理人在常規時間沒有將國家意識表現出來，只有在特定時期內，比如「破四舊」等，國家在場會得以展現。因此，代理人代表的是一種將國家與地方、集體與個人等諸種看似對立、實則相聯的因素複合在一起、符合村民實際需要的治理狀態。

國家雖然在與民間社會的互動中占據著主導位置，但民間社會也以國家的名義與之互動、融合，並將國家視為發展的合法性資源，從而幫助民間社會產生積極的發展前景。在這個過程中，民眾可以充分利用國家留給社會的發展空間進行傳統的再發明與再創造，以便迎合國家的發展話語。正如「火神聖會」努力將國家話語移植到表演的內容中去，通過表達對國家政策和國家符號的認同，而表達對國家政權的合法性認同。

---

45 訪談對象：賀大爺，廟管委會現主任；訪談時間：2017年1月22日；訪談地點：賀大爺家中。

46 Michael Walzer. On the role of symbolism in political thought. *Political Science Quarterly*, 82 (2), 1967, pp. 191-204.

## （二）何以「張灣」：地方性回應

人在賦予地方意義的過程中獲得「地方感」。傳統社會，村落地名的記憶表述、對周邊自然山水的規劃、通過「人、神、仙」形成的社會關係，均是建構地方性的重要機制。在應對現代社會對地方特色的抹平時，基於信仰文化形成的地緣認同，會在各個地方得以彰顯。其中，物質遺產是最為顯著的呈現地方文化的存在。村廟以客體化的方式成為溝通「人神」兩界的重要媒介，同時也整合了當地的社會關係，成為社會秩序的自然表徵。

張灣「地方性」需求的產生直接促使了內部認同意識的覺醒，這也是強化地方認同的一種手段。從確定村落空間範圍，存續村落文化特質，到以儀式完成村落邊界的劃分，村民以「想像地方」的方式象徵著村落作為共同體的存在。仔細辨析可以發現，民間信仰呈現出公共性與私人性相互雜糅的狀態，二者之間存在著清晰的關係結構，即私人性公共性，公共性涵蓋私人性。同時，象徵著人與自然、人與神、人與人之間的交互關聯又是建立在彼此互惠基礎上的，共同構成了張灣民間信仰復興的事實。

### 1　空間：田地與村落

葛蘭言認為，古代中國舉行國家祭祀與民間節慶的地點總是在自然環境優美的山川中進行，因為人們相信河流、山巒和植被是一種自然秩序的神聖力量。這些地點的重要性除了人們的祭拜外，更在於該地所形成的一種「聖地」觀念。[47]張灣「聖會」請神的場地就是如此，人們在房屋聚落外、村莊範圍內的北部可耕作的田間選取一個固定地點，作為迎接「火神」的地方。在會首的引導下，人們將這片土

---

47　〔法〕葛蘭言著，趙丙祥、張宏民譯：《古代中國的節慶和歌謠》（桂林：廣西師範大學出版社，2005年），頁170-199。

地視為火神降臨的場地而賦予神聖性,同時土地的儀式空間也就從日常生活中區分了出來。這種通過強調空間的神聖性來重視農業生產重要性的方式,隱喻了這片土地的實際擁有者對土地的主導地位。

　　作為人們生活空間的「村落」與作為自然空間的田地,經由固定時間、固定地點的節慶氣氛,既生動地映射出二者對立的空間排布,又深刻地表達著彼此互惠共生的現實關係。在這裡,村莊聚落是人間世界、世俗世界,田野是鬼魂世界、神聖世界,象徵著空間上的區隔。同時,白天是人類掌控的時間,夜晚是鬼魂掌控的時間,象徵著時間上的劃分。請神儀式是在白天的田野中進行,送神儀式是在夜晚的田野中進行。人死後,「接三」、「送漿食」等活動也多是在村莊聚落外的田野中進行。這些儀式體現了人在自我(人間)世界中所具有的主動性,迫使神、鬼要降臨人間世界;送神儀式則體現了人在他者(鬼魂)世界中所具有的主動性,鬼魂掌控的世界再次讓位於人。這些事實均表達了人在與鬼魂世界的調解中處於支配地位,人也獲得了涵蓋二者的「潔淨」力量,二元共為一體,構成了人與自然二元一體的結構。因此,野外的田間成為具有人文象徵的「聖地」,從而形成了「文/野」之間的對立統一,使村落與田間成為複合性的存在。

## 2　信仰:社區與家庭

　　華琛指出,在多姓村莊裡,大族在政治上不會占據優勢地位,[48]因而社區團結依靠地域性宗教崇拜的模式。從社會空間的角度研究地域崇拜,「指的是特定地理範圍的人群,對地方和區域進行的宗教性、儀式性與象徵性的界定。」[49]而崇拜的對象包括地方性神祇,崇

---

48　〔美〕詹姆斯・華琛:《神明的標準化——華南沿海天后的推廣,960-1960年》,載劉永華主編:《中國社會文化史讀本》(北京:北京大學出版社,2011年),頁143。
49　梁永佳:《地域的等級——一個大理村鎮的儀式與文化》(北京:社會科學文獻出版社,2005年),頁2。

拜的形式為區域性祭祀。在張灣，地域性崇拜是指以村廟信仰和「火神聖會」為基礎的村落公共崇拜和儀式。這一結構呈現出兩種不同的崇拜體系，一是以村廟信仰為核心的「儒釋道」三家合一的正統信仰體系；二是以火神崇拜為核心的超自然信仰體系。二者共同建構了社區內固定性與流動性並存的文化認同，其也與國家意識形態相輔相成，隱含著一種「多元一體」的地方性機制。

在私人崇拜領域，「保家仙」信仰與祖先祭祀則呈現出家庭層面的崇拜，形成以家庭、個人領域相關的信仰系統。在人際溝通中，自家的「上香」、「念叨」、「說夢」等行為會成為人們日常交流的談資，而具有公共性。在祭祀過程中，祭祀「保家仙」在屋內，供品也置於室內；祭祀神靈和祖先則在屋外、山上，給神和祖先的祭品也是放在「外」焚化。這種「家仙朝內：神靈、祖先朝外」的祭祀結構與社區、家庭的內／外結構一致。獻給祖先的祭品多是村民日常生活的必需品，錢財、食物、菸等；而獻給神靈和家仙的則是供奉之類的物品，香、紙錢等。對社區與家庭的差異化祭品表達了人們不同的思想觀念，祖先與普通人相似，均為生活而消費；神靈需要香火與功德的供奉；家仙則介於神靈與祖先二者之間，既需要香火、銀錢的供奉，也需要生活物品的消費。

總體來看，社區與家庭信仰場域間的等級含蓋關係從整體上驗證了杜蒙的結構關係理論。在空間關係上，社區含蓋家屋；在信仰關係上，公共信仰含蓋私人信仰，從而，呈現出一種社區與家庭的多維互惠性。張灣信仰結構內部也存在著不同類型的觀念，呈現出兩條主線，其一是從「田野村域－房屋聚落－家屋」這一橫向內聚的空間序列；其二是「村廟神－火神－家仙」這一跨越神階的縱向聚合的序列，「社區與家」對應的「公與私」劃分以神格的降低為標誌。前者涉及空間與世俗階序的區劃，後者則涉及「內／外、神／仙」的策劃，以此呈現著張灣人內部的信仰認同以及對宇宙認知的圖式。

張灣信仰認同同樣表現在地域認同上，構成對立統一的關係。若是在縣域內，當一個人說自己是張灣的時，他指涉的是自己屬行政劃分上的張灣鎮；若是在張灣鎮範圍內時，張灣人則意味著屬行政上的張灣村，且會說自己是「街上的」，那些從外面嫁到張灣的女性以及上門女婿，只要經常生活在這裡，也會被認作是張灣人。不僅如此，張灣村內部也會進行不同地理空間上的劃分。面對前街人，我是後街人；面對東頭人，既有街裡人，也有西頭人；面對前胡同時，我又是後胡同人。在不斷變動的身份認知裡，人們巧妙地劃分著「內／外」邊界。由此，歷史因素建構的村落認同譜系決定著認同的親疏關係，儘管這種認同具有互動性、情境性，卻仍存在相對穩定的村落結構。其產生的地域認同、血緣認同以及文化群體認同，集中表現在張灣街這一概化地域之上，使張灣人文關係得以彰顯。

## 3 儀式：現代與傳統

人類學家特納（Victor Turner）將儀式展演看作社會結構調和的重要手段，他認為，儀式過程是一個特別的階段，結構與反結構因素借此調整而達到系統內部的有效整合。因此，儀式成為行動領域的一股積極力量。[50]特納告訴我們，人在「結構與反結構」中達成身份轉換，本質是一種變。但人並非一種結構性動物，人的積極性在結構中可能也是在支撐這一結構的再生產。這種積極性表現在傳統社會觀念與現代市場觀念之間的互嵌共生。而格拉克曼（Marx Gluckman）則總結道，即便這些儀式具有合法性意味，但它們仍是被用於增強已有的權力不平等狀態，通過這種儀式，民眾能夠發洩掉他們因身處底

---

50 〔英〕維克托・特納著，趙玉燕等譯：《象徵之林——恩登布人的儀式散論》（上海：商務印書館，2006年），頁19-20。

層而自然產生的怨恨情緒，以便讓系統繼續運作。[51]在不同的儀式階段，積極與安全閥功能都能夠體現出來，儀式在順應歷史發展規律時，能夠強化權力地位；而在那些對當權者積蓄已久的儀式中，反抗力量很可能會突破安全閥的界限。

在訪談中，村委會主任表示：

> 以前的「花會」沒啥太大的意外，村的道都是土路，摔不壞人。現在不一樣了，全是柏油路，路面很硬，容易摔壞。出事了還得村裡給補錢。那你給村出會，別人誰管啊。二〇一五年把宋老武（村民）他兒子胳膊給摔折了，賠他四萬。全都是村裡出的錢。[52]

二〇一七年村委會為高蹺檔買了商業保險，以便發生意外時進行賠款。鄉村道路硬化是現代社會發展的必然結果，為了使傳統文化活動能夠安全進行，村委會為參與表演者購買了保險。這一行為將規避風險的市場方式引入到傳統文化活動中，形成了現代邏輯對傳統的嵌入，也體現了傳統與現代的有效銜接。

在信仰復興的過程中，村廟經歷了一個從文化到宗教，再從宗教到遺產的過程。這期間，包括村廟成員、行政部門、張灣村民和文化精英在內，均參與了村廟系統的合法化重塑過程。具有民間宗教色彩的「娘娘廟」被改為「清靜寺」，隨後又被賦予「文物建築」的性質，呈現了傳統文化在現代社會的再生方式。這種「雙名制」，使村廟的意義不斷地在現代性的話語中被「疊寫」。村廟塑像也在推倒、重建後，村裡老人表示，村廟也不像以前那麼「靈驗」了。梁永佳指

---

51 Marx Gluckman, *Order and Rebellion in Tribal Society*. London: Cohen and Western, 1963, p. 127.
52 訪談對象：村委會主任；訪談時間：2017年1月19日；訪談地點：張灣村委會。

出，傳統文化被「疊寫」[53]地過多，就會喪失其本真的意義和地方性，從而掉入「中心／邊緣」的二元結構陷阱。因此，意義疊寫具有一定的限度，超過限度就會喪失其真實性。[54]同時，也正是「文物保護單位」的名義，村廟的復建獲得了合法性，村民才由暗轉明地進行集資修建。

「火神聖會」也依據同樣的邏輯，以非物質文化遺產的形式進行了建構。展演中，文武場主要負責演出音樂的打奏，打奏的團隊包括了民間十番樂。傳統「聖會」雖主要求助於火神的神力來保莊稼豐收、娛樂百姓，但也有政治宣傳隊的性質。在聖會的歷史變遷中，傳統邏輯形成的觀念不斷與時代觀念相交流、契合，國家代理人在明確了「社火」活動擁有遺產性的同時也利用了它的象徵力量，使這項活動能夠留存至今。

許烺光指出，無論是在文明社會還是在原始社會，一個普通人只有將當時當地情形與他早先經驗積累相結合才能解釋一些現象時，我們就會意識到，這一做出解釋的全過程完全取決於傳統文化內容的特徵，即民俗對於決定人們的思維模式是至關重要的。[55]不同文化間的接觸，往往也需要「重新解釋」（reinterpretation）的過程。根據赫斯科維茨（M. J. Herskovits）關於「重新解釋」的說法，「它是將舊的意義冠之於新事物或是新的價值觀改變舊的文化意義的過程。這一過程在社會的內部進行，且世世代代延續下去，不亞於使一外借來的事物結合到某一文化的過程。」[56]某些時候，重新解釋的過程通過整合以

---

53 「疊寫」概念是杜贊奇關於「關公信仰」的分析中提出來的。詳見〔美〕杜贊奇：《刻劃標誌：中國戰神關帝的神話》，載〔美〕韋思諦編，陳仲丹譯：《中國大眾宗教》（南京：江蘇人民出版社，2006年），頁93-113。
54 梁永佳：《「疊寫」的限度——一個大理節慶的地方意義與非遺化》，《宗教人類學》2013年第4輯。
55 〔美〕許烺光著，王芃、徐隆德、余伯泉合譯：《驅逐搗蛋者——魔法、科學與文化》（臺北：南天書局，1997年），頁80。
56 M. J. Herskovits, *Man and His Works*. New York: Norton, 1948, p. 553.

一個整體或是變體的形式出現，一般將舊的內容轉變為新的名稱，或者將舊的名稱換上新的內容。進而，赫斯科維茨進一步提出了「信仰合併」（syncretism）[57]的概念以此呈現不同文化模式接觸的過程。

　　作為社會凝聚的工具性力量，隨著社區規模的變大，需要確認與重新確認集體意識的儀式也就越多。這些儀式往往在歷史的主流價值下以非制度性、非組織性的民間主體的身份，倒過來推動官方進行制度變革。在這種情況下，以歷史記憶與集體精神為核心的「非遺」很好地彌補了政府在文化方面的合法性，「非遺」運動的展開也是在回應自建國以來一系列文化政策的效果與終結。杜贊奇認為「當神話和形象隨著時間而改變，各群體爭相對神的作用及其主要形象做出自己的解釋時，新的解釋並沒有完全消除舊的解釋，而是被『寫上去』，以致重要的東西仍延續下來。」[58]因而，我們會看到，在生物遺傳之外，還存在著一種文化遺傳。文化遺傳與生物遺傳一樣都會隨著外在社會環境的變化產生變異，否則文化基因就不可能再傳遞下去了。正如羅伯特・帕克（Robert E. Park）所言，作為兩方面遺傳承載者的個體，作為種族成員，此人通過交配傳遞一種生物遺傳特性；作為社會成員或社會群體的成員，他又通過交往行為傳遞社會遺傳特性。這些可遺傳的特性共同構成了一個民族的氣質。[59]因此，社會歷史環境成為思考民族特性的重要視角。

　　張灣裏挾在全球化的過程中，因具有穩定的社會結構和廣泛的集體意識，代表著「地方性」和「小傳統」的那些生命力旺盛的民間知識、信仰及其儀式活動，將會長久地承繼下去。正如家住下南溝，時常在廟裡幹活的老關的一席話代表了一部人對財富、生活的態度，他

---

57 M. J. Herskovits, *Man and His Works.* New York: Norton, 1948, p. 553.
58 〔美〕杜贊奇：《刻劃標誌：中國戰神關帝的神話》，載〔美〕韋思諦編，陳仲丹譯：《中國大眾宗教》（南京：江蘇人民出版社，2006年），頁93-113。
59 Park R. E. and Burgess. E. W., *Introduction to the science of Sociology,* Chicago: University of Chicago Press, 1921.

說,「房屋千所也是只住一間,妻妾成群也是一夜之歡,高官厚祿也得天天上班。」以傳統的知識、信仰、習俗、儀式為象徵符號的民間社會,在儀式過程的反覆展演中,共同實現了地域的生成和融合。因而,民間信仰的復興並不意味著保持這種文化形式的主體依舊「落後」,而這恰恰是他們對現代性的一種反應。其在告訴我們,「不是民間信仰破壞了現代性,而是現代性恐懼民間信仰」,因為民間信仰挑戰了現代性所定義的生活樣態、分類秩序,甚至對性別認知的操控。這一次的信仰與現代性「共謀」將不再是「民間信仰的現代化」,而是「現代的民間信仰化」。

## 二 個體層面的文化邏輯

村民裹挾在觀念轉型的巨大潮流之中,能夠帶給他們心理安慰的除了經濟上的實在獲得外,就是生活中的文化偏好。他們選擇以自身的實踐行動來整合現代觀念與傳統價值的差異。

### (一)炫耀式供奉

村中富戶一般通過給村廟活動捐資購物方式,參與村裡公共事務和文化生活。「富人治村」的治理策略近年來逐漸成為政府實施鄉村治理的措舉措之一,富人的加入可以有效地彌補鄉村公共物品的缺乏。在張灣清靜寺門前的功德榜[60]上,鮮明地記載著:

> ……王恆誠首當,五萬奉尚,設備使用,七萬有長,佛像四尊,功德無量。萬元以上,功德有榜。李興亞、賀光明、李至聖、楊家良、張秋清、張秋雪、劉佐習、李興國、劉農文。

---

60 為防止洩漏個人隱私,功德榜上的名字經過技術處理。

費用的數額沒有絕對的標準。王恆誠在二〇一五年翻修廟時所做的貢獻最大，他捐款最多達五萬元，而且還出資購買了瓷質神像，從他那裡獲得的其它建築材料也不收取費用。二〇一七年底，張秋清的建築公司獲得了縣城某地的建築承包權，在新舊年相交之時，他親自為清靜寺諸神上供品、點香。二〇一八年的清靜寺廟會，唱戲總共五日，從農曆四月十三日開始，到四月十七日結束。廟會期間公布的捐款數額是二三五〇〇元，村中各老闆、商戶的捐款數額就占總金額的百分之七十二，個人捐款多但金額小。其中，王恆誠、張秋清、賀光明、張秋雪、李興亞、李至聖、賀光明各捐款一千元。這些捐款的人名和金額也是用紅紙張貼在廟門口的兩側，供人們查看。這些人均是建築工程承包商，主要承包鐵路、橋梁、公路等基礎設施和商業樓盤的建築項目，他們也在村裡或附近村裡招青壯年勞動力作施工人員。

　　從時間背景來看，他們是在二〇〇八年國家投資基礎設施建設領域時，富起來的，之後，又搭上了以房地產為核心的土地城鎮化進程。比如王恆誠有在鐵路部門工作的親戚，他通過親屬間的人情往來而獲得建築項目，從而一步步發展起來。賀光明是廟主賀大爺的兒子，他在支持父親的退休生活上也是經過了一個轉變。最初他不同意父親參與廟中的事務，認為父親退休應該安心養老，操辦廟中事務勞心勞力不說，還易受村裡人埋怨，特別是前任廟主的事蹟被揭發後。但當他看到父親操辦廟中事務後，生活心態有了極大改變，也就不再阻攔父親的事務。他說，父親在忙碌中帶著幹勁兒。而且在父親接手廟中事務後，他的事業、生活也在不斷上升並有餘力捐助廟裡。每年過年、辦廟會，他都會主動給廟裡捐錢，而且金額也要超過普通人家的捐款。他是王恆誠的下級承包者之一，也是直接與村裡中青年務工者接觸的人，他每年在年初招人，年底回來，一年除了個別人請假外，只在「端午」、「中秋」兩節讓人回來。他跟我說：「帶人出去都得十分注

意，買了保險也不能擔保不出事，上香能求個安穩、心裡踏實。」[61]

經濟學家托斯丹・凡勃倫（Thorstein Veblen, 1857-1929）指出，「早在部落社會時代以及在皇室、貴族和絕對領主統治下的封建時代就已經出現消費分化，下等階層傾向於通過物質消費模仿上等階層。」[62]基於消費模式的勞動生產階層與「有閒階層」之間的分化，在現代工業社會中持續存在，上等階層通過物質占有彰顯社會地位。物質性的宗教消費和奉獻成為社會上層的身份象徵，低等階層的只能試圖模仿。因此，捐款行為的背後存在著物質炫耀的含義，他們有意試圖通過對宗教的貢獻來維繫階層之間的穩定關係。這些人被賦予優先接近某些儀式的權利，如在殿內香爐裡「插香」。他們對宗教奉獻的本意出自對神靈護佑的渴望，並在得到了物質滿足後還要榮耀神靈。其次，神靈的保佑與靈驗是人神互惠的保障。

當這些承包商在現代社會中，無法單獨通過正規渠道獲得經濟上的安全感時，他們的文化選擇與實踐行為傾向於求神靈保佑，並通過極為豐富的物質還願，來滿足心理層面的慰藉。為了規避建築施工中不可預料的諸多風險，他們通過購買商業保險和向神靈祈禱的組合方式進行雙重保障。

## （二）苦行式敬神

與村中富戶的敬神方式不同，村中普通人家的供奉也有著自身的實踐方式。王奶奶每年初一一整天不吃東西、不喝水，她說這是她向彌勒佛許的齋戒，為保佑全家人「順當」。她的子女為改善生活在二十年前就離家謀生，現在已經在城市裡定居。她不願去市裡與子女一

---

[61] 訪談對象：賀光明，村民，包工負責人；訪談時間：2018年1月19日；訪談地點：賀光明家中。

[62] 〔美〕凡勃倫著，蔡受百譯：《有閒階級論──關於制度的經濟研究》（上海：商務印書館，1964年）。

起生活，在家裡守著幾分田地，她說這樣可以自己種點菜、糧食等為子女減輕負擔。她的家裡虔誠地供奉著「保家仙」，每當逢年過節，她都會上香燒紙。由於她一直從事廟裡的事務，二〇一三年當村中有人準備重修清靜寺時，她將賣玉米的五千元錢捐給廟裡。這件事被子女知道後，引發他們之間的爭吵，子女埋怨老人浪費錢，不像過日子的。自此以後，王奶奶經常抱怨兒子不理解她。二〇一五年初，她患上了帶狀疱疹後，在她身體上留下了後遺症，經常折磨得她疼痛難忍。近些年，隨著年齡的增長，身體不好的她也逐漸放棄了「初一禁食」的行為。他的兒子章江在二〇一五年底蓋完房子後，一直沒有工作，王奶奶給保家仙「上了十六根金條」求它保佑兒子能夠找到工作，果然在年初出去找工作的時候就找到了，並且一直幹了下去。王奶奶每每談此都十分信服，說：「人找錢不好找，錢找人卻好找，這都是托保家仙的福。」現在她年紀很大了，身體也不好，始終不願意去市裡過年過節，還是願意留在村裡，希望子女能回村過年過節。她說，家裡有「仙家」，過年要一家人和仙家一起團聚才可以，要不讓外人看來好像這家沒人一樣。

　　以王奶奶為代表的個體式苦行精神在村中並非少數，他們認為要以自身行為來為家庭及其成員的順利生活做出自身應盡的義務。王奶奶認為，贍養老人不吃虧，錢財上，有老人的親戚協助；聲望上，親屬、街坊四鄰給予高的道德評價；文化上，也有傳統知識提攜，麻煩的地方也就是照顧生活起居費事。因而，老人往往會給家裡人帶來「好運」。在村廟中幫忙的村民均是象徵著家庭成員而投身其中，也都為了家庭的和諧美滿參與其間。這些村民將在村廟積累的福運通過自身傳遞給家中的後代子孫，實際上承擔著「人神」的交流之責，為後代積攢著靈性資本。因此，個體層面的「人神互惠」表達著家庭層面的「家神」互惠。這是老年人參與家庭事務的一種表現方式。儘管年齡原因，老年人退出了家庭事務的貢獻，但他們始終不願將自身與

家庭隔離開來，不願將自身家庭邊緣化，因而，他們以自己的方式參與到家庭發展的「運」的積累部分。

面對日常生活的風險，現代技術和法律制度並不能安定人們的內心。人們依舊需要神靈信仰以求護佑與寬慰。而且神靈也被認為是有物理效能的，它可以被身體感知，引發疾病與痛苦。早期社會的人認為自身的生命力來自於對其他生命力的吞噬。在獻祭儀式中，人們貢獻犧牲以獲得神靈的永恆青睞，因此，棄絕物質的享用和欲望，便成為人們通向富足的精神世界、獲得解脫的一種途徑。[63] 具有這一信仰的人們通過規範自身與物的關係的方式將世俗生活與精神世界聯繫起來，成為自我修行的重要體現。她們認為這是人與神之間的約定，唯有遵守與神的承諾，才會獲得神靈的恩惠。普通民眾棄絕物質的神化之路深受佛教因果輪迴觀念的影響。靈魂將自身從肉體的物質性欲望中解脫出來，達至一種無欲無求狀態，在實踐中表現為一種禁欲式的苦行生活，這成為一種獻祭式的生活模式。但是，要知道以自身為祭品的獻祭是與對家庭的保佑進行交換的。神靈力量表現出的生理影響被身體所感知，其結果是個體的疾病或生理的破壞，因此，這種精神存在並非總是觀念層面的，也會通過身體呈現出實在性。在苦行中，人與神之間的互惠得以顯現，也成為普通家庭成員的價值取向。這種物理性與精神性的融合，是理解人神、人物、人人之間互惠的一種渠道。

## （三）身體的技藝

宗教，包括民間信仰在內，不僅依靠虔誠的講道與宣講，還通過特定的動作、姿態和表演呈現；不僅會在知識領域有所成就，還會通過身體動作、藝術、音樂、舞蹈等展示與傳播。村中的技藝是日久習

---

63 〔英〕大衛‧帕金著，王銘銘等編譯：《身處當代世界的人類學》（北京：北京大學出版社，2017年），頁88。

得的,既包括物質技藝、藝術技藝,還包括了身體技藝。在物質技藝中,村民上香用的紙質財寶的疊法、「火神聖會」所用的服裝道具製作等;在聲樂技藝中,「火神聖會」的打奏音樂、吹拉唱詞、表演技藝以及民間小曲等,都體現了共同體內部的文化共識。在他們看來,嗩吶聲、鑼鼓鈸鐃聲打得越響、聲音越高,越顯虔誠、越能通神、越可愉悅神靈。

這些技藝的傳習多是在夏季晚間的空屋子或空場地內進行,村民誰都可以參與,就看誰願意主動投入時間和精力。願意學習的人一般比較固定,基本也會投入其中。老一輩的民間音樂人們基本每晚都會出現,帶領願意學習的人練習、指點。這些音樂知識沒有嚴謹的標準化的書面呈現,多是通過口頭傳授的方式進行。知識傳授也沒有固定套路,多是在人們的耳濡目染中慢慢浸潤。有時,整個活動過程就是教授的「教室」,每次演奏都是在進行知識傳授。這些知識提供了共同興趣、身份與愛好的認同,但認同的另一面是排斥。我在村中就感受到了這種排斥與認同的雙重過程。正月十一,在大隊部門口,人們一般都在上午吃過早飯聚齊到這裡練習打奏。我也跟隨聲音前來。最開始打鐃時,我經常被那些老人「指點」教導。當我自己感覺已經與他們打奏的無異時,他們還是會說不行。等到正月十三出會,我被負責的小會首叫過去打鐃,他說我打的還行,因而跟著軋街了。

無論何種知識都具有凝聚與排斥的兩面性,這種兩面性所表達的恰恰是使用者與知識載體(工具)之間形成的特殊關係。工具的創造發明並非簡單地是為個體使用而設計的,它被視為人類身體的延伸,是一種「自覺的創造」(抽象能力)[64]。工具所傳遞的是人的能量和創造力,而非工具的證明價值,但我們在學習使用工具知識的過程中,越來越變成知識的絕對主義者,也就使得工具使用了人。知識所綁架

---

64 〔美〕馬歇爾·薩林斯著,張經緯等譯:《石器時代經濟學》(北京:生活·讀書·新知三聯書店,2009年),頁92。

的人也被認同所強迫，人被知識群體「異化」的過程在所難免，因而人的歸屬感變為一種獨特的心理事實。

除了這些技藝外，還有一種技藝是不易被發現的，即身體技藝。村民們祭祀、上香都遵循著一定的規範，比如王奶奶在上香請神之前，總是念叨著：讓我打兩個哈欠，她果然就打了兩個哈欠，再比如舉香不能從胯下舉起；下跪要雙手合十；磕頭以三個為准；所有的動作幅度不能過大，否則被視為不敬神；打開香時，手指要順著香的縫隙打開封紙；疊寶時、上香不著時，不能用嘴吹；上供之後要破供；上供的菸酒要留一些自己食用，等等。在每年的正月初九、三月初三分別被認為是玉皇大帝、王母娘娘的誕辰，王奶奶都要在這天早上擺上供品、上香慶祝。頗值得一提的是，她在上香時還會唱起「生日快樂歌」，整個過程十分流暢。王奶奶還會一種「用手算事」的占卜術，即民間版本的六壬法，其運用的規則如下圖：

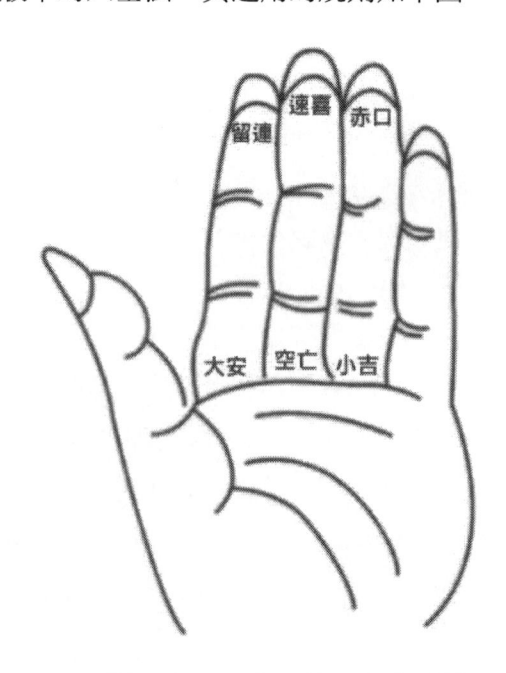

圖二十一　六壬法的占卜手法

左手中三指的「大安」－「留連」－「速喜」－「赤口」－「小吉」－「空亡」，分別對應著「一至六的循環」。其中，「大安」、「速喜」、「小吉」代表吉利，「留連」、「赤口」、「空亡」代表不吉。預測時，事主需根據所問之事提供心中所想的三個數字，並從「大安」開始按順序進行循環對應，且第二個數字要從上一個數字的結果起手，以此類推。比如三、六、九，按順序查驗後，分別對應「速喜」、「留連」、「赤口」，結果為「吉」、「不吉」、「不吉」，以最後一個為最重要結果，由此來簡單判定事情的進展。據她說，這也是別人教給她的，那個人也早就不在了。如果生活中有什麼事，按著這個邏輯就可以預測一下好壞。

總的來說，身體技藝的變遷是隨著時代的變化而變化的，並始終與大眾認同的內容相符。這些身體技藝廣泛存在於張灣村民的日常生活中，構成了個體儀式生活的實踐行動，也表達著一種規範觀念，即細節精細就是虔誠地供獻。

## （四）價值的踐行

當今社會的開放性創造了一種社會流動性增強的幻象，這種流動性的擴散使人們相信，沒能實現社會階層躍遷的人應該將責任歸於自身，而不是他人。那些無力在社會結構再生產中改變自身地位的人，會不自覺地將不平等和貧困的處境歸罪於個人（無論自身還是他人），且他們自己對這種內歸因的解釋也十分信服。我們通過考察行動者背後的意義來判定行動的性質，以此揭示出一個普遍認識，即任何行為都不是單一理性的，工具理性中都隱藏著價值理性。

社區敬神的靈活性是相當重要的，這對理解不同階層的行為大有裨益。富戶與普通戶共享的民間意識在差序化的信仰實踐中，彰顯著不同階層的行為標準，同時二者之間財富積累的不同恰恰是在共同的信仰行為中彌補不同財力產生的階層差異。這種替代原則，使生活在

一起的不同階層共同遵守著同一套互惠規則。正如田汝康先生在《芒市邊民的擺》中所呈現出來的關於「消耗」與「工作」之間的地方關係:「對於傣族來說,『工作』是積累財富的手段,但與現代經濟模式不同的是,在這個民族中,積累財富不是為了通過『擴大再生產』來造成人與人之間的階級地位差異,而只是為了通過『消耗』在宗教儀式上來平衡不同社會等級中人之間的差異」[65]。他曾指出,不同社會階層的「敬獻」與「財富」關係的核心在於傣族社會中與眾不同的價值觀。他在回憶當初的田野經歷時說道:

> 我最不能忘記的還有芒市的那種稀有的價值觀念,一種不願意在物質上求競爭的價值觀念。在芒市用以衡量物質價值的是施捨而不是獲得。收入多的,施捨應該更多,越是有錢,自己越發感覺自己的施捨不夠。因為別人不像自己富有,而在施捨上卻超過自己若干倍。由於有這種特殊價值的存在,所以在芒市壩財富並不太可貴,財富更不足以凌人;反而財富愈多,對於所有者愈是一種負擔,愈為所有者加上一種責任。對於貧窮的,大家是一種憐恤的看法;至對於富有而不施捨的,大家卻群出之以譏誚,盲目崇拜富有的情形是不會在芒市壩看到的。[66]

　　無論是富人,還是普通民眾,都希望參與到社區的文化事業中,比如捐款請戲班、建村廟、請人唱戲等活動。這些行為的背後是集體道德的再現,更是橫亙在民眾意識裡的文化取向使然。這種強調「財富=道德」的價值觀無疑是當前極力追逐諸如「理性」、「效率」、「發展」等現代理念的過程中一面藉以反思自己的鏡子。

---

65 王銘銘:《繼承與反思:記雲南三個人類學田野工作地點的「再研究」》,《社會學研究》2005年第2期。
66 田汝康:《憶芒市──邊地文化的素描》,《旅行雜誌》1943年第3期。

现代生活中的發展主義話語帶來了村民之間的階層分化，使不同人群之間的敬神方式也呈現著群體差異。但無論是「上層」為應對「經濟危機」的炫耀性供奉，還是「底層」為應對「保障危機」的苦行式敬神，抑或是通行於兩者之間的行為，村民都圍繞著人神互惠的文化邏輯來表徵。廟會唱戲期間，廟管委會組織唱戲人員、熱心廟中事務的村民舉辦筵席，特別是在「正日子」（四月十五日），廟主會通知這些捐款多的人、村幹部到廟中一起聚餐。王奶奶說：「這一天廟中的大神大將都會來廟裡一起用餐，管人好的。」與此相似的是，過去的「火神聖會」也是由大地主和富戶階層組織起來，普通人參與其中，富戶與普通戶將榮耀神靈的聖會儀式視為不同階層溝通的平臺，用以增強社區內聚力。[67]現代生活中，這種溝通依舊存續了下來，成為潛藏在民眾心理的文化偏好。這種文化偏好在歷史上「皇權」意識濃烈的社會[68]，勢必會對民間思考和文化積澱產生一定程度的影響。但「皇權」也好、「神權」也罷，均是超越性力量衍生出的象徵自身秩序的符號體系。在這裡，民間知識作為一種文化資源直接參與了鄉村社區的發展與變遷過程中。

姚洋指出，那些在村莊政治、經濟或社會關係中占主導地位的人（即精英），在當前的農村只可能是兩類人：村莊的富有者以及與上級政府的關係親密者。[69]但這些人由於既沒有古代精英的知識優勢，也沒有因地緣和血緣關係所賦予的權威，不能對其他村民構成道德上的楷模，不具有道德感召力。「一般而言，在民選情況下，能夠當選村幹部的人一定是村裡的能人，或我們所說的精英。在選舉的條件下，他們會獲得雙重的權威：一是產生於他們的群眾基礎的自然權

---

67 張爽：《民間文化邏輯嵌入鄉村治理的思考——基於河北張村的田野調查》，《石家莊學院學報》2018年第5期。
68 王銘銘：《走在鄉土上——歷史人類學札記》（北京：中國人民大學出版社，2003年），頁173。
69 姚洋：《村莊民主與全球化》，《讀書》2002年第4期。

威;一是來自於制度對這種權威的保障。[70]這與仝志輝和賀雪峰的發現是一致的,他們指出,村莊正式權力往往需要借助宗族、姻親、人情等關係,依靠個人魅力、非法暴力等手段,即借助非正式權力關係來實踐自己的職能。[71]政治經濟的分析路徑確實能解釋在政治、經濟層面占據主導位置的精英所擁有權力、資本對地方社會造成的形象衝擊,但值得關注的是,這些政治經濟精英也更希望在文化、知識層面獲得與其政治、經濟相對應的道德評價。

在村莊的日常生活中,富人階層不僅在物質生產上占據支配地位,還努力在象徵生產上爭取支配權。很顯然,富人階層是十分適應當前的社會邏輯與制度環境的,他們在政治、經濟上的獲得也維繫著社會秩序的安定,因而他們也會以各種手段爭取道德層面的聲望。但也應看到,處於相對弱勢的從屬階級在日常生活中,也會對主流價值進行低度的滲透和抵抗。

在這裡我介紹了村莊富裕戶、平民不同的敬神方式,其實在前文中還有一個身份者與前兩者的敬神方式相異,那就是代表國家的村幹部。他們在態度上採取的是默許,在實際行為上卻是支持,表現出態度與行為的差異,比如過去村書記擔任會首;現在村主任每年都會以個人名義捐助「火神聖會」。因此,我們可以看到作為國家代理人身份的村幹部在理性選擇過後的實際行為。楊庭碩發現,一些地方上的人在經過努力成為「國家的人」後,現在又積極地把自己轉換回「地方上的人」,在保持自己國家代表身份的同時或結束這一身份後,又主動承擔起民間權威和領袖的功能。[72]在過去,這些人對「外」是國家幹部、人民公僕,對「內」是會首、民間權威,同時扮演著雙重身

---

70 姚洋:《村莊民主與全球化》,《讀書》2002年第4期。

71 仝志輝、賀雪峰:《村莊權力結構的三層分析:兼論選舉後村莊權力的合法性》,《中國社會科學》2002年第1期。

72 楊庭碩:《苗族生活方式的變遷:貴州杉坪的例子》,載高丙中主編:《現代化與民族生活方式的變遷》(天津:天津人民出版社,1997年),頁252-253。

份；而現代，雖然這種情況已看不到，但其中的隱性關係依然存在，這些均是「雙軌制」在個人層面的反映。個體與制度之間的中間人地位在現代制度社會日益重要，他既是社會上層政令通向底層的傳達者，又是向上層傳達底層民意的代理人。正是通過這一技術策略，國家與地方實現著有效地溝通與磨合。特別是在文物遺產、「非遺」成功申辦之後，他們更加熱衷於從事既符合國家政策，又符合地方村民利益的儀式展演。在日益健全的行政體制下，科層制官員與普通民眾之間的溝通就更需要中間力量的輔助，而對代表廟中總管地位的「長仙」的供奉隱喻著這一社會事實。無論如何，我們可以看到，兩種不同層級的價值取向在實踐中達成了整合，並在社會環境的變遷中不斷地調和。

總之，村落內悄無聲息地價值鬥爭是不同位置的村民試圖從自身角度理解他們在過去幾十年間所經歷的劇烈的社會變遷的一種方式。在他們的陳述中，每個人都身處一場關於意識形態的爭奪中。每個人都是歷史專家，都包藏著自己的私心，為從過去失去的一切裡獲得記憶上的補償。村民有選擇地遺忘那些過去生活的自私行為、對自身的不利境況，而選擇那些對他們有利的記憶，使人們相信那些習俗是真實的，那些行為實踐也確實存在。只不過，那些經驗都在當前社會變革中都變得無足輕重了。

## 第三節　復興邏輯：信仰與互惠的整合

正如雷德菲爾德所說，不同地區的農民由於他們之間在傳統價值觀和生活態度上的差異，也由於他們各自的傳統價值觀和生活態度經歷了他們各自的不同的歷史發展過程的洗禮，因而使得他們現在的價值觀和生活態度變得非常根深柢固。[73]歷史上的張灣移民，在承平日

---

73　〔美〕羅伯特・雷德菲爾德著，王瑩譯：《農民社會與文化——人類學對文明的一種詮釋》（北京：中國社會科學出版社，2013年），頁158。

久、代際更替的現實生活中形成了對張灣地方的穩定心態和情感認同。隨著鄉村現代化進程的加快，各種現代價值不斷進入鄉村社會，衝擊著村內各階層原有的生活知識，也促使他們不斷適應這些新觀念帶來的生活方式。在現代價值不斷浸入鄉村生活的過程中，人們的意義世界呈現出一種傳統文化不斷喪失的主觀意識。這種外部價值與內部意義的關係互滲，使村民觀念上的不確定性逐漸擴大，形成了村民對「傳統」與「現在」的邊界感知。鄉村生活也被視為具有傳統－現代邊界性的文化存在。村民的歷史感及其意義闡釋不斷消散，導致以傳統因素存留的各種文化形式以被強調的和被發明的方式呈現，民間信仰的復興就是人們向自身之外的世界尋求回歸「過去」的表徵之一。承載著傳統倫理價值的民間信仰努力再現，並以非官方的組織形式爭取官方認可，就是這一復興的具體表現。在認知與社會系統層面，「過去」與「現代」既呈現出一種連續中的斷裂，也表現為斷裂中的共存。在此過程中，村民對「傳統」的需求既帶有工具理性的選擇取向，又具有價值理性的情感趨向，以此形成的結構框架涵蓋了社會實踐的各種變異形式，成為文化結構的基本形式。

## 一　信仰的價值體系

由現代發展主義道德帶來的價值，曲解了「總體之人」所內化的、由人與非人組成的社會。在這樣的歷史情境下，民間信仰以關照彼此的動態形式得以復興，成為傳統文化資源對現代社會發展所產生的困頓的應對。而且民間信仰的復興實際上彌補了現代發展觀所普及的「均質、同一」的僵化文化，強調並表現著傳統社會資源的多樣性與差異性。在此過程中，歷史沿襲下來的、固有的社會秩序與文化價值得以彰顯。這種形式是文化的形式，這種表達是儀式的表達，一方面，它用傳統文化修復現代社會的缺陷，其真正起點在於將標準敘事

下與進步話語中對人的尊嚴、道德和良知的壓制與褻瀆重新建立起來，使之成為莫斯意義上的「付出而不損己，利己而不害人」的基本道德；另一方面，作為秉持這種文化形式與表達的主體，在現代社會發展中，重建基於集體的個體身份。信仰互惠的核心內涵也正是在人與自然萬物的秩序中實現彼此的互相尊敬。

中國傳統文化有著自身穩固的價值語法，這一語法是以倫理主義為核心的思維結構。而這種倫理價值觀實則與古希臘的人本主義傳統有著諸多的相似性[74]：二者均將自然納入到與人相關的關係中；涵養了多神觀的文明，避免了一神觀的兩極化；都有各自的宇宙秩序論，似乎都以「己」為中心[75]，進行「綿延式」的時代過渡[76]；都缺乏「上帝之眼」般的外在整體主義看法，而是以人為中心（如「聖」）來衡量宇宙和道德。[77]毫無疑問，這些相似性之中同樣也呈現著諸多的差異性。差異性的表徵不可盡數，但其中的關鍵可能更多地是圍繞著「人」的自我與他者之間的不同關係而運行，由此形成了各自對權利和義務的傾向。

民間信仰復興的文化邏輯通過人神的象徵、人人的倫理、人物的符號關係整體呈現。在這裡，宗教與民間信仰都是一套表徵倫理價值的象徵體系。雖則如此，文化邏輯所形成的先驗價值也必須通過社會互動層面的經驗事實予以落地。張灣民間信仰復興的文化邏輯實際上是村民歷史選擇的結果，這一選擇也是社會情感的表達，而信仰主導著村民在面對時代變遷時的實踐選擇。整合在文化邏輯中的三對關係

---

74 王銘銘：《古典學的人類學相關性：還原並反思地引申一種主張》，《社會》2020年第2期。

75 費孝通：《鄉土中國》（北京：生活・讀書・新知三聯書店，1985年），頁21-25。

76 張光直：《中國考古學論文集》（北京：生活・讀書・新知三聯書店，1999年），頁384-400。

77 錢穆：《湖上閒思錄》（北京：生活・讀書・新知三聯書店，2000年），頁62-64。

的互惠與民間信仰背後的倫理義務具有同構性，在應對全球化的個人欲望時，從實踐層面構成了民間信仰在日常生活中的全面復興。

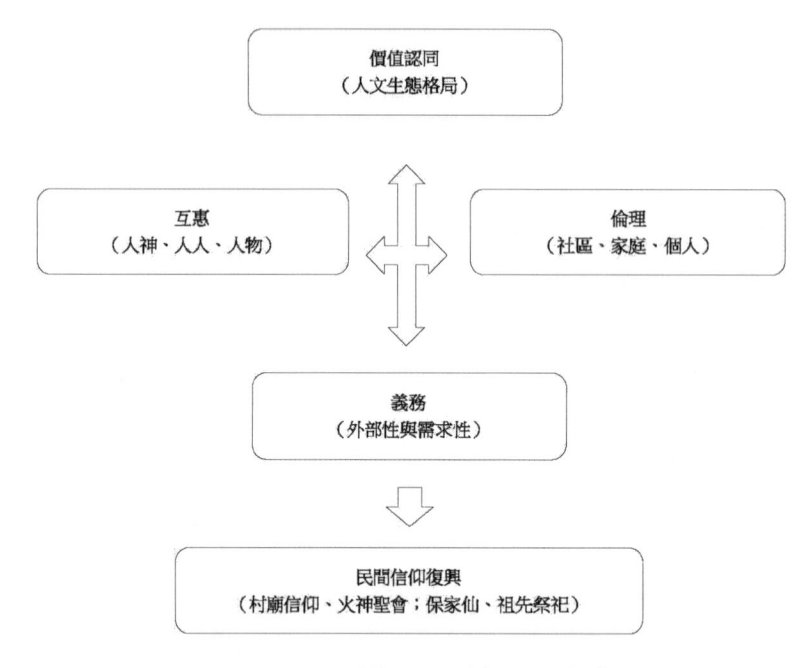

```
                        價值認同
                      (人文生態格局)
                           ↕
      互惠                              倫理
  (人神、人人、人物)    ⇔      (社區、家庭、個人)

                         義務
                    (外部性與需求性)
                           ⇩
                       民間信仰復興
            (村廟信仰、火神聖會；保家仙、祖先祭祀)
```

圖二十二　民間信仰復興的文化邏輯

　　本研究將民間信仰視為一種地方性的文化價值體系，試圖從民間信仰內部的互惠邏輯出發，將其解釋為地方互惠結構的復興。代表著家庭的個體與物、神的互惠是信仰互惠，個體象徵著家庭。「個體表徵」在受儒家文化影響的社會中也是杜蒙所認為的「階序人」，只不過階層被家庭所取代。其與西方個體層面的個人對神、物的互惠具有本質差異，西方宗教改革後的社會所主張的是人與神的扁平型互惠，即個人與上帝之間是純粹的、沒有中介性的互惠關係，表達為個體主義的話語形式[78]。

---

78　〔法〕路易・杜蒙著，桂裕芳譯：《論個體主義：人類學視野中的現代意識形態》（南京：譯林出版社，2014年），頁21-48。

民間信仰的個體性則需要借助正統宗教的集體表象進行表達，就如同個體需要集體來表達自身一樣，這是社會整體主義價值觀在信仰領域的映射。與西方一神論形成的個體主義相比，東方「多神」觀下的集體主義邏輯完整地呈現在社會生活的各個層面。無論是「非個體表徵」還是「個體表徵」，都是社會集體的表象。漢人社會語境下的個體表徵通過介於個體與社會之間的家庭來實現，並且這樣的表徵也通過倫理化的方式存留在地方的人文生態價值體系中。關於這一點，費孝通在二十世紀四〇年代已經指出，家族主義是漢人社會的特點，同時也是比西方現代個體主義更普遍實用的社會「基本制度」。[79]因此，儒家社會的信仰互惠所表達的思想與集體價值密不可分，信仰互惠將個人、家庭、社區整合為一個等級包含式整體，通過「人、物、神」的互惠關係表徵為自身的文化意義結構，這也是民間信仰復興邏輯的價值選擇。

## 二　「等級互惠」結構

　　民間信仰復興中的互惠整體呈現在人、物、神三者關係中，並以人神關係為縱向格局，以人人關係為橫向格局，通過人對物賦予意義串聯起人神、人人之間的互惠。村民對「神、仙」的敬仰既表達著對社區內部倫理、對文化權威的認同與歸屬，又彰顯著對外在於村莊的超自然力量的敬仰與需求。同時，互惠本身又是一種責任約束機制，通過與權威糅合維繫著鄉村社會的倫理秩序，並以信仰的多重「混融」呈現在張灣村民的日常生活中。這種凝聚著村莊內外整體性的倫理結構，呈現出兩點特徵：其一，共同體與其外的神聖力量是整體性存在的，共同體通過外部力量來認識自身（同一性內部的區分）；其二，

---

[79] 費孝通：《生育制度》，載《費孝通文集》（第4卷）（北京：群言出版社，1999年），頁12-14。

儘管這二者之間是整體性，但共同體一方均以超自然一方為「上」，並力求以從外部獲得解決內部糾紛的力量（對對立面的包含）。

這兩種特性構成了儒家社會的倫理特徵：不對稱與互惠。不對稱性表現在，由人為設定的對村莊內、外部的劃分，注重以人為核心進行價值闡釋。這既把神靈存在視為為人服務的一種象徵資源，又把自己的未來交付於神靈。這種劃分也將家庭成員的成功視為「神靈回贈」，更加深了個人對神靈的恭敬，形成彼此之間的互惠。同時，不對稱的等級背後也存在著一種對實現社會秩序公正的正義訴求，本質上是對如何實現人的「幸福」生活的探索。從神聖世界映射到世俗世界，人與人之間的關係以一種互為他性的存在來消弭自身的盲從。而物質本身的客體化，自然形成了這種外在事實，使人們能夠通過以物事神的方式獲取神靈的永恆力量，從而維持主體之間的等級互惠結構。

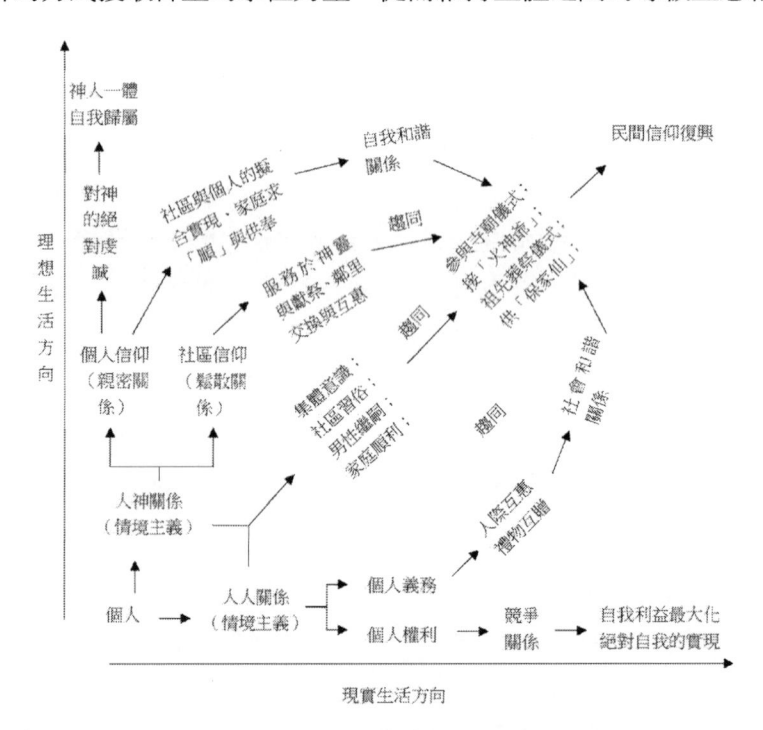

**圖二十三　「信仰互惠」的邏輯關係**

張灣的案例，可以發現，一方面正統宗教體系要將地方的民間神靈管控起來，另一方面民間神靈也在向正統宗教採藉以獲得生存，二者上下互動、相輔相成，展現出整體結構的開放性與包容性。民間信仰的等級結構以不對稱的、互惠的樣態呈現，對這一結構的分析，印證了列維-斯特勞斯與戈德利埃強調的社會等級秩序的不可讓渡性。對列維-斯特勞斯來說，結構涉及人類學所假定的模式，它並不代表社會活動或者觀念本身，而是揭示了隱藏在社會生活背後的關係模式。這些關係使社會生活能夠有序起來。也就是說，結構本身是一個由各種要素構成的相互關聯的系統。但吉登斯評論道，這並不意味著可以從結構中「徹底獲得有關社會的知識」，他的目標在於識別行為背後的「各種無意識的目的論」。[80]在薩林斯看來，權力關係產生於債務，禮物的債權人與債務人實際上也是領導與被領導的支配關係，這套權力關係通過禮物互惠產生了更大的統治基礎。[81]由於債務人的收禮，他要承擔一定回禮義務，因而他欠了贈予者（債權人）的「債」，其所擁有的權力是要為贈予者服務的。在上下互動中，禮物維持著等級互惠的倫理關係。

我們借此可以窺視到基層社會的結構安排與文化再生產方式，社區層面的再生產與家庭層面的再生產共同構成了一個橫向維度與縱向維度交織的整體性再生產。無論是社區層面，或是家庭層面，這種內／外之間的互動及對外部的需求，均成為一種不可讓渡的存在。在「內／外」、「公／私」、「上／下」的關係中，社區將家庭納入宏觀體系的等級互惠關係時得以形成，且張灣的整體性才成為可能。因此，分析多民族、多信仰的社會事實，對於反思當前理論研究的不足具有借鑒意義，也體現了地方文化自愈機制的內在活力。

---

80 〔英〕安東尼·吉登斯著，郭忠華、徐法寅譯：《社會理論的核心問題——社會分析中的行動、結構與矛盾》（上海：上海譯文出版社，2015年），頁21。
81 〔美〕馬歇爾·薩林斯著，張經緯等譯：《石器時代經濟學》（北京：生活·讀書·新知三聯書店，2009年），頁151。

個體背後的家庭觀念與民間信仰的結構實際上是同構的，它不同於基督新教所宣揚的個體化過程。張灣經驗或許提供了另一種應對現代性壓力的方式，它以不必摧毀原有社會秩序的方式，將傳統社會的一個個獨立的「個體」納入到現代社會的集體之中，並將二者統一併接起來。「個體的集體表徵」機制，是在歷史過程中形成的，與民間信仰的關係結構密不可分。張灣的信仰互惠提醒著我們，在面對中國這樣的多元宗教、多元民族的混雜情形下，與其著急借助「統一意識形態」去消滅所有不同的信仰類型，不如以此為切入點更切實地去探索這些文化遺留本身所象徵的「社會」乃至「超社會」的價值，以便將傳統文化資源與現代社會治理結合起來，推動形成具有中國特色的社會治理模式。

同時，任何社會唯有將其置於自身的地理環境和歷史進程中方可理解。在統一的「城鄉連續體」中，鄉村有著相對獨立的運行秩序與發展節奏，非單方面的權力所能改變。張灣的信仰結構並非經久不變，它的本質特徵是在不斷複合中更新內涵。漢文化與滿、蒙文化在長城邊疆內外共同雜糅，在現代化過程中能夠保持各自的文化特質且不斷整合，是該地民間信仰經久不衰的重要原因。王銘銘指出，在中國古代鄉村，「互惠性」是最關鍵的，而宮廷裡則強調上與下（以及外與內）的等級模式。[82]中國古代的基層社會是以宗族、血緣姓氏團體和地緣象徵團體為基礎的較為穩定的社區，血緣、地緣結構的互惠保持了基層社區的延續性。但我們應該如何理解這種「等級互惠」在民族交融地帶的存在？弗里德曼給了我們一個啟示，他指出，對於中國這樣一個擁有廣大疆域的國家而言，正是人們對於「天的力量是超越各種神與人」的這個理念的廣泛接受，才給皇權的政治整合提供了重要的宗教基礎。儘管各個地方熱衷於崇拜地方的神靈，且這些信仰

---

[82] 王銘銘：《走在鄉土上——歷史人類學札記》（北京：中國人民大學出版社，2003年），頁273。

崇拜具有一定的地域和民族背景，但是這些地方神靈卻是作為等級中的一部分從屬「天」的權力的，因此，地方崇拜在實質上是被中央的皇權所壟斷的。[83]

因此，民間信仰作為社會結構的子系統，存在整體意義上的等級互惠結構，並且這一結構因處於不同歷史文化交融共生的過程而呈現出複合性，以局部呈現著整體。等級制因需要文化的解釋，制度內的權力關係就被籠罩在整體的象徵之網中。[84]無論其發展經歷怎樣的自我調適，促進人與人、人與物、人與神之間的互惠關係，是其變遷的邏輯出發點。**民間信仰的倫理實踐與互惠實踐的義務性同構能夠讓我們更加清晰地分析信仰與互惠之間的邏輯關係。**信仰作為自成一類的心理事實，在社會實踐中已然成為現實層面的社會事實。信仰之所以具有強大的力量就在於其所體現的道德性、義務性、價值性，「贈予」所呈現的精神力不能使任何具有極端利己之人永久性獲益，人們必須在交換傳遞中才能保持個體的生存。因此，不能將之還原為政治、經濟或其它的某一方面。將信仰視為道德因素以達到團結社會的目的將會更深一步理解人與自然之間的宇宙關係，並為解決「信仰」危機提供一條經驗路徑。同時，也應注意到從義務性視角出發並非完全放棄彼此之間的權利，而是借助義務來反觀權利，最終在二者之間達成一種中間性。在對立中不致互相殘殺、贈予不致犧牲自己，便成為社會進步的基本前提。

## 本章小結

張灣民間信仰作為主體建構關係的媒介，是在與整體環境的交互

---

83 〔美〕弗里德曼：《論中國宗教的社會學研究》，載〔美〕武雅士編，彭澤安等譯：《中國社會中的宗教與儀式》（南京：江蘇人民出版社，2014年），頁1-20。
84 〔美〕大衛·科澤著，王海洲譯：《儀式、政治與權力》（南京：江蘇人民出版社，2015年），頁58。

共生中,用更高層次的邏輯涵蓋其它層次的。民間信仰體現的包容智慧和互惠價值,實現了一種「和而不同」的文化生存策略。[85]費孝通用「中華民族『多元一體』格局的提法就是要我們注意到民族之間、文化之間的那種『和而不同』的關係。它是世界上成功的文明體系的主要特徵。」[86]如果說,等級互惠的民間信仰結構是在不同認同中的信仰層次排列,那麼這種認同一定是一種情境式的認同。若對情境認同加以深究,則必然會在有價值的社會科學話語中掉入政治經濟學的「陷阱」,進而落入功利主義的邏輯中。除此之外,等級互惠的這種動態、靈活結構,帶給我們的啟示還在於讓人們更重視一種兼容他者的社會德性,並發現個人是如何在對自我身份、對家庭他者、對社區集體的日常生活感知上實踐的。或許張灣共同文化是村民的「想像共同體」,但它已成為人們生活的一個準則而傳續下去了。

總之,民間信仰復興實際上是以三對「間性」關係的展演互惠超越了「人人主義」的「主體性」的社會秩序。傳統社會強調的「倫理本位」的現實思想體現了這種集體的間性互惠關係。民間信仰復興背後的邏輯是超越法律和政治制度的不成文的文化偏好,試圖彌補僵硬的法律規範對個人生活及人性尊嚴的重視不足。顯然,科學話語下的「世俗化理論」欠缺解釋人文價值體系的整合能力,且忽視了原生文化的內在知識,這一局面造成了以人為本的政治、知識精英對這種以人和自然關係為本的邏輯的屏蔽。因此,以民間信仰復興為具象的文化邏輯背後也是抽象的社會性、互惠性倫理關係的實質顯現。也意在表明,文化的價值取向應從地方性的生活邏輯入手,不能以普遍性的政治經濟觀進行削足適履的解釋。

---

85 費孝通:《論人類學與文化自覺》(北京:華夏出版社,2004年)。
86 費孝通:《中華民族多元一體格局》,載費孝通:《論人類學與文化自覺》(北京:華夏出版社,2004年),頁121-151。

# 結論
# 信仰互惠的文化邏輯

> 人們將靈魂融於事物，亦將事物融於靈魂。人們的生活彼此相融，
> 在此期間本來已經被混同的人和物又走出各自的圈子再相互混融：
> 這就是契約交換。
> 〔法〕馬塞爾・莫斯：《禮物——古式社會中交換的形式與理由》

二十世紀中期以來，中國社會進行了兩種不同的現代化，一場呈現出政治論式，另一場呈現出經濟論式，二者無疑是西方理性主義力圖全面重整中國社會的努力。以理性為核心的社會科學和以信仰為核心的神學思想深刻地影響著當前世界的發展。身處政治經濟背景下，我們面臨的一個時代難題就是，如何調適自身的處境。我們寄希望於重建傳統和社會生活的延續性，以使未來生活「按圖索驥」。因此，在政治論式結束後，民間各種信仰與儀式在復興過程中都進行著新的內容闡釋，並極力以歷史與傳統的延續標榜自身「正統性」。這樣的文化再創造看似歷史的復興實則飽含濃重「傳統再發明」意味，一方面，它對當地人的意義在於社區意識（地方性）的形成；更重要的是，人們可以憑藉這樣「被發明歷史」的記憶與認同參與到彼此生活中，形成一個上下、左右、內外的互惠體系。這一文化價值與中華民族內生的本土力量相互雜糅共生，張灣社會的自我就在「內／外、上／下」關係的融合中建構而成。理性權威和地方知識成為一種「上／下」涵蓋的等級關係，「儒釋道」合一的村廟、「火神崇拜」與保家仙、祖先祭祀為核心的信仰等級結構同構為整體性的鄉村信仰生活。

本研究認為民間信仰復興研究包含兩個層面的發展邏輯，一個是

民間信仰內部邏輯關係；另一個是其與整體社會系統之間的結構化關係。從這兩個層面出發，對於審視、解釋民間信仰的復興能夠更為全面。首先，當前的反思邏輯主要基於政治經濟的思維模式，這種思維模式仍保留著線性的因果解釋機制，而民間信仰的發展模式是辯證統一的、複合式的關係。民間信仰的發展環境既離不開其所處的社會場域，又具有獨特的發展空間；信仰主體既是儀式實踐活動的主體，又是儀式的反思主體。因此，在這種辯證關係中，並不存在一種線性的因果解釋機制，以此為基礎的解釋框架並不能取得革命性的進展。

其次，將民間信仰作為社會整體系統中一個有限的子系統，是社會科學研究整體論視角的一個重要方面。儘管如此，不可否認的是當前民間信仰仍處於一種雜糅狀態。以往研究表明，民間信仰與社會之間的邊界不清是造成其不能以宗教視角進行研究的主要原因。這種觀點仍是以社會學視角進行研究的顯現。因此，轉換研究進路是破除民間信仰復興研究謎團的一大突破。本研究指出，對民間信仰復興現存邏輯的理解，應集中於反思當前民間信仰的現狀，而非跨越這一階段。從歷史視角出發，回到民間信仰的生成源頭洞悉其發展軌跡，而非依靠民間信仰的先驗性建構為其發展指路。

## 第一節　信仰復興的文化邏輯

本研究在經驗歸納的基礎上旨在通過探究民間信仰復興的文化邏輯來對話「理性主義」的政治經濟邏輯觀點，並發現掩藏在理性思維之下的文化事實，進而建構出能夠整體解釋和預測經驗現實的理論觀點。具體來說，本研究意在發展出一套用於解釋民間信仰復興的一般性文化邏輯，並對這一邏輯的形成過程進行理論化歸納。

作為實踐層面的民間信仰復興，是人們文化選擇的結果。這樣的文化邏輯建立在當地民眾關於人神、人人、人物之間的信仰互惠觀念

上。民間信仰所代表的以家庭為核心的倫理秩序與互惠交換之間具有義務性的同構關係。在現代文化進入當地文化體系的過程中，人們根據自身的文化需求，接納現代外來文化，從而形成一套動態自洽的價值體系。義務性同構與呈現式整合是促使民間信仰復興的文化邏輯，這樣的文化邏輯促成了當地民間信仰復興的整體事實，並已經成為了一種歷久彌新的規律性存在。

在此，本研究提出了關於中國鄉村民間信仰復興的文化邏輯：

一：民間信仰的復興受到社會主流價值的影響。
二：等級涵蓋式的民間信仰結構是民間信仰復興的結構載體。
三：民間信仰復興的文化邏輯的表徵是信仰互惠。
四：日常生活倫理與互惠交換的義務性同構是民間信仰復興的內在運行機制。
五：互惠與文化價值的呈現式整合是民間信仰復興的外在呈現機制。

民間信仰復興是原有人文價值在應對現代價值時的產物，也是以家庭為代表的倫理體系與互惠交換的義務性同構關係的實踐結果，即信仰與互惠的價值整合。民間信仰的復興過程最初為學術界和政治界所關注。一些學者從文化權力與經濟理性的角度出發，將其總結為政治經濟的解釋路徑。此過程忽視了從民間信仰主體內部進行探索的思路，原因在於，政治經濟路徑一方面主要關注社會層面的整體事實；另一方面是出於個體理性的考量，符合社會的主流思維。因此，脫離「理性人」思維成為發現新邏輯的必然選擇。正如社會學家曼海姆（Karl Mannheim, 1893-1947）所言，「只能為某些特定的歷史群體所獲得的知識是不可靠的，只有那種不受主體的世界觀影響的知識才是受歡迎的。沒有注意到的是，純粹可量化和可分析的世界本身只有在特定世界觀的基礎上才是可能的，同樣沒有注意到的是，世界觀並不

一定是錯誤的根源;相反,它常常揭示了某些被忽略的知識領域。」[1]雖然這裡,我提到了曼海姆的「意識形態」概念,以及將意識形態的論述套用到民間信仰的觀念層面,這樣論述有些不合適,但是針對知識分子與民眾思想觀念的立場問題,此處的論述是有道理的。曼海姆的核心觀念主要是對實證主義社會科學進行批判,這樣的論述已然超越了立場問題,因而我所論述的其實是與他所說的在價值層面是一致的。當前,社會科學沉浸在史學與哲學的雙重氛圍下,二者均對當下複雜的社會生活進行本領域內的解釋與指導。但史學的文本邏輯與哲學的主體邏輯,均無法對活生生的現實進行及時把握,因而,如何從過去和思維中回到真實生活的行動層面成為社會科學研究的內在要求。

現代社會的主流文化是基於個人均質的自主權利,以建立平等的人際間的契約關係,並通過契約形成社會共同體。這一均質之人的假設帶有強烈的西式主觀成分,且忽略了現實之人的複雜性和層級性。特別是與人廣泛關聯的自然、超自然的超越性。民間信仰復興的實質是針對這種忽視進行的結構調適。民間信仰的復興需要一個前提條件,即以家庭為核心的總體(中層)倫理觀的存在。從家庭倫理引申出的整體社會關係不僅體現為互惠和特殊的人際關係,而且根植於深層意識的文化期望和合乎情理的邏輯之中。家庭生活倫理與等級互惠的義務性機制需要共同運作,以使人們的現實生活同周遭世界廣泛地互動起來。因而,本研究認為並非民間信仰產生了村民的互惠關係,而是人際互惠經由民間信仰的形式得以保存下來。基於親屬的互惠作為人類社會的基本結構,在民間信仰的文化表達下得以生活化,且民間信仰是人類互惠的總體社會事實的呈獻,並使這種關係倫理化為日常生活秩序。

---

[1] 〔德〕卡爾・曼海姆著,黎鳴、李書崇譯:《意識形態與烏托邦》(上海:商務印書館,2002年),頁168。

這種價值與規範所形成的社會結構正面臨著具體時空中主體間意義的改變，這種改變將會對原有的社會再生產系統產生不可估量的後果。文化的基本結構包含著人與非人之間的關係，前者包括個體、組織，後者包括物質、神及其體系。人與非人的交流溝通是這種結構的核心，它所呈現的不同形式均在社會的儀式過程中得到了集中體現。二者的關係既是現實的，又是想像的，在這些關係的交織中，整體才得以顯現並結構化為「社會」的存在形態。社會結構的呈現是通過這些儀式與實踐建構的，它依賴於社會特定文化觀念的傳承與表達。

　　將個體與社會協調起來的方法始終貫穿社會理論的發展進程中，涂爾幹在《社會學方法的準則》中提到，有時社會與其成員相對照的特性可以比作自然的結合，氧與氫結合產生了水，它具有其構成性要素所不具有或者從他們那裡衍生而來的特性，社會與其構成性行動者的關係也一樣。[2]吉登斯也指出，個體與社會的協調通過兩個層次的規範性價值的影響得以實現：在個人層次上，人格所內化的價值給行動者的行為提供了需求傾向；在社會系統層次上，價值則給社會總體的整合提供了道德共識。[3]而埃利亞斯（Norbert Elias, 1897-1990）則提出了個體與社會的兩條主線：一是個體與社會之間的相互定義，二是社會進程中的個體化[4]；前者強調二者的內外結構關係，後者則指出了個體的存在意義與價值。簡單來說就是從個體需求與社會系統功能的不可分離，到個體在自我與他者之間從集體認同發展到「自我認同」的全過程。但在人類學家看來，個體與社會的緊張關係是人類本性與文化之間本質的對立，也就是「個體尋求自身利益的本能」和

---

2　〔法〕愛彌兒・涂爾幹著，狄玉明譯：《社會學方法的準則》（上海：商務印書館，2002年）。

3　〔英〕安東尼・吉登斯著，郭忠華、徐法寅譯：《社會理論的核心問題——社會分析中的行動、結構與矛盾》（上海：上海譯文出版社，2015年），頁57。

4　〔德〕諾貝特・埃利亞斯著，翟三江、陸興華譯：《個體的社會》（南京：譯林出版社，2003年）。

「社會群體道德表達的需求」兩者之間的對立。[5]

在社會層面，個體的精神層次始終與社會的發展階段存在著張力，因為並非每個個體都願意遵從社會所規定的規範，社會的規範必須通過媒介來使個體內化，在中國儒家社會裡這個媒介很大程度就是家庭。而由於人的主體性不僅在資本主義的工廠制中異化，同樣也會在傳統社會的家庭倫理中異化，前者獻身給工業社會的生產力與生產關係，為著物質而物化自身；後者則獻身給倫理規範，為著家庭再生產而神化自己。換句話說，佛、道的自由思想始終在彌補並避免著儒家倫理對人的異化危險。

由於現代國家依據西方哲學家的契約精神而建立，現代社會的契約也會意味著一個特殊的權利：私人權利，那麼所有人就都會被契約所異化。而非西方社會的建構方式與其說是契約的變形不如說是禮物模式，它使得社會以親屬倫理（義務性）關係為核心形成了等級互惠式的社會結構，因而它保持了整體的分散性。儘管如此，異化本身的消極互惠仍沒有改變，這也保持著對人的積極意義。雖然在現代社會，宗族組織正在瓦解，家庭層面也已經出現了諸多裂紋，但內化在個人心中的「家」觀依舊是個體與社會之間保持溝通的一個重要媒介。

## 第二節　民間信仰的譜系化

當前，人類學已走過了早期以制度為中心的研究模式。作為對共時制度研究的補充，加入過程性的歷時視角已為眾多學者認同，因而人類學研究正越來越聚焦於「文化邏輯」。特別是在格爾茨的「地方性知識」提出後，關注本體意義上的「普遍知識在地化」成為人類學的主要框架。一個文化事象內在的道德體系、權威形態、生存技術、

---

[5] 〔美〕馬歇爾·薩林斯著，張經緯等譯：《石器時代經濟學》（北京：生活·讀書·新知三聯書店，2009年），頁141。

宇宙觀、本體論或存在論等探究，可以呈現出人類學研究的多樣面向，且基於對文化圖式的不同理解，也可以形成不同的研究路徑。

## 一　民間信仰與宗教的譜系

十八世紀中葉以來，西方自然探險引發了關於非西方世界的旅行書寫。從自然生物到文化歷史，非西方都被一種規範化、標準化的系統科學邏輯所闡釋。社會科學以「上帝之眼」，試圖將一切事物納入其解釋範疇，以權力和理性為特徵的政治經濟模式形成。早期哲學時代的人類學在人文學、古典學等理論指導下，探究「人」在世界中的位置，關注「人」背後的「權力」、「秩序」、「需求」、「功能」等話語，並將這些內容普世化。到了古典時代，一些人類學家將「土著社會」的一切信仰形態與儀式活動納入到宗教學的範疇，麥克倫南（John Ferguson McLennan, 1827-1881）、泰勒、弗雷澤，將原始巫術、萬物有靈論與宗教放在一個維度，將科學放在另一個維度，建立起巫術與宗教的共通性，從而形成一種巫術－宗教的進化論序列，使人類學的廣義宗教能夠極大地包容帶有信仰和儀式的原始巫術，並將之視為宗教的「史前」狀態。現代人類學指出，這種宗教觀的背後是西方現代知識體系的 "logos"（邏各斯主義）[6]傳統，其所代表的是以語言－邏輯為核心的「因果」推理和「演繹」邏輯的理性主義和自然科學認識論。隨著埃文斯-普理查德在對阿贊德人的巫術研究中將神義論視為宗教研究的核心之一，人類學家對具體意外事件的因果解釋提出了普遍質疑。[7]之後，格爾茨的闡釋主義興起，力求打破西方理性主義的話語

---

6　邏各斯主義是指在場的語言能夠完善地表達思想以及反映客觀世界，具體詳見〔法〕德里達著，汪堂家譯：《論文字學》（上海：上海譯文出版社，1999年），頁15-19。

7　埃文斯-普理查德對阿贊德人的神義論研究指出，我們不能用西方的「靈性」觀點來套用到非西方的巫術解釋中。在「穀倉倒塌砸死這個人」的解釋中，他們不會關注

圈套,在「他者」的世界觀與精神氣質中達成對「地方性」的理解,進而形成一種理解他者、尊重他者的相對觀。薩林斯從西方社會的猶太-基督教宇宙觀出發反思現代化(西化)運動,並批判西方經濟學和社會科學的基礎理論和範式。他指出,西方創世神話建構了自然-神-人的符號結構,將自然力量形成的秩序理所當然的變為既由人創,又制約於人的功能體系,並形成了對現代制度的反思。伴隨著資本主義生產方式在世界範圍內的推廣,經濟主義的理論假說成為社會科學的主導話語。這一系列的學術架構,將宗教割裂並用世俗眼光視之,且努力自成一體,使關於宗教信仰的研究限於政治經濟的還原論中。

然而,理性與非理性之間的界限並非截然二分。雖然從現象學的視角來看,出於非理性的行為實際上還都是理性的,但每個社會的理性都與它本身的深層文化圖式密切相關。理性具有廣泛的相對意義。很難說一個人的信仰行為不具有理性,人的行為總是有基於自身的知識儲備而行動的一面。因此,唯有衝破理性主義對民間信仰的解讀,堅持在主體間的視角,挖掘地方人文價值的自洽性,才能夠從本質上探討民間信仰復興的事實邏輯。

從宗教與民間信仰的比較視角來看,楊慶堃所提出的「制度性宗教」存在著四大特徵,分別為教階制度(人與人)、宗教典籍(人與物)、教祖崇拜(人與神)、成體系的教義與科儀(實踐與象徵)。與制度性宗教相對應的是表現為民間信仰等形式的「彌散性宗教」。從

---

自然生物的原因,而是將這個空間、時間發生的死亡事件以「土著」的思維方式進行解釋。巫術處理的是「為什麼是我?」的命運問題,而不是「我怎麼這樣了」的理性問題。由此,他開啟了反思西方局限性和「原始思維」合理性的範式轉換。但我們也應看到,不同的道德秩序中,以「誰」為本的價值選擇糾紛始終存在,這涉及到命運與正義之間的選擇。因為那些看似已經由溫和的相對主義解決了的情況,實際上,人們面臨著不同道德之間的震撼問題,而這些問題往往是人們親身經歷的。也就是說,那些看似「土著」的信仰和行為往往是反人性。那麼,在我文明與他文明之間的震撼,我認為還是要回到邏輯的起點加以把握,以便於消除倫理上的困境。

廣義範疇來看，民間信仰同樣指涉著「人、物、神」與行動、象徵等的人文體系，而其與宗教概念的差異之處更多的在於二者邊界的開放程度。宗教因其規範化、制度化程度較高而具有排他性，民間信仰則表現出更強的包容性，並排斥概念化。這一點已經為人類學家阿薩德（Talal Asad）所指出，他認為，從廣義上說，「宗教」的典範地位不僅與政治利用宗教為某一特定社會秩序辯護或挑戰和改變它（這本身是一個重要問題）的意義有關，而且還與權力建構宗教意識形態的意義有關，為不同類型的宗教人格確立先決條件，以及授權特定的宗教實踐和言論，從而產生宗教界定的知識。[8]從中，我們不難看出阿薩德對福柯的權力與知識的關注，他從分析基督教早期的權力與宗教關係入手，試圖將人類學家所普遍忽視的基督教研究納入到對宗教普遍性的研究中。在基督教的歷史中，中世紀與現代社會具有不同的宗教情境，那麼在分析時，需要對不同的合理性進行辯解。在辯解中，「宗教」這個類似具有普世意義的範疇彷彿要成為依賴基督教傳統規定的標準才能夠存在一樣。

科學理性主義的宗教概念存在著狹義與廣義之分，這樣的二元劃分雖能帶來方法上的便利，卻也忽視了宗教本身的複雜性與多樣性。中世紀，基督教會始終存在著真實宗教與異端、神聖宗教與世俗宗教（教會與新教）之間的爭奪。阿薩德（Talal Asad）指出，「上帝」的最後考驗在於那些區分教會的權威話語、教義和實踐，而不是那些零散教徒的信念。[9]而在東方社會，上古原始宗教並不區分，天地神人之間通過民間巫覡即可直接與神交流，但「絕地天通」後，神人的交流被王權官僚系統壟斷，神事與俗事分割開來，官方神職人員成為人

---

8 Talal Asad, "Anthropological Conceptions of Religion: Reflections on Geertz," in *Man, New Series,* Vol. 18, No. 2, 1983, pp. 237-259.

9 Talal Asad, "Anthropological Conceptions of Religion: Reflections on Geertz," in *Man, New Series,* Vol. 18, No. 2, 1983, pp. 237-259.

神溝通的合法媒介。在後世發展中,普世性的宗教與民間信仰之間又產生了同樣制度化的官方宗教和民間宗教的形式。

由此,我們可以概略性地發現「宗教－官方(民間)宗教－民間信仰」的譜系結構。這個譜系可以被視為一種關於知識、權力與信仰的等級互惠結構,且三種形式可以並存於世。「神佛崇拜」的官方(民間)宗教必須通過組織系統來實現自我,與「仙靈崇拜」的民間信仰不同,後者可通過個人實現意義。諸多人類學家也表明了,官方信仰與民間信仰之間存在著「連續統一」的樣態。實際上,信仰的內涵要比宗教的內涵更為廣泛、豐富,民眾間普遍流行的私人性、生活化信仰是規範性、儀式性宗教的起源,這一點已經為諸多歷史學者所證實。[10]民間信仰生發出民間宗教,民間宗教含括民間信仰,且較後者更正式;民間信仰為民間宗教提供靈性資源的同時,民間宗教又為民間信仰提供庇護,二者構成了結構上的等級互惠。民間宗教通過政治化、倫理化運動又能夠得到文化精英與統治者的認可而成為官方宗教,官方宗教又可以隨著政權的擴大、萎縮過程成為跨國家的宗教。因之,本文認為人類學的宗教、民間信仰概念不僅表現出信仰和儀式的兩個基本部分,宗教、民間信仰與信仰、儀式實踐以及制定信仰的

---

10 比如Kristofer Schipper在論述道教的發展歷程時指出,東漢晚期的道教改革就從對以「血祭」為標誌的周代鬼神信仰的摒棄開始;韓森(Valerie Hansen)在研究南宋時期的民間宗教時也發現,南宋時期的「動物神」信仰已被「人格神」所取代,脫離「嗜血神靈」的釋道兩教也被納入官方的正統管理之下;韓明士(Robert Hymes)的研究也指出,來自民間的「仙靈」信仰指向個人模式,代表著道教的天心正法經文是官僚模式。具體參見Kristofer Schipper, "Taoism: the Story of the Way", in Edited by Vincent Goossaert, *Critical Readings on Religions of China* (Volume One), Boston: IDC Publishers and Martinus Nijhoff Publishers. Chapter IV, 2012, pp. 111-151;〔美〕韓森著,包偉民譯:《變遷之神:南宋時期的民間信仰》(上海:中西書局,2016年),頁3;〔美〕韓明士著,皮慶生譯:《道與庶道——宋代以來的道教、民間信仰和神靈模式》(南京:江蘇人民出版社,2007年),頁292。

物質環境是不可分割的[11]。對宗教與民間信仰的研究必須通過信仰、儀式實踐以及承載和產生神聖意義的空間場域和物的網絡來考慮。

格爾茨曾將宗教與常識聯繫起來，他借用舒茨（Alfred Schutz, 1899-1959）的觀點，指出日常生活世界中的常識性物體和實際行為對所有人來說都是普遍的，因為它們的生存依賴於此，「一個人，甚至是一大群人，可能在審美上不敏感、在宗教上不關心，也不具備進行正式科學分析的能力，但他不能完全缺乏常識而生存。」[12]他告訴我們，最可能被社會人類學家所忽視的，即個人實際上是在「宗教人格和常識視角之間來回移動」[13]。最後，他說，「對宗教的人類學研究是兩個階段的操作：第一，分析構成宗教本體的符號所體現的意義系統；第二，這些系統與社會結構和心理過程的關係。」[14]針對他最後所言，宗教與民間信仰的先驗意義是值得商榷的，任何文化現象和話語意義都是社會現實的產物，宗教本身所體現的等級規範無處不在。包括文化所處的人文生態系統都是人適應整體環境的結果，脫離了社會經濟與權力知識的塑造，文化是不可能被理解的。可以說，民間信仰是內化在村民日常生活中的常識性知識，它可以被視為宗教的源泉，並構成宗教的核心特徵，但不能以此將信仰歸屬於宗教。信仰的本質是以全人類的生命性為核心，我們應該從內部出發將包含著宗教在內的信仰理解為一種人文生境的知識體系而非外在地看待民間信仰，從而揭示出它廣泛包含著的「人、物、神」三對關係。

---

11 Arthur A. Joyce and Sarah B. Barber, "Ensoulment, Entrapment, and Political Centralization A Comparative Study of Religion and Politics in Later Formative Oaxaca." *Current Anthropology.* Vol. 56. No. 6, 2015, p. 821.

12 Clifford Geertz, *The Interpretation of Culture*. New York: Basic Books, Inc., Publishers, 1973, p. 119.

13 Clifford Geertz, *The Interpretation of Culture*. New York: Basic Books, Inc., Publishers, 1973, p. 119.

14 Clifford Geertz, *The Interpretation of Culture*. New York: Basic Books, Inc., Publishers, 1973, p. 125.

那麼，究竟是什麼導致了區別對待宗教與民間信仰之間共同的文化特徵，並在原則上導致了「迷信」的禁止與宗教的自由發展？

阿薩德指出，人類學家要解釋「信仰」，首先必須描述對權威實踐和話語的依賴性，而不是直覺到一種超越權威實踐和話語的、被說成是儀式造成的精神狀態上。[15]正如利奇在《緬甸高地諸政治體系》一書中指出的，撣邦等級制、貢薩（gumsa）和貢勞（gumlao）這三種社會政治秩序是在一條譜系上來回擺動的，貢薩在撣邦和貢勞兩個端點中間折中，而弗思總結了利奇的命題，即追求權力是社會選擇的基礎。[16]社會形態在不同階段的選擇很容易受到權力關係的運作，而基於現實建構的模型（models），必定要與抽象化的結構表徵相對應。現代社會，制度性宗教自身的那種話語權威往往與社會的「世俗」部分緊密相連。作為社會結構的一部分，正式宗教總會有經濟、政治和運行制度，在這些制度組成的世俗網絡中，宗教機構不可避免地建立了自身的「世俗」利益。[17]

在「宗教－官方（民間）宗教－民間信仰」的譜系結構中，分別對應著「哲理－制度－實踐」三個層次的表象側重。宗教本身對哲學義理的熱衷，使它具備觀念層面的哲學化表達，而官方或民間宗教傾向於通過闡釋不同的宗教經典來處理神靈、鬼魂與人世的技能，民間信仰層面最為注重實踐性的崇拜表達，燒香磕頭即可，哲學義理與此層次的活動無直接關係。因而，在顯化與隱性的表述中，尋求官方認可則成為這種顯化表達的關鍵，而隱性內涵則常常被忽略。官方支持的成為官方宗教；官方不支持的是為「淫祀」、「雜祀」，其中，組織

---

15 Talal Asad, "Anthropological Conceptions of Religion: Reflections on Geertz," in *Man, New Series,* Vol. 18, No. 2, 1983, p. 237-259.

16 〔英〕埃德蒙·R·利奇著，楊春宇、周歆紅譯：《緬甸高地諸政治體系——對克欽社會結構的一項研究》（上海：商務印書館，2010年），頁3。

17 〔德〕盧克曼著，覃方明譯：《無形的宗教——現代社會中的宗教問題》（北京：中國人民大學出版社，2003年），頁73-74。

化程度最高者是為民間宗教。正如陶雲逵在對雲南車里擺夷的研究中指出，勐神祭祀是擺夷人的一種慶祝豐產的原始信仰形態與儀式，具有萬物有靈的特徵，為平民所信奉的「本土宗教」，並構成了擺夷宗教體系的底層；而佛教則有嚴密的宗教制度與組織，對外符合宗教標準，也構成其信仰體系的表層。[18]在張灣，清靜寺從民間信仰到宗教，再返回為民間信仰，與國家之間的持續互動密不可分。

結構化視角帶來的研究分析，往往會在公共層面掩蓋內在實質，從而喪失對整體內涵的把握。底層信仰實質不易被察覺，對某一群體的分析、關注更多時候是從表層歸納而出的。因此，民間信仰與宗教在基本元素中的相同集合已經呈現了宗教的「基本形式」——儀式與信仰，這也是正視民間信仰性質的一種方法。隨著民間信仰的政治化，特別是祭祀的權力逐漸轉移到國家代理人手中，民間信仰的宗教化事業被動員起來。由宗教帶來的政治認同與民間信仰的倫理認同實際上存在著較大差別，前者勾劃了社會生活的表面紋理，而後者卻深刻地塑造了日常生活的理路脈絡；前者以一種整合式的心態講述著集體記憶與永存，後者則在與前者的痛苦衝突中沉默不語；前者一見明瞭，後者隱入塵埃。

**我傾向於將民間信仰的理想型認定為一種「元信仰」**。它最基本的要素是：只需信，其它的都不要。在人們與家庭、集體與國家的秩序規定中，「元信仰」的內涵又會受到諸多的規範。不同規範下的「元信仰」指一個民族群體在生存過程中形成的、繁殖追溯至最初狀態的信仰原型。它並非意味著人類全體一致認定的信仰，而是不同人群根據自身生活形成的獨具特色的多樣信仰。從人類信仰的基礎事實出發，這種純粹的「元信仰」呈現的是多樣性而非單一性。

三段式的宗教階序體系建立了不同主體之間的邏輯關係序列，也

---

18 陶雲逵著，楊清媚編：《車里擺夷之生命環》（北京：生活‧讀書‧新知三聯書店，2005年），頁56-57。

為與之相關的學科發展提供一種歷史解釋。但這並不代表三者之間是有關價值的產物，他們均是歷史的產物，這一過程除了意味著現代分類向解釋人類精神生活的方面擴展，也表達著社會科學的邏輯表徵與學科歷史的自我理解的整合。不僅如此，由二元式的宗教觀延伸出去，可以看到，基於官方與民間的一系列對子命題都是可以直接打破的，比如大小傳統、城鄉之別、精英與民間等。那些具有主體性的普通民眾是在宗教與民間信仰的認同譜系上流動的，而人所參與的有關民間信仰的事件也是在時空的位置中才能被人完整認知的。我們今後所要做的是在宗教或民間信仰興起的未來中國，防止掉入「一神論」宗教話語的陷阱或如何從「一神論」宗教話語中找到適合表述中國宗教的一套系統。

## 二　作為文明的民間信仰

關於民間信仰的表述，弗里德曼指出，中國宗教（漢人民間信仰）之所以能夠成為一個整體，正是因為國家對權威進行了成功的控制和整合。他將中國宗教視為一種文明的宗教，並指出，它不是在為了政治利益而進行的嚴密而精明的算計中形成的，而是建立在一套共通的對社會與宇宙的解釋觀念上的。同時，它也建立了一個對權威的理解，即不允許宗教和世俗分立，宗教不能超越世俗而存在，因此，中國傳統社會，政教合一。作為「巫王」合一的皇帝，能對任何敢於向國家的宗教權威進行挑戰的人實施嚴厲的懲罰。這就提醒人們，掌控權力的國家精英雖然包容宗教的多樣性，但是絕不允許通過宗教來分化國家的權威。總的來看，歷史上的中國以皇權代表的國家對於宗教權威的削弱是成功的，這也是中國能夠實現宗教統合的一個關鍵原因。[19]

---

[19] Maurice Freedman, "On the Sociological Study of Chinese Religion," in *Religion and ritual in China*, Arthur Wolf ed. Stanford University Press, 1974, p. 40.

這裡，弗里德曼將中國宗教信仰視為一種文明的表徵。在上文分析的等級涵蓋中，民間信仰與宗教之間的譜系性是伴隨著外部政治性的逐漸制度化、規範化而使其內在哲理嚴密化的。個案中，張灣民間信仰是多種文化系統或信仰系統之間調和的結果，各元素在彼此借鑒中獲得了一種共存結構，彼此得以交流與互惠，構成了一種等級互惠結構。而民間信仰之所以能夠在政治體系中不斷上升為正式宗教制度，與這種文明樣態牢牢地固定或依附於一種政治等級上密不可分。王斯福認為，在中國漢人文明和宇宙觀中，文明和政治體制是同一的。[20]而歷史學家韓明士（Robert Hymes）也認為，漢人民間的神祇並非只是國家官員的象徵，也有關於無上道德的「道統」的隱喻，即道德權威。他指出，帝制皇權所代表的「法統」因其政權和道義合法性，需要將儒家士大夫階層所秉承的「道統」融匯其中。因此，國家的「法統」實質與「道統」理想的糅合，成為誤解民間神祇存在的真正意圖的關鍵因素。正如他所說，「至少，我們希望見到人們將其神祇（從整體上）視為善的化身，把它們的權威看作是正當的、合法的」[21]。這一點在王斯福早期的研究中亦有所忽視，之後，他對此進行了處理，並指出了民間不同的歷史表述中的權威訴求。而民間信仰正是提供了有別於國家信仰的正統權威的多樣化資源，並通過表現為一種歷史表徵的儀式和神話對正統權威提出了持續不斷的挑戰。因此，處理之後的權威來源實際上是在強調國家與社會之間的對立，而忽視了二者之間的借鑒。

在涂爾幹與莫斯的研究中，他們將「文明」視為一種超越國族的政治地理界限和超越「社會」單位的存在，且這些超越現象並非沒有

---

20 〔英〕王斯福著，劉琪譯：《中國作為帝國與文明》，《中國人類學評論》2008年第5輯。

21 〔美〕韓明士著，皮慶生譯：《道與庶道——宋代以來的道教、民間信仰和神靈模式》（南京：江蘇人民出版社，2007年），頁15-17。

系統性，其背後有著強烈地時間性（史前史）和空間性（民族志）。[22]「文明」的時間過程是有其歷史沉澱的，正像是「文化圈」理論所講的文化之間的彼此採借；而「文明」在空間方面，有著廣大的橫向延展性，並不局限於一個國族疆界的內部。[23]在莫斯和涂爾幹看來，文明在不同社會之間存在著諸多的鮮明共性和社會共享特徵，而且這些現象是區域性的，並非全世界普遍的，也不能用普世性一詞來概述。[24]在他們的論述中，文明與歐亞大陸各宗教的大傳統聯繫起來，比如存在著一種國際化基督教文明，同時也存在著局限於特定民族的宗教。但這並不意味著文明僅僅是與宗教之間的關係，它還包括了人與自然之間的諸技術、制度、語言、口頭傳統等體系。這些內容都是在時空中處於流動性的、彼此採借的，它們依賴於社會的內、外部環境。[25]而文明的研究必定要借助社會學的研究，只有在社會的層面上，那些超越國族性質與文化邊疆的、那些不同社會共享的超越社會有機體的時空範疇現象的才能夠被經驗到。況且文明的歷史學研究也是不可或缺的一部分。最後，莫斯和涂爾幹明確了從社會學視角進行研究的必要性，並指出，「文明是多樣秩序下群體互動的產物」[26]。

從國家與社會的關係視角來看，文明化國度的基礎還在於社會的

---

22 〔法〕涂爾幹、莫斯：《關於「文明」概念的札記》，載莫斯、涂爾幹、于貝爾著，蒙養山人譯、羅楊校：《論技術技藝與文明》（北京：世界圖書出版公司，2010年），頁36-37。
23 王銘銘：《「道德環境」與文明──涂爾幹之學的啟發》，《學海》2018年第2期。
24 〔法〕涂爾幹、莫斯：《關於「文明」概念的札記》，載莫斯、涂爾幹、于貝爾著，蒙養山人譯、羅楊校：《論技術技藝與文明》（北京：世界圖書出版公司，2010年），頁36-40。
25 〔法〕涂爾幹、莫斯：《關於「文明」概念的札記》，載莫斯、涂爾幹、于貝爾著，蒙養山人譯、羅楊校：《論技術技藝與文明》（北京：世界圖書出版公司，2010年），頁36-40。
26 〔法〕涂爾幹、莫斯：《關於「文明」概念的札記》，載莫斯、涂爾幹、于貝爾著，蒙養山人譯、羅楊校：《論技術技藝與文明》（北京：世界圖書出版公司，2010年），頁40。

等級性。正如埃利亞斯所提出的文明理論,即「文明」自近代西歐產生後,便隨著政治進程而成為一種全社會通行的標準。首先,他將文明視為西方社會的產物,指那些具有民族自我意識的存在,並將其視為一種社會生成與心理生成的外部「禮儀」與內化的約束過程。[27]文明與文化是兩個截然不同的概念,他指出,

1. 德語中的「文化」一詞專指藝術、宗教、思想等精神領域,特別是要從政治、經濟、社會的表達中區分出來,且不指人的行為以及通過人的行為所表現出來的價值;而在英語、法語中該詞則既指人的行為,也指人的成就,既指政治、經濟、社會領域,也指思想、藝術、宗教精神領域。
2. 德語中,「文明」指那些有用的東西,更多地指向一個過程,或者過程的結果,具有運動性,「文化」則指向已經完成的人的成就;「文明」更傾向於一致化,它使各民族的差異在尋找人類普遍性的過程中減少,而「文化」則強調民族或群體差異以及民族的自我意識。
3. 在英、法中,「文明」概念表現了這兩個民族對於西方國家進步乃至人類進步所起到作用的一種驕傲;德國人則用「文化」來表現對自身特點及成就所感到的驕傲。[28]

博厄斯就曾以「文化」的客觀性替代了「文明」,他認為文明表達了一種主觀性的「偏見」,而「文化」是客觀性表達,使它與「文化孤島」觀念總是聯在一起。由此,「文明」概念則在美國文化人類

---

27 〔德〕諾貝特・埃利亞斯著,王佩莉、袁志英譯:《文明的進程:文明的社會發生與心理發生的研究》(上海:譯文出版社,2013年),頁1-2。
28 〔德〕諾貝特・埃利亞斯著,王佩莉、袁志英譯:《文明的進程:文明的社會發生與心理發生的研究》(上海:譯文出版社,2013年),頁2-4。

學中銷聲匿跡，關係視野也漸漸隱沒。[29]因而，文明與文化兩個概念所體現的民族意識是不同的，都是對人類社會這一整體進行的觀察與評價方式，且不可避免地帶有隱藏價值。其次，在文明的進程中，它產自法國貴族階層對自我的約束，並在城市中產知識分子的推崇下，成為社會上下階層共享的思想意識。同時，它也成為民族國家用以凝聚人心的民族精神與公民意識的一部分。[30]第三，埃利亞斯指出，被人們理解為純粹「物質主義」的社會變遷，實質內容無非是禮儀主義的。在近代社會科學主導下，社會科學者企圖從「物質主義」中建立新的社會道德，從平等主義中摒棄舊的社會道德，其實質乃是旨在建立一種新的等級主義與情感共同體。這就涉及「文明」與國族理念之間的關係問題，若要探討這一關係，首先要看一下「文明」的定義。

從詞源學來看，「文明」（civil）[31]概念是與野蠻（savage）、蒙昧（barbarian）相對應的，在希臘-羅馬時期，前者指居住在城市之外的荒野的人，後者指說話不清楚的人。到了十六世紀，在義大利城邦中，文明指生活在城邦中的人們所具有的文化自豪感；十七世紀，伴隨著資產階級革命的進行，「進步」的含義逐漸與「文明」融合一體；十八世紀，「文明」成為了一個法律用語，與歐洲這個意象和「進步」觀念聯繫起來，便指「進步的歐洲」了。[32]自啟蒙思想以來，「文明」伴隨著民族國家理念的全球化擴散而展開。這一概念與近代社會科學的興起有著密切的聯繫，啟蒙時代的社會科學在國族主

---

29 王銘銘：《超社會體系——文明與中國》（北京：生活・讀書・新知三聯書店，2015年），頁8-9。
30 〔德〕諾貝特・埃利亞斯著，王佩莉、袁志英譯：《文明的進程：文明的社會發生與心理發生的研究》（上海：譯文出版社，2013年）。
31 本文所使用的文明概念，實際上包含兩種類型：一是人類學傳統中整體、實質的文明；二是現代發展主義話語下狹義、特殊的「文明」。為了便於區分，當本文使用現代性所宣傳的文明時，用加引號的「文明」表示。
32 George Stocking, *Victorian Anthropology.* New York: The Free Press, 1987, pp. 10-11.

義的思潮下，承擔著為國家服務、證實並傳播西方「文明」優勢的歷史使命。一方面，社會科學要以自身的實踐姿態滿足民族國家的職能服務要求；另一方面，還必須以嚴謹的邏輯思維證實西方「文明」有引領世界的未來前景。隨著資本主義生產方式的全球擴散，這種科學價值也以一種普遍姿態，為非西方世界所接納，並在全球占據支配性地位。布羅代爾（Fernand Braudel, 1902-1985）指出，「諸文明都在不斷地接近其所鄰近的文明，哪怕他們『重新解釋』和同化了他們所接納的東西。」[33]他將世界主要區域的文明進行排列以塑造世界史的總體發展歷程，並試圖讓人們確認文明與非文明之間最明顯的外部標誌就是城市的數量。因此，當時城市作為「文明」的載體已然成為與非城市的「他者」相對的鏡像目標。經過民族－國家主義（或國族主義）洗染的「文明」概念，既帶有傳播西方文明邏輯思維的使命，又以進化論和普世主義的「上帝之眼」否定非西方社會共同體的文明成就。在文明的事實中，社會科學領域普遍認為，「社會與文明永遠是不可分離的：兩個概念指的是同樣一個事實」[34]。通過對社會結構、習俗、道德、知識和價值觀等方面，以及它們的社會再生產者——人的深刻描述，人們能夠有效地透視文明主體的基本樣貌。

針對莫斯和國族的「文明」論，王銘銘則以「超社會體系」來表達這種超越單一社會或文化特質的結合體，在他看來，社會與文明一樣，都是一種道德環境，而文明則會有兩種類型：國族式與跨界式。[35]國族式文明中具有明顯的制度化特徵，而跨界式文明多聚焦於神話、傳說、藝術、技術、工具、語言和文學形式等為社會科學所不易捕捉

---

[33]〔法〕費爾南・布羅代爾著，肖昶等譯：《文明史綱》（桂林：廣西師範大學出版社，2003年），頁63。

[34]〔法〕費爾南・布羅代爾著，肖昶等譯：《文明史綱》（桂林：廣西師範大學出版社，2003年），頁35。

[35] 王銘銘：《「道德環境」與文明——涂爾幹之學的啟發》，《學海》2018年第2期。

的部分。文明要素之間是流動的，但有一些到達一定時期、空間就會停止，也就是說，存在一定的因素在決定著文明要素的傳播，涂爾幹和莫斯並沒有給出明確答案。而王銘銘認為，他們傾向於是政治化、集權化使然；這也是為什麼涂爾幹和莫斯要轉到「社會」層面進行分析的原因，這與西方哲學傳統的城邦政治密不可分。[36]在中國哲學中，李澤厚對中國文明[37]的概述指出，它有兩大症候十分重要，一是以血緣宗法家族為紐帶的氏族體制，一是理性化了的巫史傳統。[38]因而，它不同於西方的城邦哲學，是另一種文明表達。而考古學家張光直更進一步認為，中國古代除了「儒釋道」三教文明外，還有一種薩滿式（shamanistic）文明，他將「巫」與「薩滿」等同，提出了「薩滿式文明是中國古代文明最主要的一個特徵。」[39]確實我們可以看到民間信仰本身所具有的「薩滿教特徵」。在這裡，民間信仰與宗教的譜系也是一種類似於神話與歷史、文化與文明關係的涵蓋表徵。文明社會脫胎於無文字的神話社會，由文字創造的歷史書寫可以通過文字來記錄、回顧、展望自己的社會。進而，擺脫「冷社會」的無「熵」之感。由此，文明可以被視為文化的一種「昇華」形式，與宗教、歷史一樣，都受到了某種意識形態的關注。

　　借助不同文明體文化要素而整合呈現的、具有多元一體結構的民間信仰恰恰建基於不同文化之間的複合互惠關係，它通過一種廣義的人文關係組合起來。結構本身並不能代表一種社會系統，它要在關係互動中才能發揮功能，而這種關係互動構建了一種社會秩序。可以說，我們是通過對「他者封神」而確立了這種「自然文明」的樣態，這一關係行為確保了人的私欲不會傷害一切事物，包括人自身。而這

---

36 王銘銘：〈「道德環境」與文明──涂爾幹之學的啟發〉，《學海》2018年第2期。
37 這裡的中國應該是指儒家思想。
38 李澤厚：《說巫史傳統》（上海：譯文出版社，2012年），頁1。
39 張光直：《考古學專題六講》（北京：文物出版社，1986年），頁4。

種文明的道德起源恰恰也來自人對自然環境的能動性。社會發展不應只顧及到人的生活，還應該將動物、植物等一切生靈含括在內，或許這就是以民間信仰為代表的廣大原始信仰（一些學者也稱之為「薩滿教」）文明所表徵的關係面向。由於漢文化的民間信仰將「自然之物」納入到自身倫理社會中，其呈現的「混融」容易被一些宗教學家和人類學家理解為實用性，而忽視了其另一方面的本體論或存在論（ontology）價值。

## 三　民間信仰的混融性

莫斯在對古式社會中人、物、神之間的互動分析中指出，人是通過精神與物的混融來實現對社會的理解與融通的。「人們將靈魂融於事物，亦將事物融於靈魂。人們的生活彼此相融，在此期間本來已經被混同的人和物又走出各自的圈子再相互混融：這就是契約交換。」[40]他所說表達的「混融性」含義既具有人與神之間的縱向「聲望與價值」交換，也具有人與人之間的橫向對等交換，因而是貫通「上下、左右」的全體呈獻。使用「混融性」一詞，也是為了彌合社會結構分析所帶來的理性化後果，從而更整體性地理解民間信仰及其背後的社會結構。社會生活的界限區分遠沒有分析中那樣的清晰，國家、社區、家庭、個人之間的認同狀態是多層次、雜糅性的，針對現實生活呈現出的這些特徵，以「混融性」概念加以解釋是為達到對社會生活真實性的無限貼近。這種「混融性」提供了一種對於文化多元主義的理解，從信仰內涵的角度來看，「向生」（民間信仰）與「向死」（制度宗教）的不同信仰形態看似矛盾對立，但在具體的實踐中卻可以

---

40 〔法〕馬塞爾・莫斯著，汲喆譯：《禮物──古式社會中交換的形式與理由》（上海：商務印書館，2016年），頁45。

「混融」為一套信仰體系。而且不同解釋邏輯（政治經濟邏輯與文化邏輯）之間呈現的那種關係性也並非是一種條理清晰的結構劃分，它們在很大程度上是雜糅混融在一起的。

　　「混融」本身也是對道德秩序的一種挑戰，因而，歷史上對「無序或混亂」的批判始終存在。但也是這種混雜，為不同視角提供了理解的可能。道德世界以「社會純化」的技術試圖在儀式中剝離「混雜」，但極端化的表達卻消解了混雜中蘊含著的多樣性的生的道德。在這個意義上，所謂倫理，主要是指包含著「混融」意義上的「自我與他者」關係的價值判斷。那些凝聚在混融之上的生命力與倫理的排斥力之間存在著明顯的矛盾輸出，因而，道德的考量總是要在雜與純、混融與結構之間尋找結合點，而這個節點將對文明社會的建構至關重要。

　　在信仰的實踐層面，張灣村民的神聖生活與世俗生活就以此「混融」在一起，其民間信仰在當地共同體中形成了一種等級複合的觀念結構：

> 在宏觀層面，以民族國家和市場經濟為主導的理性價值選擇，這一選擇基於主權性和工具理性的邏輯；
> 在中觀層面，以社區村廟信仰與社區集體儀式為主導的社區歸屬情感，並帶有血緣與地緣關係的觀念；
> 在微觀層面，以「保家仙」信仰和祖先崇拜為準則的倫理秩序與為人處世原則。

　　由此，我們可以看到，張灣社會的多樣性與混融性，即等級秩序與非等級秩序；有些地方不平等，也有些地方平等；有時需要被統治；也有時逃避統治。

　　從信仰空間的視角出發，相對穩定的層級空間架構表明張灣村民

的生活具有一個相對穩定的價值和規範體系。正如行政科層制中的中央、省、市、縣、鎮一樣，在信仰層面同樣存在著一套從社區到家庭的層級體系，對村民的社會生活構成規範與約束，這是通過血緣、地緣形成的一套自治系統，這種「鄉里自治的自我服務方式，是中國傳統社會基層自我管理的方式之一」[41]。費希特（Johann G. Fichte, 1762-1814）在論述法權哲學思想時指出，以道義形式或作為「意識形態」出現的個體主義內側是自然法範疇，自然法範疇內側是一般契約範疇，一般契約範疇內側是公民契約範疇，即國家範疇。[42]這意味著，個體的、無形式的範疇包含著凝聚的、規範性的範疇。也就是說，為了使這個類似於宗教的信仰體系能夠維持下去，處於整個體系中的社會成員最低程度的團結是必需的，而這樣的團結也為成員彼此之間的義務提供了活動空間，從而轉換為成員的權力、自尊。社會成員的最低團結就是對他者（橫、縱雙向）的互惠，等級性的結構之所以能夠維持下去就在於貫穿在結構縫隙之中的互惠紐帶。

雖然張灣的民間信仰借鑒了中國漢人傳統文化中的經典元素，即道教科儀、薩滿治病、神靈廟宇、節慶廟會與祖先祭祀，但並非是這些傳統信仰形式的簡單再生產與混糅。從民間信仰與正式宗教的內部比較延伸可知，外在的、不同階段的意識形態具有不同的再生產路徑，而「社會行動者並非意識形態的被動承載者，而是意識形態的主動使用者，他們通過鬥爭、爭論和部分地洞察那些結構來再生產現存的結構。」[43]社會與文化「代際」傳遞的內部，一切契合都是毫無縫

---

41 蕭放：《民俗傳統與鄉村振興》，《西南民族大學學報》（人文社會科學版）2019年第5期。

42 〔德〕費希特著，李理、梁志學譯：《糾正公民對法國革命公眾的評價》（上海：商務印書館，2017年）；〔法〕路易·杜蒙著，王志明譯：《階序人：卡斯特體系及其衍生現象》（臺北：遠流出版公司，2007年），頁106。

43 〔英〕保羅·威利斯著，秘舒、凌旻華譯：《學做工——工人階級子弟為何繼承父業》（南京：譯林出版社，2013年），頁175。

隙的，所有可能產生矛盾的地方都由意識形態的再生產功能予以消解。由此，這些民間信仰、儀式除了再生產社會結構外，還在深層結構促進著觀念（意識形態）結構的更新。

　　從發展歷史上看，結構性的觀念體系僅為暫時性的結合，這也是基層群眾在整合自身文化理性與現代性社會之間的一種努力。傳統民間信仰的生長土壤為鄉土社會，儒家倫理道德基於家庭觀和家庭私有財產而存，使以祖先崇拜為基礎的神靈崇拜和宗族祭祀能夠歷史而不腐。現代社會生活的倫理重構正在打破這一傳統社會結構，雖然結構調適緩慢，但總抵擋不住時代的日新月異。從年齡結構上，可以看出，保持傳統民間信仰的多為中老年人；中年人則游離於「做」與「不做」的邊界；一些工作的青年人往往保持著「如果不懂，遠離為上」的態度；正在接受學校教育的新一代往往以娛樂和自我責任交織的心態參與其中，但對具體的內涵並不瞭解。在制度性宗教中，年紀從長至幼，依次表現出宗教親近、宗教回歸和宗教游離的現象，民間信仰與制度性宗教於此無異。老年人的參與依舊在民間信仰的發展變化中占很大比例，同時它所針對的也是中老年群體。

　　民間信仰的這種混融性與自然崇拜之間存在著一定的關聯性。莫斯曾指出，在許多島嶼土著部落中存在著一種普遍的自然觀念，美拉尼西亞人將其稱為「瑪納」，它被用來形容物質、行為與儀式中的力量本源。[44]在自然環境下，新的果實從花蕾中結出，蘊含著大地的精華，在這種狀態下它屬神的食物，如果不將果實中的力量釋放出來，人是不能吃的，否則精靈就不能保存下來，再歸還大地，也就沒有下一次的豐產。[45]在全世界許多地方都存在的農神獻祭，就是通過各種

---

44 〔法〕馬塞爾·莫斯著，楊渝東譯：《巫術的一般理論》（桂林：廣西師範大學出版社，2007年），頁128-129。

45 〔法〕于貝爾、莫斯著，梁永佳、趙丙祥譯：《獻祭的性質與功能》（桂林：廣西師範大學出版社，2007年），頁224。

方式讓新果實中的瑪納釋放,例如用新糧飼養動物,再以動物作為犧牲來獻祭。[46]穀物有其自身的生命力量,穀物之靈需要通過自身的獻祭來回饋大地的養育,在這種能量的流動中,自然世界的共同秩序得以循環起來。這樣的自然秩序是在人、穀物、大地之間的交換中完成的,而儀式提供了交換完成的渠道。

看似互惠的物質流動,實則並非如此理想。萬物有靈中的自然力量與超自然力量背後都是以人的形象編織出的一套觀念體系,其實人作為自然產物是近世才出現的,儘管地質學在近十多年提出「人類世」的說法,將人視作最大的地質營力,但沒有人的自然本身也形成了一套生態系統。那麼反向思考,人類對於自然又意味著什麼呢?近年來,「生命共同體」的話語正在替換生態系統的表述,人的加入讓本身的生態系統變為了以人際為核心的包含自然與非自然的共同體。人在不斷試探自然的過程中,逐漸摒棄了自然秩序,而建構了有利於自身的社會生態秩序。人與自然的關係或許從來都不是我們習慣上所認為的那種平等互惠關係,很大程度上是人「一廂情願」的產物,這種雙方的互惠源自人類對自身主體的盲目強調和自大。我們應該看到自然事物本身的獨立性,人是在不斷適應自然秩序的過程中,形成了社會習俗、文化觀念、生活樣態。人如果不遵守與自然制定而成的秩序而企圖用科學技術改變這種新的關係,最終會導致社會秩序的崩潰,一切以仙靈為喻體的自然之物與人類之間的關係就是這一過程的隱喻。

莫斯在書中提到,「將討論過的饋贈概念重新分解,發現我們使用的詞彙如禮物和饋贈等其實並不完全準確貼切,但因為找不到更合適的詞來取代,姑且借用之。」[47]在民間信仰與宗教的譜系中,可以

---

46 〔法〕于貝爾、莫斯著,梁永佳、趙丙祥譯:《獻祭的性質與功能》(桂林:廣西師範大學出版社,2007年),頁223。

47 〔法〕馬塞爾・莫斯著,汲喆譯:《禮物——古式社會中交換的形式與理由》(上海:商務印書館,2016年),頁142。

發現,「禮物之靈」的基礎在於「整體社會」的神聖性在個人層面的表達,其背後是基督教神學宇宙觀,「禮物之靈」是人的「神性」的一部分,既來源於人性(神性的一部分),又在人性之間流通,這其中以人為核心的宗教客體化仍然是「人類中心主義」的價值表達。這種價值其實是把自然、非自然放在了一個同人一體的生命角度,其中的學術背景是基督教有靈論使然。杜蒙在《論個體主義》中提到,這些基於西方文明所產生的類別和概念是「不客觀」的,由於屬西方文化的常識,他們並不能任意地套用在其他社會中,這也指明了莫斯對年鑒學派框架和概念的擔心。[48]而對於信仰內涵不受重視的非西方社會的民間信仰實踐(儀式與象徵),這樣的研究架構轉移似乎有失偏頗。況且在中國上古宗教史中,存在著兩種超越神靈體系的文化傳統,分別是商代與周代的傳統:

　　──商代用「帝」或「上帝」來稱凌駕於所有自然神祇神靈的至高無上的主宰,它具有人形,和王室有特殊關聯。
　　──周代用「天」。最初這個詞有人的含義,但漸漸地失去了人的形象而成了一種宇宙的道德力量(秩序、存在),它有智力有意志,不偏不倚地安排決定所有的人的命運。[49]

對靈魂論與自然秩序的不同觀點代表著不同的知識論基礎。王銘銘教授對此認為:

中國古代宇宙觀中對「天」的注釋能夠為我們提供了一個與

---

48 〔法〕路易·杜蒙著,谷方譯:《論個體主義——對現代意識形態的人類學觀點》(上海:上海人民出版社,2003年),頁167。
49 秦家懿、孔漢思:《中國宗教與基督教》(北京:生活·讀書·新知三聯書店,2003年),頁84。

「人類中心主義」（延伸後成為社會中心論）不同的表達——物中心主義，在物的世界中包含著人的部分，它比人類中心主義範疇更廣，並以高度的「混融精神」創造出一個充滿想像的世界。[50]

因此，從廣泛的「比較」視野中發現的知識能夠進一步激發「禮物」模式的再思考，王銘銘提出的「物中心論」給我們提供了一個別樣的思考方式。這種從物質本身出發的觀點，似乎具有賦予物以主體性的意味，在人與物的彼此之間進行主體轉換，從而在認識論層面（最近也有本體論層面的討論）進行一個新的突破。這樣的賦權模式在當地人的世界中是賦予自然地理及其物質以主體意義，如「人胚」的投胎；送「地藏王」時，人們在「神性世界」中「控制」神的來去，以作服從神意之態等。從「宗教實踐」出發，無論是社區教育視角中的社會再生產和知識傳承，還是生活哲學中的共同體關係倫理化，再或是政治經濟邏輯中的社會秩序維繫等等，民間信仰的意義內涵呈現出多元主體之間的混融性，而這樣的實質表述都圍繞著一個中心來進行，即彼此之間的差序，它與以往不同的是這種差序的核心不再是人，而是「物」（秩序）的核心。

## 第三節　人的倫理理性

不同時代的社會環境中，社會主流意識的轉型會引起觀念間的關係變化，舊的觀念碎片會通過參與到新的主流意識中而延續，因而，一些基本的價值觀是相對穩定不變的。比如，村民觀念認為晚上超過八點最好不要吃飯，八點以後一般是鬼魂吃飯的時間。由此可知，這

---

[50] 王銘銘：《人類學講義稿》（北京：世界圖書出版公司，2011年），頁60。

些通過信仰規範的行為與現代科學知識所宣傳的內容並行不悖。信仰觀念的認識是與日常生活和社會秩序緊密聯繫在一起的，這些知識隨著社會主流的話語而改換頭面，卻從不丟失實質。正如前文，王奶奶所說的「科學」與現代主流觀念中「科學」截然不同。帶有生活經驗的「科學」是王奶奶思維世界的客觀呈現，是在借用「科學」觀來論證民間信仰生活的合法性與正當性，其與市場、政府等用科學管理、科學決策來論證經濟發展與社會治理的正當性如出一轍。稍有差異的是科學的具體表現形式。在論及那些不能書寫的生活實踐知識與作為一門實驗學科之間的差別時，馬林諾夫斯基保持了謹慎的態度。他在評論科學內涵時曾指出，「在任何一個未開化的地方，科學的存在當然不是主動力，（科學）也沒有批評、創新和建設等作用，科學不是有意識地做出來的。」[51]許烺光將馬氏所提的這種帶有實驗性（無論是實驗室的，還是日積月累的經驗）的「科學」解讀為「真正的知識」（real knowledge），而且真正的知識與宗教、巫術或魔法不僅是交織在一起的，在人們的頭腦中也沒有明確的界線。[52]因此，從人類學角度出發，科學與宗教、巫術的知識關係是可以相互補充的。

當前對科學內涵的認識決定了社會科學所取得的「科學」地位，而當下對科學的自然科學式的狹隘理解往往導致了對一些具有人文知識傳統的社會科學的誤解。對這種狹隘的理解，麥克洛斯基認為，在英語世界中，一八七六年出版的《牛津英語詞典》中對"science"（科學）的涵義被限制在物理學和生物學範疇內，這種窄化使研究忽略了人文主義帶來的認知的、解釋的、定性的路徑。維多利亞同樣指出，科學並非代表了永恆真理、一成不變，相反，科學在不同時期具有不

---

51 〔英〕馬林諾夫斯基著，李安宅編譯：《巫術科學宗教與神話》（上海：上海文藝出版社，1987年），頁25。

52 〔美〕許烺光著，王芃、徐隆德、余伯泉譯：《驅逐搗蛋者——魔法、科學與文化》（臺北：南天書局，1997年），頁6-8。

同模式,而最近的科學模式是一種機械論式的。他總結,「自啟蒙以來,甚至在此之前,最流行的科學模式都是建立在數學、力學和生物學的隱喻之上。」[53]而且那些秉持將社會事實視為「物」的方法論準則[54]的社會科學家,同樣在狹隘的科學觀中深受影響。韋伯以「價值中立」的態度進行社會科學研究,卻也承認,這樣的研究方法在使社會學成為一門科學的同時,也造成了其在討論意義問題上的悖論。為了超越這一問題,一些人類學家將社會科學的研究對象定為類似於信仰的實體,旨在用它超越物質理性存在,以此區分社會科學與自然科學的界線。[55]實際上,這是對狹隘科學觀的一種反思,旨在從方法論上對科學給予更為符合社會現實與人性的理解。這也意在表明,科學解釋不了個體層面的意義之問,個體意義只有信仰或價值才能提供解釋。

從社會思想史的視角出發,金觀濤、劉青峰認為要理解中西科學觀的差異,就應該追溯中、西理性觀。[56]他們指出,「自宋明理學興起後,儒家倫理就被納入『理』的論述之中,『理』是社會行動的正當性依據。」[57]金觀濤梳理了中國漢人社會從古代到現代關於「理」的概念的用法變遷,從古代傳統中的「天理」到二十世紀初的「公理」、「真理」,最終將中國傳統的理性精神稱之為常識理性(即常識與人之常情),並特別主張在儒學中要回到以常識為核心的求知活動

---

53 謝梅、傅翀:〈「社會科學在什麼意義上能夠成為科學」國際學術研討會綜述〉,《民族研究》2019年第6期。
54 〔法〕愛彌兒・涂爾幹著,胡偉譯:《社會學研究方法論》(北京:華夏出版社,1988年),頁26-37。
55 蔡華:《人思之人──文化科學與自然科學的統一性》(昆明:雲南人民出版社,2008年),頁121-130。
56 金觀濤、劉青峰:《觀念史研究:中國現代重要政治術語的形成》(北京:法律出版社,2010年),頁15。
57 金觀濤、劉青峰:《中國現代思想的起源──超穩定結構與中國政治文化的演變》(北京:法律出版社,2011年),頁138-153。

中，即將「格物致知」作為體悟天理的第一步。[58]在隨後的論述中，他指出，二十世紀初，科學觀的「理」被重構並獲得了如同「格致」（格物致知）[59]在儒學中的地位，成為社會道德與公正的基礎。事實上，他所提出的現代常識理性建立在西方理性主義的基礎上，他的常識理性分為常識與人之常情，前者對應著人對自然規律的科學理解（經科學解釋的常識）、政治秩序與法律制度的改造；後者則建立在先驗倫理之上，以人與人的關係為基礎。

現代常識與人之常情共同構成了倫理性的理性觀。儒家傳統始終是以倫理來統攝人與人、與非人之間的關係，因而要把倫理放在人的整體社會生活的首要位置（首要不代表唯一），並在觀念層面將倫理視為正當性基礎。李澤厚就指出，中國傳統文化的理性是實用理性，它不同於西方的先驗純粹理性，而是一種經驗的合理性（experiential reasonableness）。[60]經驗理性來源於人際關係或社會之內，旨在從人際之間的具體情境中採取行動，而不依賴脫離了經驗的先驗知識。在這裡，我們可以看到，儒家的觀念系統有選擇地吸收了現代思想，使得現代思想必須通過儒家意識形態才可以與社會行動發生聯繫。這種「化」理性與關係性的中西二元論為整體一元論的現象，導致了關係結構與常識內容之間的矛盾。這也是倫理理性產生的必然結果，它為後現代西方學術的正統共識——擺脫二元論，提供了多元路徑。

在思想與價值的關係中，杜蒙已經指出二者的分離是謬誤，總體原因就是思想的分化與聯接的程度是與相關的價值不可分的。人們在區別的同時會產生價值考量，但超過一定程度後，價值就會掩蓋往常

---

58 金觀濤、劉青峰：《觀念史研究：中國現代重要政治術語的形成》（北京：法律出版社，2010年），頁31。

59 儒學八條目「格物、致知、誠心、正意、修身、齊家、治國、平天下」是人認識道德合理性的一個序列，從結構上它規範了人從對物質的認識到自身、家庭，最後到「天下」層面的經世致用。

60 李澤厚：《尋找中國現代性之路》（北京：東方出版社，2019年），頁247。

它所顯示的東西：基本思想。[61]因此，保持思想與價值的統一就成為分析的前提。在前現代社會，思想與行為之間的關係是真實的，而理性主義或實證主義的分析會毀滅這種關係。在面對現代理性思想與傳統的「人借助自然而不致自然毀滅人」的思想中，現代價值始終與主流意識保持一致，而民間信仰的回歸就表明著對主流價值的實在抵抗。人類學為人們所做的貢獻就是讓我們要警惕技術發展將科學異化及其所帶來的社會危險。

王奶奶所秉持的科學觀是從她的經驗行動中生成的，且這種科學觀具有很強的倫理性。她總對別人說，「信神有神在，不信無妨礙。」不必糾結於神的存在與不在這樣的極端態度。而且人們在遇事時，不會只追求事情緣由的因果解釋、物理解釋，他們還會追問「為什麼是我在這個時空遇到這件事？」很顯然，人們對事件解釋的期望是超越了物理維度、因果邏輯維度的，而與一種生命境域相關。事件中的人與物是在一個歷史的關係鏈條中出現在特定的時空位置的，最終，時間、空間、境域與人的主體性結合而產生了情感的化學反應。這種反應一旦產生就具備了客體性與規範性，進而在今後的生活中影響著人的觀念與行為。從中，我們可以發現，這種理性是一種倫理理性[62]，它不僅要處理一個人與自身前世和來世的關係，還要處理他與周遭世界的關係。前者的倫理價值在於人處於三世之間的生存意義，而後者則是一套以關係主義為核心的倫理價值，其中首要關心的是親屬。二者互為表裡，共同呈現著日常生活的道德秩序，並使人成為一個道德主體。且這種倫理性的維持依賴於人的義務性。它不同於西方的以主客二分為核心的科學價值，因而它的理性也不同於具有工具性

---

61 〔法〕路易・杜蒙著，谷方譯：《論個體主義——對現代意識形態的人類學觀點》（上海：上海人民出版社，2003年），頁189-190。

62 薩林斯將其稱之為「文化理性」，以此反駁起源於西方的「實踐理性」。參見〔美〕馬歇爾・薩林斯著，趙丙祥譯：《文化與實踐理性》（上海：上海人民出版社，2002年）。

的科學理性。也就是說,無論是價值理性還是工具理性,都是一種主體理性;而中國社會的理性是一種倫理理性,即關係理性或主體間理性。因而,只有在差異化的文化場景中,那些看似普遍理性的社會理論多半會在互相關照中暴露其道德意涵。

　　如果我們考慮到韋伯在倫理和經濟之間建立的聯繫,就會認識到不能僅用不同文化中的理性來解釋經濟行為,而是應該將理性行為放在倫理中理解。在倫理理性中,通常存在著兩種可能的方式影響個體與他人:角色(role)與情感(feeling)。倫理中的個體角色,即承擔的義務與責任,是秩序理性對個體的應然規定,而人如何去做則是偏重情感而行為,即愛與恨、親情與陌生、同情與嫉妒等。在實際生活中,角色與情感缺一不可。在這兩種方式中,情感的變遷往往是微乎其微的,儘管我們的時代隨著科技進步,人們的自我定位與社會結構常常令人不知所措,但人們依舊能夠理解自身對愛人、對孩子,成功與失敗的情感。正如許烺光所言,任何一個社會中,人們推崇的信念和活動多屬於情感範疇,而不屬於角色範疇。[63]而恰恰是我們的情感模式最終決定了我們選擇做什麼(如果有選擇的話)、做得多好以及在多大的程度上享受我們的成果。正如我們前面看到的那樣,情感是賦予個人生命意義的源泉。

　　倫理理性的角色與情感關係易於表徵為人的儀式思維,這種思維從時間、空間到人的意義充滿著對階段、過程的解釋。比如,一個掌權者在位時間是有限的,「一朝天子一朝臣」,這樣大可不必在他人得勢時過於對抗。因而,任何事件均是在一段時間內被關注的,其實際處理也就保持在這一段時間內。儀式的意義則更加普遍地呈現在其所經歷的生活中。就傳統漢人的倫理理性,費孝通曾言,「我常常覺得:中國傳統社會裡一個人為了自己可以犧牲家,為了家可以犧牲

---

63 〔美〕許烺光著,王芃、徐隆德、余伯泉譯:《驅逐搗蛋者——魔法、科學與文化》(臺北:南天書局,1997年),頁144。

黨，為了黨可以犧牲國，為了國可以犧牲天下。」[64]姑且不論，他在這裡所指出的宏大概念範疇，就他所言的倫理秩序，我們可以發現，作為中間一級的家實際上是個人得以外推的、最近的利益格局，而人的整體社會關係也與家這一級有著不可讓渡的關係。因此，人的倫理理性與實際行為在很大程度上是受到其所處的社會組織以及該文化模式中形成的信仰影響的。

最後，作為一項個案研究，張灣的經驗具有一定的特殊性。

首先，民族志研究將參與觀察與訪談作為研究的主要方式，面臨著一個經驗特殊性與解釋普遍性的張力問題。個人所經驗到的事務能夠在多大程度上反映社會整體的事實歷來受到學界的批判，這也是本研究的局限所在。

其次，張灣作為一個鎮政府駐地村，它所呈現的是絕不僅是普通自然村那樣的相對簡單，其所受到的現代價值衝擊會更加嚴重。而且隨著周邊村落的「合村併鎮」與外出務工人員的增加，張灣的社區面貌也在發生著重要變化。鄉鎮作為研究單元，與傳統社區和城市研究存在著較大差異，它所包含內容一點也不比城市簡單。這也是施堅雅所主張進行的研究單位，在這樣的單位進行調查研究，會存在更多地變數。由此，鄉鎮作為民間信仰復興的研究單位是否更多地受到政治、經濟層面的影響？這也可能會顯現出文化邏輯的解釋力優勢。

最後，禮物互惠本身是法國年鑑學派提出的一種理論，其所指向的還是以「社會」為中心的理論體系。這樣的背景使互惠理論背後的社會整合價值明顯，導致禮物交換的主體可能會以社會價值為其解釋重點，進而忽視了個體層面的意義闡釋。而涂爾幹學派的「社會」往往又與國家的邊界模糊不清。因之，本研究在論述過程中，容易陷入筆者所避免的政治經濟邏輯，由此帶來的混亂難以避免。今後，筆者將圍繞著這些局限進行進一步地研究與思考。

---

64 費孝通：《鄉土中國・生育制度》（北京：北京大學出版社，1998年），頁27。

# 後記

　　地方性與民族性的結合廣泛存在於「漢－少」交界地帶的村落內。諸多混融產生的模糊認知造成了民間信仰在外部視野中的身份危機，進而落入政府管理的邊緣境地。二〇一八年廟會期間，我再次去縣民宗局，與主管領導訪談。領導對我的研究表示不解，認為清靜寺的管理人員不存在任何具有「正能量」意義上的宣傳價值，而且前任廟主的所作所為既是對國家主流價值的違背，也引發了當地民眾的怨怒。當我問及清靜寺當初為何能夠通過政府審批時，局長說，當時的政策允許，國家的管制政策寬鬆，所以通過了村裡的申請。二十一世紀前後各十年正是傳統文化興盛的二十年，全國各地競相以遺產的名義恢復傳統文化事物。且二〇〇六年五月是國家公布「首批國家級非物質文化遺產名錄」的時間點，「非遺」申辦活動儼然成為一場新時代的文化運動。在當時的社會背景下，村廟的宗教場所身份獲得認可自然很順利。

　　當我問是否還會給予清靜寺宗教場所身份時，主管領導堅定而明確地表示不會，原因是清靜寺不屬於國家認定的宗教範疇，而是民間信仰，其建築屬於文物部門管理。誠然，國家對民間信仰的歸屬問題一直處於模糊狀態，地方宗教部門自然無法對其進行相應且有效的管理。但在廟管委會成員看來，清靜寺新建之後，已不存在危房的情況，縣民宗局應該給予他們合法的正式身份。他們多次通過村委會向縣民宗局反映，卻始終不被認可。在與他們交談中，他們希望我有朝一日能夠當上主管宗教工作的「官員」，幫助他們獲得政府承認。從村民的視角出發，政府是「為人民服務」的，民意就是他們應該獲得

支持的正統,而他們這麼多人投身到清靜寺中,就代表了他們的正統性,不論什麼是宗教、什麼不是宗教。老百姓的需要就是政府應該去支持的,而不支持就意味著政府不作為。

尤其值得回味的是王奶奶的一番話,她說:「清靜寺如果重新起來(獲得認可)必須要三寶(佛、法、僧)齊全才可以。以前,來過一個僧人,手捧佛光,大家都不願意把他留下。現在廟裡的人就知道來了幹活兒,互相閒聊,沒有一個正經的(會念經的帶領大家念念經)。」小秋也說:「現在廟裡的人誰都想當頭兒(說了算)。」她們認為這是清靜寺無法獲得官方認可的根本原因。確實,作為一個宗教活動場所,定期聚會學習教法、神職人員主持帶領念經與解經、舉行一系列的儀式活動是作為官方承認的宗教必不可少的步驟[1],而清靜寺的程序不完善,恰好體現了民間信仰的「混融性」特徵。這種排斥制度化、程序化的心態(或是價值)與宗教本身的標準化、程序化儀軌相差甚遠,它所呈現的信仰生活完全帶有實踐性、地方性,乃至個體性特徵。村廟的信仰生活在融入人們日常生活時,只有在固定的時空節奏下才具有宗教活動意義,且又局限於一村地方,還表現出排外性,必然難以使清靜寺融入更宏大的時空區域,其生存與認可狀況可想而知。內地佛教注重「佛」和「法」,而在藏傳佛教體系中,「僧」的位置是基礎性的,要超過佛和法。「至高的權力屬於大師,唯有他才可以使經文教義被眾生接受並行之有效。」[2]這種沒有僧人、不念經、不集體學習的狀態在很大程度上給人的認知是鬆散的、非正規的,沒有集體性宗教生活的樣態使之始終停留於民間信仰的階段,即

---

[1] 最初的「念佛堂」章程裡也規定了定期念經,而且我在附近村裡的基督教堂中也發現了這樣的現實組織制度,即官方承認的宗教要存在兩套系統:管理機構(一般由管理委員會擔任)與學經班(一般由神父、僧人擔任講解),有時二者重合,有時則各自分散。

[2] 〔義〕圖齊、〔德〕海西希著,耿升譯:《西藏與蒙古的宗教》(天津:天津古籍出版社,1989年),頁67-68。

使政府授予了正式的宗教場所證明，他們也因無法借此上升至公共性、哲理性、區域性層面而逐漸失去官方認可。

總之，現代宗教觀的出現是對傳統信仰體系進行的分類，而國家也借此分類重構了權力。

二〇一一至二〇一六年是清靜寺發展的一個分水嶺，由於前一代人的積累，村廟的整個基礎框架已經搭建起來了，並在二〇〇三、二〇〇六年得到了政府的認可，即整體建築被認定為縣級文物保護單位，村廟被認定為宗教活動場所。二〇〇六年是村廟發展的頂峰階段，除了獲得正統性外，還凝聚了一大批熱心且身體健康的村民參與。如果沒有意外，清靜寺將會在地方政府和村民們的共同努力下繼續穩定地發展下去。但由於經營者的管理不善，清靜寺逐漸失去了發展擴大的寶貴機遇，並失去了官方的宗教場所認可。這意味著宗教正統化進程的失敗，又回到了二〇〇六年前的灰色身份時期。二〇一八年，我曾在與章樹交流的時候，問過他清靜寺的經營前景，此時距離他被「拿下」已經過去七年。他曾說，他當時計劃以清靜寺為核心，圍繞著周邊山水環境（即九梁頂、王帽山、灤河、興州河），打造一個兼具自然與文化的旅遊景區，從而帶動全村的發展。這一設想令我十分震驚。雖然可能是近些年文旅發展火熱，給他帶來啟發，但這種發展思路已然具有開拓性。或許從「娘娘廟」到「清靜寺」的轉型就是這種開拓的表現，而「三世佛」就是其中的實踐。無論如何，這一規劃都隨著他被「拿下」而隱入歷史，沒能生根發芽。

二〇一一至二〇一六年的階段屬村廟重建時期。二〇一五年底，舊的村廟拆除、原址翻建完成，這已經為更好的發展奠定了堅實的物質基礎。隨後，人們將關注點從物質形態上轉移到了正式身份上，積極尋求正統化的活動再次出現，直到目前還沒有結果。

十分明顯，清靜寺接下來的發展將會取決於經營者的運營策略與經營智慧，這是類似於提高聲望、供給「產品」的階段。這一階段的

挑戰將是在村廟運營質量上的決逐，以往的投機性參與將會越來越沒有空間，重視內在發展才會帶來健康的運行前景。就村廟整體而言，現在村廟的發展十分類似於企業的發展模式，「短期靠機遇，中期靠能力，長期靠品質」。清靜寺的發展目前正處於短期結束與中期階段到來的節點上，雖然這一發展路徑很可能是在重複著名村廟的發展軌跡，但在市場經濟的浪潮下，任何一個主體都不會脫離這個市場的影響，無論是在信仰領域還是在實體領域，畢竟市場主體和市場對象的背後都是人。

「別忘了，把種子埋進土裡」，是中國人類學家林耀華先生在其小說體著作《金翼》一書中的結語。本書的寫作雖告一段落，但引發的激盪和深情久久不能平靜。唯有親身體驗過現實生活才能理解這飽含深情的希翼是多麼振奮人心，每每回憶起來，都有一種崇高的使命感在召喚著我。雖說這鄉土早已不再是當年的景象，家鄉的記憶也永遠留在了腦海。現代化的建設思潮早已讓那可愛的家鄉支離破碎，唯有心中令人不變的歸屬提醒著人。當你把種子埋進土裡，除了施肥澆水，還需要的就是慢慢等待，時間一到它自會在溫暖的陽光和濕潤的土壤裡萌生，崩裂大地。我相信每一個中國鄉村人都有一顆赤子之心、一段鄉土情結，生於斯、長於斯的土地，時時等待著人們的回歸。

我對民間信仰的關注緣於自小就沉浸在鄉村風土人情的感染下，每年鄉村的儀式活動又讓人為之迷戀，人群的感召、儀式的熱鬧，讓這個愈加陌生的現代社會保留著一絲絲溫情。我對「現代」這個詞充滿著矛盾，它一方面給人一種新鮮感、一種標準感、一種高尚感，另一方面它又壓抑著人的情感。但我還是用這個詞，因為畢竟人的生活的多樣性就並存於這樣的「現代」中。現代中國是一個相當精彩的中國，它不僅有西南地區的「野鬼社會」，還有北方城市的「人鬼同住」。我在田野的時候，就有人說，在一些新建的小區裡一幢樓都住不了幾個人，但也賣出去。一些發達地區的有錢人在周邊的縣城、城

市買了房子，用來安放逝去親人的骨灰盒。當地人的解釋是他們在發達城市或買不起、或買不上墓地。我看到，有一條微博寫著：自己住的小區平時人流都稀稀疏疏的，每到清明節、端午節、中秋節等節假日人就會很多，而且空氣中還瀰漫著燒東西的味道。我驚嘆道，這不是「人鬼共生」麼！這樣的消息我已經不止一次聽到了，而且這種情況不止出現在家鄉的縣城，還出現在市區裡。

回到村裡的儀式活動。儘管這些活動在現代人看來愚昧、落後，有見解的人看起來像是民俗、風俗，但這些都不足以代替當地人對它的情感，因為那是人們的真實生活。對傳統信仰與儀式的保留，它就像一團烟霧，沒有風吹還要自行散去，更何況這市場理性如春風般瀟瀟。作為漂流在異鄉的人，看著每年參加儀式活動的人數在不斷縮小，心中思緒萬千，再過幾十年後恐怕留下來了只有這文字和視頻作古。同時，我對民間信仰的研究淵源更是與家人的信仰實踐脫離不開關係。祖母一生的生活智慧，均來自於民間信仰的滋養。她不僅是在心底裡的真誠皈依，更是實踐上的千夫難當。有趣的是，當我回到工作之地，與同事談及某些我從張灣帶回來的「傳統」生活經驗時，還會被他們問道是否會一些「看香」之類的。很明顯，研究已經深刻地感染了我。這是生命歷程的真實體驗。我相信這不僅是個人的感悟，更是所有信仰者的歸屬。

人類學的視角讓我更加看清自己，看清那生我、養我的土地。同時，它讓一切相對化後，散失了尖銳的批判視角，一切將變得不再鋒芒。故土是那樣的深邃而包容，人們怎樣破壞都毫無怨言。幾十年後，當歷史翻過這人心紛亂的一頁，那時的人們也許將會看到高揚激昂或憂心憤郁的成員最終還是要回到這現實可感的土地上來。不知何時在我心底裡下了一顆鄉愁的種子，如今紛繁世界的光影如同為這粒種子澆水施肥，現在它早已茁壯成長，伴隨著我的命運而終身相依。

在未查閱縣志資料時，我憑藉對家鄉信仰生活的回憶，「天真

地」認為這片天地是如此的獨一無二，富含養分。當我瞭解到其他村鎮同樣存在這樣的風俗信仰而且可能比我們更好時，讓我明白了沉浸於地方遮蔽著我們向四周觀看的視野。結構主義固然有助於人們解釋村落的整體文化體系，但它也會使文化體系與社會現實生活割裂開來。我們就如同一隻睜開的「上帝之眼」，凝視著身邊熟悉又遙遠的「他者」，以自身的邏輯思維搭建起他者的世界。

　　在進入現代社會之前沒有「自覺」的表現之一，就是一味地逃避傳統、擁抱現代。人類學的意義就在於讓人們通過「他者」看清自己。我始終認為人類學者應該像上層精英知識伸向普通人的一隻手，在上層與底層之間架起溝通的橋梁，在「他者的他者」關照中看清自己。可是大多數人學了半天還是留在上面。後來我明白了，種子是在培養皿中長大的，根本就沒有吸收到土壤的養分。這種方式誰能夠否認，果實長得高大精壯、潔淨漂亮呢？但那總是虛榮的。

　　人類學研究就像是蒲公英，任何想落地生根的時候，都會被一陣風吹起，再次飄零。有的蒲公英會很快扎根，有的會在風中謝了，也有的會飄進一個山谷裡落下，生根發芽。這些蒲公英，飄著的信自己，落下的信命運。思想者告訴我們，所謂學者，大學也，但我以為，大學之大，非在中西，而全在市井。因為在漂泊的一生中，始終有兩種力量感召著我們：一種牽著我們走向那邊，一種拉著我們回到原初；一種力量去遠方，一種力量回故鄉。

　　個人對於生活的感知並非來自滔滔不絕的話語宣講，而是來自具身體驗。實踐的魅力就在於此。書本知識的道德宣講在任何實踐感知面前都是不足回味的。正如關帝的存在，你可以分析它的形成過程，卻不能分析它的溫情。村民開始以自己的方式恢復村廟、進行祭拜，雖同政治性法令或禁令脫節，卻是基於農民自主的生活體驗、理性抉擇與價值判斷。在這實踐的過程中，人與人之間的相互理解又是何其艱難，我們每個人為了生存而互相爭奪資源，生的欲望遮蔽了人性之

善。我們習得了無數的知識，可又從來不重視它們，歷史的車輪又往往在同一個車轍下來回傾軋，只為告訴我們：這個世界還需要有「差異性精神」的存在。正是諸文化及其精神的多樣性促成了中華文明的延續與活力，因而，文明發展要避免落入「單一性」的陷阱中。最終，復興的道路已然開啟，無論怎樣，我們還是要在這通往遠方的路上滿懷希望與甜蜜，願我的故鄉和所有人的故鄉撥雲見日、位育物生。

張爽
二〇二五年六月六日於北京豐台亞林上苑

史學研究叢書・歷史文化叢刊 0602033

# 信仰互惠：張灣民間信仰復興的人類學研究

| 作　　　者 | 張爽 |
| --- | --- |
| 責任編輯 | 林涵瑋 |
| 特約校稿 | 林秋芬 |

| 發 行 人 | 林慶彰 |
| --- | --- |
| 總 經 理 | 梁錦興 |
| 總 編 輯 | 張晏瑞 |
| 編 輯 所 | 萬卷樓圖書股份有限公司 |
| 排　　版 | 林曉敏 |
| 印　　刷 | 百通科技股份有限公司 |
| 封面設計 | 黃筠軒 |

發　　行　萬卷樓圖書股份有限公司
　　　　　臺北市羅斯福路二段 41 號 6 樓之 3
　　　　　電話 (02)23216565
　　　　　傳真 (02)23218698
　　　　　電郵 SERVICE@WANJUAN.COM.TW
香港經銷　香港聯合書刊物流有限公司
　　　　　電話 (852)21502100
　　　　　傳真 (852)23560735

ISBN 978-626-386-300-2
2025 年 8 月初版
定價：新臺幣 480 元

如何購買本書：

1. 劃撥購書，請透過以下郵政劃撥帳號：
　帳號：15624015
　戶名：萬卷樓圖書股份有限公司

2. 轉帳購書，請透過以下帳戶
　合作金庫銀行　古亭分行
　戶名：萬卷樓圖書股份有限公司
　帳號：0877717092596

3. 網路購書，請透過萬卷樓網站
　網址 WWW.WANJUAN.COM.TW

大量購書，請直接聯繫我們，將有專人為您服務。客服：(02)23216565 分機 610

如有缺頁、破損或裝訂錯誤，請寄回更換
版權所有・翻印必究
Copyright©2025 by WanJuanLou Books CO., Ltd.
All Rights Reserved　　Printed in Taiwan

國家圖書館出版品預行編目資料

信仰互惠：張灣民間信仰復興的人類學研究 / 張爽著. -- 初版. -- 臺北市：萬卷樓圖書股份有限公司, 2025.08
　面；　公分. -- (史學研究叢書. 歷史文化叢刊)
ISBN 978-626-386-300-2(平裝)
1.CST: 民間信仰　2.CST: 民族文化　3.CST: 區域研究　4.CST: 中國
271.9　　　　　　　　　　　　114009221